陶瓷知识产权纠纷案例与分析

周婧 张良华 罗晓宁◎编著

知识产权出版社

全国百佳图书出版单位

—北京—

图书在版编目（CIP）数据

陶瓷知识产权纠纷案例与分析/鄢春根等编著. —北京：知识产权出版社，2020. 1

ISBN 978 – 7 – 5130 – 6550 – 4

Ⅰ.①陶… Ⅱ.①鄢… Ⅲ.①陶瓷艺术—知识产权—民事纠纷—案例—中国 Ⅳ.①D923. 404

中国版本图书馆 CIP 数据核字（2019）第 232799 号

内容提要

本书立足于知识产权实务，从专利权侵权纠纷、商标权侵权纠纷、著作权侵权纠纷和行政诉讼纠纷四个方面选取了 37 个陶瓷行业典型案例，对相关案例中所涉及的争议焦点和主要法律问题进行了深入详细的分析，并列出各案例在判决中所涉及的相关法条内容，便于读者对照理解。

本书既可作为一般读者的启蒙读本，也可作为陶瓷企业知识产权从业人员和设计研发相关人员的入门读物及参考用书。

责任编辑：王祝兰　　　　　　　　　　　责任校对：王　岩

封面设计：博华创意　　　　　　　　　　责任印制：刘译文

陶瓷知识产权纠纷案例与分析

鄢春根　周　婧　张良华　罗晓宁　编著

出版发行：知识产权出版社 有限责任公司	网　址：http://www.ipph.cn	
社　　址：北京市海淀区气象路 50 号院	邮　编：100081	
责编电话：010 – 82000860 转 8555	责编邮箱：525041347@ qq. com	
发行电话：010 – 82000860 转 8101/8102	发行传真：010 – 82000893/82005070/82000270	
印　　刷：北京嘉恒彩色印刷有限责任公司	经　销：各大网上书店、新华书店及相关专业书店	
开　　本：720mm×1000mm　1/16	印　张：16	
版　　次：2020 年 1 月第 1 版	印　次：2020 年 1 月第 1 次印刷	
字　　数：270 千字	定　价：80.00 元	

ISBN 978-7-5130-6550-4

前　言

　　2018 年对于知识产权人而言，是一个具有纪念意义的重要年份。2008 年，《国家知识产权战略纲要》发布，转眼已经十年。在《纲要》实施的十年里，我国的专利申请总量跃居世界第一，北京、上海、广州成立了知识产权法院，知识产权法庭纷纷成立，知识产权侵权纠纷数量也达到了前所未有的高度。仅 2017 年，全国地方人民法院共新收知识产权民事一审案件 201 039 件，审结 192 938 件，同比分别增长 47.24% 和 46.37%。其中新收专利案件 16 010 件，同比上升 29.56%；商标案件 37 946 件，同比上升 39.58%；著作权案件 137 267 件，同比上升 57.80%。最高人民法院新收知识产权民事案件 503 件，审结 493 件，同比分别上升 36.31% 和 28.72%。在行政诉讼方面，全国地方人民法院共新收知识产权行政诉讼一审案件 8820 件，审结 6390 件，同比分别上升 22.74% 和 2.24%；最高人民法院新收知识产权行政案件 391 件，审结 412 件，同比分别上升 10.14% 和 17.05%。

　　我国陶瓷生产已有 5000 多年的历史。作为古代丝绸之路的主要出口产品，陶瓷承载着中国传统文化的传承与创新，承载着一代又一代陶瓷人对陶瓷技艺的执着、对设计理念的传播。沿着丝绸之路，我国陶瓷产品远销世界各地，对中华民族传统文化的传播和弘扬起到了巨大作用。随着现代陶瓷产业的快速发展，我国已成为世界上最大的陶瓷生产国和出口国，陶瓷总产量和出口量早已位居世界第一位。但在从 20 世纪 90 年代开始的陶瓷产业转型升级过程中，知识产权的保护也面临着很大的挑战，陶瓷产业出现了品牌意识淡薄、知识产权保护不强、侵权现象屡见不鲜等情况。

　　鉴于此，本书立足于知识产权实务，从专利权侵权纠纷、商标权侵权纠纷、著作权侵权纠纷和行政诉讼纠纷四个方面选取了 37 个陶瓷行业侵权案例，每个案例由案件摘要、本案引用法条和案例分析组成。其中案例分析对该案例中所涉及的实务要点及主要法律问题进行分析，而引用法条部分是该案例在法庭判决中所涉及的相关法律法规的引用。这里需要向读者说明的是，每篇案例中所引用的法条是该案例中判决当年所适用的法条，而非当前最新的法条。此外，根据 2018 年 11 月国家知识产权局机构改革方案，原国家知识产权局专利复审委员会更名为国家知识产权局专利局复审和无效审理部，原国家工商行政管理总局商标局、商标评审委员会机构设置也分别作了调整。由于本书所涉及的案例均在此次机构调整之前审理，故上述机构名称仍采用当时的名称表达。

本书既可作为一般读者的知识产权纠纷启蒙读本，也可作为陶瓷企业知识产权从业人员和设计研发相关人员的知识产权纠纷入门读物及参考用书。

本书在编纂过程中，借鉴了目前已经公开的司法判决和众多已公开发表的研究成果，在此谨向相关人员致以最诚挚的谢意。由于编者水平所限，本书一定存在不足之处，敬请读者批评指正。

目　录

第一篇　专利权侵权纠纷　………………………………………… 1

案例1　"防火隔热卷帘用耐火纤维复合卷帘及其应用"发明
　　　　专利侵权纠纷案　………………………………………… 5

案例2　"一种用于上釉和装饰的旋转机器"发明专利侵权
　　　　纠纷案　…………………………………………………… 17

案例3　"一种立体孔洞装饰陶瓷砖的制备方法及其产品"
　　　　发明专利侵权纠纷案　…………………………………… 24

案例4　"一种多聚偏硅酸钠的制备方法"发明专利侵权
　　　　纠纷案　…………………………………………………… 36

案例5　"圆筒高、低水箱洁具"发明专利侵权纠纷案　………… 41

案例6　"一种可排气瓷砖模具"实用新型专利侵权纠纷案　…… 47

案例7　"一种立体孔洞装饰陶瓷砖"实用新型专利侵权纠
　　　　纷案（一）　……………………………………………… 54

案例8　"一种立体孔洞装饰陶瓷砖"实用新型专利侵权纠
　　　　纷案（二）　……………………………………………… 62

案例9　"全耐火纤维复合防火隔热卷帘"实用新型专利侵
　　　　权纠纷案　………………………………………………… 68

案例10　"一种改进的热敏陶瓷电加热器"实用新型专利
　　　　　侵权纠纷案　…………………………………………… 76

案例11　"瓷瓦"实用新型专利和外观设计专利侵权纠纷案　…… 82

案例12　"盘（D0908）""杯（J040B）"等外观设计专利
　　　　　侵权纠纷案　…………………………………………… 88

案例13　"瓷砖（HB105903）"外观设计专利侵权纠纷案　………… 97

案例 14 "瓷砖（条形石）"外观设计专利侵权纠纷案 ············ 101

案例 15 "瓷砖"外观设计专利侵权纠纷案 ················ 107

案例 16 "墙裙砖（黑胡桃木纹 9024）"外观设计专利侵权
纠纷案 ····································· 113

第二篇 商标权侵权纠纷 ······················· 117

案例 17 "恒盛"商标专用权侵权纠纷案 ·············· 122

案例 18 "景德镇"证明商标专用权侵权纠纷案 ············ 128

案例 19 "OCEANO 欧神诺及图形"商标专用权侵权纠纷案 ··· 133

案例 20 "OCEANO 欧神诺及图形"等商标专用权侵权
纠纷案 ····································· 137

案例 21 "新中源"系列商标专用权侵权纠纷案 ·········· 142

案例 22 "龙珠阁"商标专用权侵权纠纷案 ············· 145

案例 23 佛山东鹏陶瓷系列商标专用权侵权纠纷案 ········· 150

案例 24 "蒙娜丽莎 Mona Lisa"商标侵权纠纷案 ········· 160

第三篇 著作权侵权纠纷 ······················· 167

案例 25 "牡丹系列"著作权侵权纠纷案 ·············· 169

案例 26 "平方陶瓷"著作权侵权纠纷案 ·············· 176

案例 27 "春江花月夜"瓷板画、"茶梅"花瓶等著作权
侵权纠纷案 ······························· 180

案例 28 "益寿年丰"瓷板画著作权、名誉权侵权纠纷案 ······ 186

案例 29 "人之初"陶瓷美术作品著作权侵权纠纷案 ········ 189

案例 30 "新四军原七位师长画像"瓷壁画著作权纠纷案 ····· 194

案例 31 "虫花杯盘组系列"陶瓷美术作品等著作权
纠纷案 ····································· 198

案例 32 "长江系列茶、咖具陶瓷外观美术作品"著作权
侵权纠纷案 ······························· 203

第四篇 行政诉讼纠纷 ························· 209

案例 33 "全耐火纤维复合防火隔热卷帘"实用新型专利
无效行政纠纷案 ··························· 211

案例 34 "圆筒高、低水箱洁具"发明专利无效行政纠纷案 ····· 221

案例35 "罗普斯金 LPSJ 及图"商标无效行政纠纷案 …………… 229
案例36 "瓷砖（条形石）"外观设计专利权无效行政纠纷案 … 237
案例37 "一种作为超白抛光瓷砖原料的球土及其生产方法"
　　　　 发明专利权无效行政纠纷案 ………………………… 241

第一篇
专利权侵权纠纷

专利侵权，是指未经专利权人许可，行为人以营利为目的实施专利权人的有效专利方法或产品，使专利权人利益受损的行为，法律另有规定的除外。专利侵权纠纷是指专利权人与未经其许可实施其专利的侵权行为人发生的争议。

从实施侵权行为的方式上看，专利侵权分为直接侵权与间接侵权。我国现行《专利法》并没有详细规定间接侵权行为，但在司法实践的专利纠纷案件处理过程中，一般认为间接侵权是指鼓励或者诱使他人实施侵害专利权的行为，而行为人本身的行为并不构成侵权。而专利权的直接侵权行为表现为两类行为，即"未经专利权人许可实施其专利"和"假冒专利"。前者在我国《专利法》第十一条中对于实施的行为进行了列举。而后者是指在非专利技术产品上或广告宣传中标明专利权人的专利标记或专利号，使公众误认为是他人的专利产品的行为。《专利法实施细则》2010 年修订第八十四条中对假冒专利行为进行了列举。在一般司法实践中，专利侵权行为须具备三个条件：（1）侵害的对象为有效的专利；（2）必须有侵害行为的发生；（3）侵权行为人有生产经营目的。

按照专利权的类型进行划分,专利侵权可划分为发明专利侵权、实用新型专利侵权和外观设计专利侵权,其中发明专利侵权和实用新型专利侵权所涉及的侵权行为表现与外观设计专利侵权有所不同。前者是指未经过专利权权利人许可实施其专利的行为,具体表现为以生产经营为目的制造、使用、销售、许诺销售、进口其专利方法或专利产品的行为。而根据我国《专利法》第十一条规定,外观设计专利侵权行为表现在任何单位、个人未经专利权人许可,都不得实施其专利,即不得为生产经营目的制造、许诺销售、销售、进口其外观设计专利产品。值得注意的是,外观设计专利侵权行为表现类型中并不包括"使用"。

而在侵权判定上,发明专利侵权、实用新型专利侵权与外观设计专利侵权专利判定方法也有所不同。

在发明专利和实用新型专利侵权的判定上,专利侵权是否成立要考察被控侵权物是否落入权利要求的范围。一般而言,侵权判定原则有以下五个:(1)全面覆盖原则;(2)等同原则;(3)禁止反悔原则;(4)多余指定原则;(5)现有技术或公知技术抗辩原则。

如果被控侵权产品或者方法和专利权利要求进行比较,具备了权利要求书里的每一项技术特征,专利侵权就成立,这就是"全面覆盖原则"。全面覆盖原则与权利要求的字面解释原则相对应,将专利保护的范围严格限制在文字表达确立的技术方案中,对独立权利要求与被控侵权产品相比较时多一个要素或少一个要素都不能称为全面覆盖。

在现实生活中,完全仿制他人专利产品或者照搬他人专利方法的侵权行为并不多见。如果严格按照全面覆盖原则进行侵权判定,则会导致对专利权人的不公平。因此,"等同原则"在此基础上应运而生。《最高人民法院关于审理侵犯专利权纠纷案件应用法律若干问题的解释》(法释〔2009〕21号)第七条第二款规定,被诉侵权技术方案包含与权利要求记载的全部技术特征相同或者等同的技术特征的,人民法院应当认定其落入专利权的保护范围;被诉侵权技术方案的技术特征与权利要求记载的全部技术特征相比,缺少权利要求记载的一个以上的技术特征,或者有一个以上技术特征不相同也不等同的,人民法院应当认定其没有落入专利权的保护范围。如果一项技术特征与权利要求中记载的技术特征相比,在本领域的普通技术人员看来,无须经过创造性劳动就能够联想到以基本相同的方式,实现相同的功能,并产生相同的效果,则该技术特征就是权利要求书中技术特征的"等同特征",而未经许可制造或销售该具有"等同特征"的产品的行为就构成了"等同侵权"。一般情况下,运用等同原则判定专利侵权的行为有以下三种:(1)产品部件的简单移位或者方法步骤顺序的简单变换;(2)权利要求中的某个技术特征的等同替换;(3)分解或者合并技术特征。

除了全面覆盖原则和等同原则外,还有三个判定原则在侵权判定实践中也常被使用,即禁止反悔原则、多余指定原则和现有技术或公知技术抗辩原则。禁止反悔原则主要是指在专利审批、撤销或无效宣告程序中,专利权人如果为确立其专利的新颖性和创造性,通过书面声明或者文件修改,限制或者部分地放弃了权利要求的保护范围,并因此获得了专利授权,那么在专利侵权认定中,权利人不能以已放弃的内容或已限制的权利要求提出权利保护的要求。多余指定原则是指在专利侵权诉讼中,法院把权利要求的技术特征区分为必要技术特征和非必要技术特征,在忽略非必要技术特征的情况下,仅以权利要求中的必要技术特征来确定专利保护范围。现有技术或公知技术抗辩原则是指被控侵权人有证据证明自己实施的技术属于现有技术的,不构成侵犯专利权,无须向专利复审委员会提出专利权无效请求,法院可以直接判定被控侵权人不侵权。

关于外观设计专利侵权的判定,根据我国《专利法》第二条规定,"外观设计,是指对产品的形状、图案或者其结合以及色彩与形状、图案的结合所作出的富有美感并适于工业应用的新设计。"因此,在判定外观设计专利侵权方面有两个标准:(1)被控侵权产品需落入外观设计专利权保护的范围;(2)侵权产品与外观设计的载体产品需属同类。外观设计专利的保护范围体现在授权公开后的专利产品的图案、形状及色彩中。色彩保护的特别提出会缩小外观设计产品的外延,导致保护范围仅限于该色彩。因此,除非权利人对产品有特殊要求,外观设计专利在申请过程中并不特别强调色彩保护。而在类别判断上,一是根据国际通用的洛迦诺分类,二是根据权利要求书中对外观设计专利产品的简要用途的表述。在陶瓷产品领域,一般常用的外观设计专利分类号包括 07 - 01 类(陶瓷餐具、茶具与酒具等)、09 - 01 类(陶瓷瓶等)、11 - 02 类(陶瓷装饰品或摆件等)和 25 - 01 类(瓷砖)等。实践中需要注意的是,判断侵权的主体是一般消费者的知识水平和认知能力。如果从一般消费者的角度进行判断,专利产品与侵权产品在一般消费者的知识水平和认知能力上产生了相同的美感效果，被认为是同类型或同用途产品，那么也可以作为侵权进行比较，而不仅仅局限于洛迦诺分类。

在我国专利申请过程中，由于对外观设计专利和实用新型专利只进行形式审查，因此在专利侵权诉讼中，许多权利人会向国家知识产权局申请专利权评价报告，作为处理专利纠纷的证据。值得留意的是，专利权评价报告是公开文件，在国家知识产权局的审查检索网站可进行公开查询获得，且并非专利纠纷中所必须出具的证据，权利人可以根据其实际情况决定是否申请专利权评价报告。

专利侵权行为发生后，权利人可以通过协商、调解、仲裁、行政处理或者诉讼等方式解决。根据《民法总则》第一百八十八条的规定，向人民法院请求保护民事权利的诉讼时效期间为 3 年；法律另有规定的，依照其规定。诉讼时效期间自权利人知道或者应当知道权利受到损害以及义务人之日起计算；法律另有规定的，依照其规定。但是自权利受到损害之日起超过 20 年的，人民法院不予保护；有特殊情况的，人民法院可以根据权利人的申请决定延长。

根据《2018 年中国专利调查报告》显示：2018 年，10.6% 的专利权人遭遇过专利侵权，较上年下降 0.1 个百分点。通过专利侵权案件分析发现：（1）不同专利侵权人遭遇侵权情况存在显著差异。企业遭遇专利侵权比例要高于高校、科研单位及个人，占比 11.4%；（2）不同注册类型的企业所遭遇到的企业专利侵权情况具有一定差异，内资企业相对较少，比例为 11.1%，明显低于港澳台资企业和外商投资企业；（3）不同规模的企业遭遇过专利侵权情况具有一定差异，企业规模越大，遭遇过专利侵权的占比越低，其中大型企业占比为 7.1%。

本书前三篇分别对专利、商标、著作权三个方面的侵权纠纷进行分析，而第四篇则选取了 5 个行政诉讼案例加以分析。

在侵权纠纷处理中，除了调解之外，民事诉讼也是较为常见的纠纷处理方式。

本部分摘选陶瓷领域的 16 个专利侵权纠纷案例进行探讨与分析，帮助读者对专利法及其相关法律法规作进一步的理解，把握陶瓷专利侵权的特点与预防策略。

案例 1
"防火隔热卷帘用耐火纤维复合卷帘及其应用"发明专利侵权纠纷案

一审原告（二审被上诉人、再审申请人）： 北京摩根陶瓷有限公司

一审被告（二审上诉人、再审被申请人）： 北京光华安富业门窗有限公司

一审被告（再审被申请人）： 北京华坤房地产经营管理有限公司（原名华坤商业投资管理有限公司）

涉案专利： 防火隔热卷帘用耐火纤维复合卷帘及其应用（专利号：ZL00107201.3）

案由： 侵犯发明专利权纠纷

【案件摘要】

1. 一审阶段

2000年4月28日，刘某某就防火隔热卷帘用耐火纤维复合卷帘技术向国家知识产权局提出发明专利申请，于2003年2月12日获得授权，专利号为ZL00107201.3（参见图1-1）。

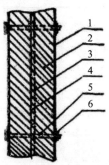

图1-1 发明专利"防火隔热卷帘用耐火纤维
复合卷帘"说明书附图

该专利所公开的权利要求书内容为：

1. 一种防火隔热卷帘用耐火纤维复合帘面，其中所说的帘面由多层耐火纤维制品复合缝制而成，其特征在于所说的帘面包括中间植有增强用耐高温的不锈钢丝或不锈钢丝绳的耐火纤维毯夹芯，由耐火纤维纱线织成的用于两面固定该夹芯的耐火纤维布以及位于其中的金属铝箔层。

2. 按照权利要求1所述的复合帘面，其特征在于所说的耐火纤维制品包括碳纤维、耐高温不锈钢丝、陶瓷（硅酸铝或硅酸钙）纤维、高硅氧纤维、莫来石纤维、氧化铝纤维和氧化锆纤维，膨体或普通玻璃纤维和矿棉以及由它们纯纺或混纺制成的各种纱、布、绳、毯、毡。

3. 按照权利要求1所述的复合帘面，其特征在于所说的铝箔层被贴在耐火纤维布和/或夹芯上或者被夹在所说的夹芯中。

4. 按照权利要求1所述的复合帘面，其特征在于所说的耐火纤维布使用有加耐高温不锈钢丝的耐火纤维纱线织成。

5. 按照权利要求1所述的复合帘面，其特征在于所说的帘面使用耐火纤维纱线或耐高温的不锈钢丝复合缝制而成。

6. 按照权利要求1所述的复合帘面，其特征在于作为所说的帘面受火面的耐火纤维布采用陶瓷（硅酸铝或硅酸钙）纤维布或高硅氧布，另一表面采用玻璃纤维布。

7. 按照权利要求1所述的复合帘面，其特征在于在卷帘帘面中纵向（垂直地面）可等间距植入耐高温不锈钢丝或耐高温不锈钢丝绳，卷帘表面与耐高温不锈钢丝或耐高温不锈钢丝绳垂直方向可等距或非等距加上若干根薄钢带，或在卷帘两面之间规则地加上带盖的螺钉以固定卷帘尺寸。

8. 按照权利要求1所述的复合帘面，其特征在于帘面表面加一层具有装饰作用的薄型耐火纤维布或阻燃布。

9. 按照权利要求1~8所述的防火隔热卷帘用耐火纤维复合帘面的应用，其特征在于卷帘面可以做成单帘（层）结构，双帘（层）结构，和垂直卷帘及水平卷帘。

2006年7月14日，刘某某通过专利转让的方式，将该专利转让给北京英特莱摩根热陶瓷纺织有限公司（以下简称"英特莱摩根公司"），英特莱摩根公司成为专利"防火隔热卷帘用耐火纤维复合卷帘及其应用"（专利号：ZL00107201.3）新的权利人。

2009年11月，英特莱摩根公司发现北京华坤房地产经营管理有限公司（以下简称"华坤公司"）投资建设的搜宝商务中心1#建筑内安装了北京光华安富业门窗有限公司（以下简称"光华安富业公司"）制造、销售的大量无机特级防火卷帘。同年11月3日，英特莱摩根公司委托他人在上述搜宝商务中心1#建筑工程施工现场二楼，以对二楼地面上放置的一幅废弃的防火隔热卷帘拍照、从其开缝处对其内部结构拍照、对一楼和二楼已经安装的防火隔热卷帘拍照以及对建筑外立的工程公示牌拍照的方式进行证据保全，整个过程由北京市方圆公证处进行公证，并获得（2009）京方圆内经证字第21948号公证书作为证据。

经技术比对，英特莱摩根公司认为，该防火卷帘由一层蓝色耐火纤维布、两层白色耐火纤维布、耐火纤维毯夹芯、铝箔层、不锈钢丝绳组成，其中铝箔层贴于白色纤维布侧，不锈钢丝绳位于纤维布和纤维毯之间，与涉案专利的权利要求1相比，除不锈钢丝绳的位置构成等同侵权外，其余均构成相同侵权。

此外，英特莱摩根公司提交了北京中都会计师事务所出具的关于其承建北京市科航大厦防火卷帘及挡烟垂壁供应及安装工程项目利润的专项审计报告，作为其确定赔偿数额的计算依据。上述专项审计报告载明，英特莱摩根公司提供的项目利润计算表系按照企业会计准则和《企业会计制度》的规定编制，反映了相关工程项目的主要经济指标。该项目利润计算表载明，北京市科航大厦防火卷帘及挡烟垂壁供应及安装工程的单位利润为180.9元/平方米。

英特莱摩根公司认为，光华安富业公司制造、销售，华坤公司使用的该防火卷帘侵犯了英特莱摩根公司涉案发明专利权，故诉至法院，请求判令：光华安富业公司停止制造、销售被控侵权产品；华坤公司停止使用侵权产品，即拆除已安装的被控侵权产品；华坤公司和光华安富业公司连带赔偿英特莱摩根公司经济损失140万元及因诉讼支出的律师费和公证费费用6.3万元。

法院经审理查明，2009年5月3日，华坤公司确定光华安富业公司为搜宝商务中心1#防火卷帘工程的中标人，并于当年6月12日与其签订《供货合同文件》，约定光华安富业公司提供搜宝商务中心1#建筑工程防火卷帘门设备并负责安装，华坤公司向光华安富业公司支付相应报酬。

光华安富业公司对该项目予以认可，但主张其提供的涉案防火卷帘门系从东台市玉纶纺织品制造有限公司（以下简称"东台玉纶公司"）采购，并提交了其与东台玉纶公司于2009年6月18日签订的《采购合同》，但在诉讼过程中仅提供了收据，未能提供正式发票。

一审法院北京市第二中级人民法院经审理认为，光华安富业公司未能提供其与东台玉纶公司进行采购的正式发票，且相关收据、入库单和出库单之间彼此不能对应，故其关于涉案侵权产品源自东台玉纶公司的抗辩依据不足。而根据华坤公司提供的《供货合同文件》可以证明侵权产品是由光华安富业公司所提供，具有合法来源，该公司仅应承担停止侵权的法律责任。

一审法院综合考虑英特莱摩根公司实施涉案专利的相关利润情况，光华安富业公司侵权的方式、范围、主观过错程度、侵权行为持续的时间等因素酌情确定赔偿数额，判决如下：（1）光华安富业公司于判决生效之日起，停止生产、销售侵犯英特莱摩根公司"防火隔热卷帘用耐火纤维复合卷帘及其应用"发明专利权的涉案防火卷帘产品；（2）光华安富业公司于判决生效之日起10日内赔偿英特莱摩根公司经济损失140万元及因本案诉讼支出的合理费用2万元；（3）华坤公司于判决生效之日起，停止使用侵犯英特莱摩根公司"防火隔热卷帘用耐火纤维复合卷帘及其应用"发明专利权的涉案防火卷帘产品；（4）驳回英特莱摩根公司的其他诉讼请求。

2. 二审阶段

光华安富业公司不服一审判决，以一审判决违反法定程序和认定事实错误为理由，向北京市高级人民法院提出上诉。

二审期间，光华安富业公司提交如下新证据：（1）光华安富业公司于2011年4月11日向东台玉纶公司发出的《询证函》，其主要内容是光华安富业公司向东台玉纶公司就双方于2009年6月18日针对无机防火卷帘布基帘面签订的《采购合同》及履行情况进行核实；（2）东台玉纶公司的核实复函；（3）东台玉纶公司的工商注册信息；（4）搜宝商务中心项目工程验收单及结算清单。

同时，光华安富业公司于2011年6月8日申请二审法院到东台玉纶公司核实其生产被诉侵权产品的情况。对此，二审法院认为，对于非必要共同诉讼，可以不追加被告。本案在认定被诉侵权产品构成侵权后，如果光华安富业公司确有证据证明被诉侵权产品系从东台玉纶公司进货，其可另行向东台玉纶公司主张权利，故一审法院未准许其追加被告的申请并无不当。

但是，光华安富业公司在二审诉讼中新提交的证据材料可以证明，被诉侵权产品卷帘帘面确系东台玉纶公司生产，故被诉侵权产品给英特莱摩根公司造成的损失不宜全部由光华安富业公司承担，一审法院确定由光华安富业公司承担的赔偿数额过高。光华安富业公司有关一审法院确定其承担的赔偿数额不当的上诉理由成立，予以支持。

综合考虑英特莱摩根公司实施涉案专利的相关获利情况，光华安富业公司侵权的方式、范围、主观过错程度、侵权行为持续的时间，特别是被诉侵权产品系由案外人实际生产等因素，北京市高级人民法院判决如下：（1）维持北京市第二中级人民法院（2010）二中民初字第 17491 号民事判决第一项，即光华安富业公司于判决生效之日起，停止生产、销售侵犯英特莱摩根公司"防火隔热卷帘用耐火纤维复合卷帘及其应用"发明专利权的涉案防火卷帘产品；（2）撤销北京市第二中级人民法院（2010）二中民初字第 17491 号民事判决第二项、第三项、第四项，即光华安富业公司于判决生效之日起 10 日内赔偿英特莱摩根公司经济损失 140 万元及因本案诉讼支出的合理费用 2 万元；华坤公司于判决生效之日起，停止使用侵犯英特莱摩根公司"防火隔热卷帘用耐火纤维复合卷帘及其应用"发明专利权的涉案防火卷帘产品；驳回英特莱摩根公司的其他诉讼请求；（3）光华安富业公司于判决生效之日起 10 日内赔偿英特莱摩根公司经济损失 50 万元及因本案诉讼支出的合理费用 2 万元；（4）驳回英特莱摩根公司的其他诉讼请求；（5）驳回光华安富业公司的其他上诉请求。

3. 再审阶段

此后，摩根陶瓷公司以法律适用错误和事实认定错误为由，向最高人民法院申请再审。

2013 年 2 月 1 日，英特莱摩根公司与英特莱公司签署了《专利转让协议》，将涉案专利权转让给英特莱公司。2013 年 4 月 1 日，英特莱摩根公司经北京市工商管理局核准，名称变更为北京摩根陶瓷有限公司（以下简称"摩根陶瓷公司"）。在再审申请期间，2013 年 8 月 12 日，摩根陶瓷公司与英特莱公司签订了《关于专利转让的补充协议》，明确约定涉案专利在诉的专利侵权诉讼案件的全部诉讼权益及义务转移给英特莱公司。

对此，光华安富业公司就诉讼时效和诉讼主体资格及诉权提交了意见。而华坤公司亦提交意见认为：（1）涉诉产品为合法来源，不应承担赔偿责任；（2）该产品为特殊消防产品，判令停止使用势必将产生极大的公共安全隐患和危险；（3）摩根陶瓷公司提起再审申请时已经超过了诉讼时效。

最高人民法院经审理认为，根据本案当事人申请再审事由及答辩意见，本案争议焦点为：（1）本案摩根陶瓷公司的再审申请是否超过再审申请期限；（2）摩根陶瓷公司是否具有提起再审的诉讼主体资格；（3）光华安富业公司提供的证据能否证明涉案侵犯专利权产品系东台玉纶公司生产、销售，其合法来源抗辩是否成立；（4）光华安富业公司应当承担的民事责任；（5）华坤公司是否应当承担停止侵权的民事责任。

经审理，根据《最高人民法院关于修改后的民事诉讼法施行时未结案件适用法律若干问题的规定》，最高人民法院认为摩根陶瓷公司申请再审并未超期；由于侵权产品一直使用至今，侵权行为处于持续阶段，因此，摩根陶瓷公司诉讼主体不适格的答辩亦不能成立；而光华安富业公司与东台玉纶公司的采购行为，未能提供正式发票，仅有收据，且均为现金交易，不符合商业惯例亦不合常理，根据现有证据，其合法来源抗辩不能成立。

而关于赔偿数额问题，最高人民法院认可了摩根陶瓷公司提供的专项审计报告。考虑到侵权产品已经实际使用，且如果拆卸将破坏巨大且成本过高，亦不利于维护已经形成的社会经济秩序，故本案不宜判决华坤公司停止使用被控侵权产品，最高人民法院予以纠正，撤销一审法院相关判项。

【本案引用法条】

1.《中华人民共和国专利法》（2008 年修正）

第十一条 发明和实用新型专利权被授予后，除本法另有规定的以外，任何单位或者个人未经专利权人许可，都不得实施其专利，即不得为生产经营目的制造、使用、许诺销售、销售、进口其专利产品，或者使用其专利方法以及使用、许诺销售、销售、进口依照该专利方法直接获得的产品。

外观设计专利权被授予后，任何单位或者个人未经专利权人许可，都不得实施其专利，即不得为生产经营目的制造、许诺销售、销售、进口其外观设计专利产品。

第五十九条　发明或者实用新型专利权的保护范围以其权利要求的内容为准，说明书及附图可以用于解释权利要求的内容。

外观设计专利权的保护范围以表示在图片或者照片中的该产品的外观设计为准，简要说明可以用于解释图片或者照片所表示的该产品的外观设计。

第六十条　未经专利权人许可，实施其专利，即侵犯其专利权，引起纠纷的，由当事人协商解决；不愿协商或者协商不成的，专利权人或者利害关系人可以向人民法院起诉，也可以请求管理专利工作的部门处理。管理专利工作的部门处理时，认定侵权行为成立的，可以责令侵权人立即停止侵权行为，当事人不服的，可以自收到处理通知之日起十五日内依照《中华人民共和国行政诉讼法》向人民法院起诉；侵权人期满不起诉又不停止侵权行为的，管理专利工作的部门可以申请人民法院强制执行。进行处理的管理专利工作的部门应当事人的请求，可以就侵犯专利权的赔偿数额进行调解；调解不成的，当事人可以依照《中华人民共和国民事诉讼法》向人民法院起诉。

第六十五条　侵犯专利权的赔偿数额按照权利人因被侵权所受到的实际损失确定；实际损失难以确定的，可以按照侵权人因侵权所获得的利益确定。权利人的损失或者侵权人获得的利益难以确定的，参照该专利许可使用费的倍数合理确定。赔偿数额还应当包括权利人为制止侵权行为所支付的合理开支。

权利人的损失、侵权人获得的利益和专利许可使用费均难以确定的，人民法院可以根据专利权的类型、侵权行为的性质和情节等因素，确定给予一万元以上一百万元以下的赔偿。

第七十条　为生产经营目的使用、许诺销售或者销售不知道是未经专利权人许可而制造并售出的专利侵权产品，能证明该产品合法来源的，不承担赔偿责任。

2.《中华人民共和国民法通则》（1987 年 1 月 1 日起施行）❶

第一百三十四条 承担民事责任的方式主要有：

（一）停止侵害；

（二）排除妨碍；

（三）消除危险；

（四）返还财产；

（五）恢复原状；

（六）修理、重作、更换；

（七）赔偿损失；

（八）支付违约金；

（九）消除影响、恢复名誉；

（十）赔礼道歉。

以上承担民事责任的方式，可以单独适用，也可以合并适用。

人民法院审理民事案件，除适用上述规定外，还可以予以训诫、责令具结悔过、收缴进行非法活动的财物和非法所得，并可以依照法律规定处以罚款、拘留。

3.《中华人民共和国民事诉讼法》（2012 年修正）❷

第一百五十三条 人民法院审理案件，其中一部分事实已经清楚，可以就该部分先行判决。

第一百五十四条 裁定适用于下列范围：

（一）不予受理；

（二）对管辖权有异议的；

（三）驳回起诉；

（四）保全和先予执行；

（五）准许或者不准许撤诉；

（六）中止或者终结诉讼；

---

❶ 《中华人民共和国民法总则》于 2017 年 10 月 1 日起实施，因此发生在 2017 年 10 月 1 日之后的侵权纠纷，根据法律适用的"从新兼从轻原则"，适用《民法总则》而非《民法通则》。本案发生时《民法总则》尚未实施生效，因此本案适用法律依然是《民法通则》。特此注明，下同。

❷ 《中华人民共和国民事诉讼法》于 2017 年 6 月 27 日进行了修正与公布，本案在最高人民法院进行纠纷诉讼的时间是 2014 年，因此适用的《民事诉讼法》为 2012 年 8 月 31 日起实施的版本。特此注明。

（七）补正判决书中的笔误；

（八）中止或者终结执行；

（九）撤销或者不予执行仲裁裁决；

（十）不予执行公证机关赋予强制执行效力的债权文书；

（十一）其他需要裁定解决的事项。

对前款第一项至第三项裁定，可以上诉。

裁定书应当写明裁定结果和作出该裁定的理由。裁定书由审判人员、书记员署名，加盖人民法院印章。口头裁定的，记入笔录。

4.《最高人民法院关于修改后的民事诉讼法施行时未结案件适用法律若干问题的规定》（法释〔2012〕23 号）

第六条　当事人对 2013 年 1 月 1 日前已经发生法律效力的判决、裁定或者调解书申请再审的，人民法院应当依据修改前的民事诉讼法第一百八十四条规定审查确定当事人申请再审的期间，但该期间在 2013 年 6 月 30 日尚未届满的，截止到 2013 年 6 月 30 日。

前款规定当事人的申请符合下列情形的，仍适用修改前的民事诉讼法第一百八十四条规定：

（一）有新的证据，足以推翻原判决、裁定的；

（二）原判决、裁定认定事实的主要证据是伪造的；

（三）判决、裁定发生法律效力二年后，据以作出原判决、裁定的法律文书被撤销或者变更，以及发现审判人员在审理该案件时有贪污受贿，徇私舞弊，枉法裁判行为的。

5.《最高人民法院关于审理侵犯专利权纠纷案件应用法律若干问题的解释》（法释〔2009〕21 号）

第十九条　被诉侵犯专利权行为发生在 2009 年 10 月 1 日以前的，人民法院适用修改前的专利法；发生在 2009 年 10 月 1 日以后的，人民法院适用修改后的专利法。

被诉侵犯专利权行为发生在 2009 年 10 月 1 日以前且持续到 2009 年 10 月 1 日以后，依据修改前和修改后的专利法的规定侵权人均应承担赔偿责任的，人民法院适用修改后的专利法确定赔偿数额。

【案例分析】

本案作为专利侵权纠纷的第一案例，是因为它本身较为典型，经过了一审、二审和最高人民法院的再审。其涉及我国的审判制度即两审终审制度，以及诉讼过程中的证据保全。

1. 两审终审制度和申请再审制度

我国的法院体系分为基层人民法院、中级人民法院、高级人民法院（以上都为地方人民法院）和最高人民法院四级。《民事诉讼法》第十条规定，人民法院审理民事案件，依照法律规定实行两审终审制度。所谓两审终审制度，是指某一案件经过两级人民法院审判后即告终结的制度。即地方各级法院对于按照审判管辖权的规定对由它审判的第一审（初审）案件作出判决或裁定以后，若当事人不服，可以在法定期限内向上一级法院提起上诉。上一级法院有权受理针对下一级法院第一审判决或裁定不服的上诉，有权经过对第二审案件的审理，改变或维持第一审法院的判决或裁定。这时，上级法院的第二审判决、裁定，就是终审判决、裁定，当事人不得上诉。常见的"本判决为终审判决"，根据的就是我国的两审终审制度。

本案中，在北京市高级人民法院进行二审判决后，出现的向最高人民法院申请再审所依据的是我国的再审制度。

当事人申请再审，是指当事人认为已经发生法律效力的判决、裁定、调解书确定有错误，向原审法院或上一级法院申请对案件再次审理的诉讼行为。

根据《民事诉讼法》第二百〇二条，《最高人民法院关于适用〈中华人民共和国民事诉讼法〉的解释》第三百八十条、第三百八十二条、第三百八十三条，当事人对最高人民法院、高级人民法院已经发生法律效力的一审、二审民事判决、裁定、调解书，可以向最高人民法院申请再审。第二审程序是第一审程序的继续和发展，再审程序是纠正人民法院已发生法律效力的错误裁判的一种补救程序，两者在时间、审理对象等方面都有所区别。（1）上诉要受上诉期限的限制，且期限较短；当事人申请再审，应当在判决、裁定发生法律效力后2年内提出。（2）第二审程序是当事人因不服第一审未生效裁判，向上一级法院提起上诉而发生，所以第二审程序的审理对象，是第一审裁判认定事实和适用法律是否正确；而再审程序的审理的对象是生效的法律文书。（3）第二审案件审理的理由是对第一审人民法院未生效裁判不服，请求第二审法院继续审理并作出裁判；再审案件的审理的理由是生效裁判确有错误。为了纠正错误的生效裁判，确保案件的质量和当事人的合法权益，只能采用审判监督程序予以纠正。（4）第二审法院审理上诉案件不能适用简易程序，只能按第二审程序进行审理，对事实清楚、不需要开庭审理的上诉案件，可以迳行判决、裁定；再审没有设置专门的审判程序。对再审案件的审理，根据情况适用第一审程序或第二审程序；（5）按第二审程序所作的判决、裁定，一经宣告和送达，即发生法律效力，是不准再行上诉的终局裁判；人民法院按照审判监督程序决定再审的案件，均应裁定中止原判决的执行。按第一审程序裁判的再审案件，在上诉期间内暂不生效；按第二审程序裁判的再审案件，一经宣告和送达，即发生法律效力。但下列情形不得申请再审：（1）已经发生法律效力的解除婚姻关系的判决、调解；（2）当事人将生效判决、调解书确认的债权转让，债权受让人对该判决、调解书不服申请再审的案件；（3）适用特别程序、督促程序、公示催告程序、破产程序等非讼程序审理的案件；（4）再审申请被驳回的案件；（5）再审判决、裁定；（6）人民检察院对当事人的申请作出不予提出再审检察建议或者抗诉决定的案件。

本案并不在例外情形中，因此摩根陶瓷公司可以就二审判决向最高人民法院申请再审，案件发展过程在前文的案件摘要中有所叙述，此处不赘述。

2. 证据保全及提供

司法途径是权利人维护自身权益的重要权益之一，当权利人权利遭遇侵犯时，司法途径作为最后一道防线，能够有效地维护权利人的利益。但值得注意的是，权利人在寻求司法途径时，也需注意证据的保全。在诉讼过程中，证据的提供直接影响的就是权利人诉求的实现。

需注意的是，在诉讼过程中的"证据"是指法院所认可的具有证明效力的证据，而非当事人或者一般民众所认可的证据。由本案中三方当事人在诉讼中优劣势的转换，可看出"证据"的重要性。

在专利侵权纠纷中，较为常见的诉求一般包括四个方面：（1）停止侵权；（2）赔礼道歉；（3）消除影响，恢复名誉；（4）赔偿损失。在本案一审中，原告摩根陶瓷公司起诉法院的诉求是停止侵权和赔偿损失。关于第一个诉求，摩根陶瓷公司需要证明的是侵权行为的存在，举证责任在原告。摩根陶瓷公司选择了法律效力较强的公证。通过委托他人对侵权现场进行拍照及摄像，并由北京市方圆公证处出示公函。根据《民事诉讼法》（2017 年修正）第六十九条，"经过法定程序公证证明的法律事实和文书，人民法院应当作为认定事实的根据，但有相反证据足以推翻公证证明的除外。"在效力梯度上由公证处出具的公证书在诉讼证据中，法律效力是比较强的，法院一般都会认可，除非有足以推翻公证证明的证据出现。

根据《专利法》第六十五条规定，侵犯专利权的赔偿数额按照权利人因被侵权所受到的实际损失确定；实际损失难以确定的，可以按照侵权人因侵权所获得的利益确定。权利人的损失或者侵权人获得的利益难以确定的，参照该专利许可使用费的倍数合理确定。赔偿数额还应当包括权利人为制止侵权行为所支付的合理开支。权利人的损失、侵权人获得的利益和专利许可使用费均难以确定的，人民法院可以根据专利权的类型、侵权行为的性质和情节等因素，确定给予 1 万元以上 100 万元以下的赔偿。

根据《专利法》规定，我国的专利侵权损害赔偿适用的还是一般补偿原则，而非惩罚性补偿原则。而对于侵权损害数额，许多权利人在进行举证的时候，往往因为证据准备不充分而造成损害程度无法证明，进而无法获得相应赔偿。

根据《民事诉讼法》（2017 年修正）第七十九条，当事人可以申请人民法院通知有专门知识的人出庭，就鉴定人作出的鉴定意见或者专业问题提出意见。本案原告摩根陶瓷公司为权利人寻求损害赔偿数额计算提供了一个很好的借鉴——专项审计报告。在二审过程中，上诉人对赔偿数额提出了质疑，而最高人民法院推翻二审有关赔偿数额的判决，维持一审判决的依据就是专项审计报告。

而作为反例，被告光华安富业公司在二审过程中证明其侵权产品是由东台玉纶公司处采购所得的证据仅为收据，而未能提供正式发票，且均为现金交易，则显得"不符合商业惯例亦不合常理"，因此该证据在最高人民法院再审阶段被否定。

案例 2
"一种用于上釉和装饰的旋转机器"
发明专利侵权纠纷案

原告：意大利西法尔股份公司
被告：佛山市希望陶瓷机械设备有限公司
涉案专利：一种用于上釉和装饰的旋转机器（专利号：ZL94118976.7）
案由：侵犯发明专利权纠纷

【案件摘要】

1994 年 11 月 28 日，原告意大利西法尔股份公司向原中国专利局提交了"一种用于上釉和装饰的旋转机器"（参见图 2－1）的发明专利申请，并于 1995 年 10 月 11 日获得授权并公告。

该专利的权利要求书内容为：

1. 一种用于装饰和上釉，特别是用于陶瓷砖瓦装饰和上釉的旋转机器，它包括：

——可动的陶瓷砖瓦放置平面，砖瓦块在其上向预定的方向运送；

——旋转的装饰和上釉设备，位于放置平面的上方，它包括：

——版型圆筒，它绕圆筒的轴转动并具有至少一个可弹性变形的部分，该部分在圆筒的周围是一光滑的由弹性体材料制成的圆筒形外皮，在它上面切有一版型，该版型有许多孔穴；

其特征在于，

至少一块第一刮片，它与版型圆筒外皮接触而工作，贴着外皮刮动，并从外皮上除去沉积并黏附在其上的多余釉；版型圆筒绕其轴有一旋转方向并可相对于放置平面进行调整，以使外皮旋转而不拖动在放置平面上传送的砖瓦块的表面，它有预定的压力施加在砖瓦块表面上。

2. 根据权利要求 1 的一种机器，其特征在于，被外皮蒙覆的可弹性变形的圆周部分是有一海绵状的内层，它具有高度的弹性可变形性，还有一外层，它较为紧密，也可以弹性变形。

3. 根据权利要求 2 的一种机器，其特征在于，内层是用硅酮泡沫材料制成，外层用硅酮橡胶制成。

4. 根据权利要求 1 的一种机器，其特征在于，版型具有许多孔穴，预先布置得内部容纳少量的釉料，其特征在于，这些孔穴的宽度－深度比接近常数。

5. 根据权利要求 1 的一种机器其特征在于，第一刮片平行于版型圆筒的轴线来回摆，并可调整到相对于版型圆筒外皮的不同倾角；上述第一刮片把刮去和清洁的功能与重新混合釉料的功能结合起来，在版型圆筒每一转中至少部分将釉料重新填充入孔穴之中。

6. 根据权利要求 1 的一种机器，它具有一条第二刮片，位于按版型圆筒的旋转方向来说第一刮片的上游。

7. 根据权利要求 6 的一种机器，其特征在于，它具有釉料收集槽，布置在每一冠状体的外环形槽的下侧，收集槽下面有收集管，通到放在下面的容器中，有一条馈给管从容器将釉料取走，并将其通过一出口输出到直接处于第一刮片和外皮与其相邻部分之间部位的上方的区域中。

8. 根据权利要求 1 的一种机器，其特征在于，版型圆筒的可弹性形的周围部分固定在一圆筒形中心部分上，此中心部分在其两端坚固地装有两个冠状体，它们的外径与外皮相同，并与外皮同轴线，每一冠状体至少有一条外环形槽。

9. 根据权利要求 7 的一种机器，其特征在于，容器是可移走的，并装在轮子上。

10. 一种旋转的装饰和上釉方法，特别可用于陶瓷砖瓦，该方法包括：

将釉料布敷在具有许多孔穴的版型上，此版型切入到一圆筒形并可弹性变形的光滑外皮中；

使用至少一条第一刮片，将切入在外皮中的版型上所沉积的多余釉料除去；上述至少是一条的，第一刮片还有不断重新混合和至少部分补充存在于孔穴中的釉料的功能；

靠直接接触，也就是安置在外皮中的版型的滚动而不拖动，将孔穴内所含的釉料转印到运送中的砖块的上表面上。

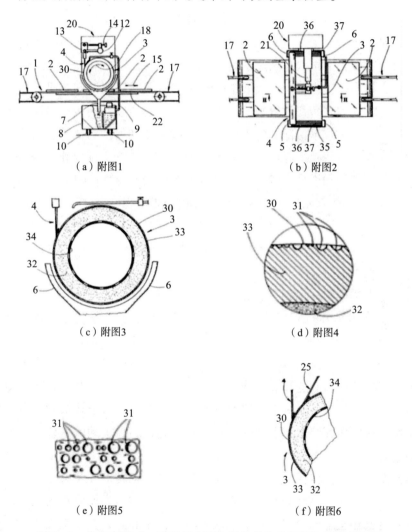

（a）附图1　　　　　　　　　　（b）附图2

（c）附图3　　　　　　　　　　（d）附图4

（e）附图5　　　　　　　　　　（f）附图6

图2-1　发明专利"一种用于上釉和装饰的旋转机器"说明书附图

2001年5月，被告佛山市希望陶瓷机械设备有限公司在广州交易会"中华陶瓷展览会-2001"上，公然展销其生产的辊筒印花机。原告于

2001 年 10 月向佛山市中级人民法院提起专利侵权诉讼，经法院调解双方达成协议 [（2001）佛中法知初字第 108 号]："被告不再生产、销售、许诺销售与 2001 年 5 月广州陶瓷展览会上所展示的产品结构一致的辊筒印花机。"

2003 年 11 月，在广州国际会展中心举办的第 17 届中国国际陶瓷工业展览会上，被告再次公然展销其生产的激光雕版辊筒印花机。

2004 年 6 月，在广州国际会展中心举办的第 18 届中国国际陶瓷工业展览会上，被告又再次公然展销其生产的激光雕版辊筒印花机。

原告认为，被告所生产及展销的产品"激光雕版辊筒印花机"从结构上包括可动的陶瓷砖瓦放置平面、版型圆筒、刮片以及使版型圆筒上下移动的调节装置等技术特征，已完全落入了涉案专利保护的范围。故原告向广州市中级人民法院提起诉讼，请求判令：（1）被告立即停止侵权，销毁侵权的库存产品和模具；（2）被告公开向原告赔礼道歉；（3）被告赔偿原告损失人民币 10 万元；（4）本案诉讼费由被告承担。

对此，被告答辩称：（1）被告并未参加原告所提及的展会，主体不适格；（2）涉案专利缺乏"三性"❶，不应当授予专利；（3）被告产品与原告专利在技术上明显不同。

在审理过程中，根据原告申请，广州市中级人民法院于 2004 年 6 月 18 日在广州市举办的第 18 届中国国际陶瓷工业展览会被告租的摊位上进行了证据保存等活动，并就侵权产品与涉案专利进行了对比。

广州市中级人民法院认为，发明专利的保护范围以权利要求书的内容为准，根据原告专利的权利要求书，其有两项独立权利要求，权利要求 1 为机器的结构技术特征，其必要技术特征为："一种用于装饰和上釉，特别是用于陶瓷砖瓦装饰和上釉的旋转机器，它包括：可动的陶瓷砖瓦放置平面，砖瓦块在其上向预定的方向运送；旋转的装饰和上釉设备，位于放置平面的上方，它包括：版型圆筒，它绕圆筒的轴转动并具有至少一个可弹性变形的部分，该部分在圆筒的周围是一光滑的由弹性体材料制成的圆筒形外皮，在它上面切有一版型，该版型有许多孔穴；其特征在于，至少一块第一刮片，它与版型圆筒外皮接触而工作，贴着外皮刮动，并从外皮

---

❶ 发明专利和实用新型专利的"三性"是指新颖性、创造性和实用性，外观设计专利的"三性"是指新颖性、独创性和实用性。

上除去沉积并黏附在其上的多余釉；版型圆筒绕其轴有一旋转方向并可相对放置平面进行调整，以使外皮旋转而不拖动在放置平面上传送的砖瓦块的表面，它有预定的压力施加在砖瓦块表面上。"权利要求 10 是方法特征，其必要技术特征为："一种旋转的装饰和上釉方法，特别可用于陶瓷砖瓦，该方法包括：将釉料布敷在具有许多孔穴的版型上，此版型切入到一圆筒形并可弹性变形的光滑外皮中；使用至少一条第一刮片，将切入在外皮中的版型上所沉积的多余釉料除去；上述至少是一条的，第一刮片还有不断重新混合和至少部分补充存在于孔穴中的釉料的功能；靠直接接触，也就是安置在外皮中的版型的滚动而不拖动，将孔穴内所含的釉料转印到运送中的砖块的上表面上。"在本案中原告明确以其权利要求 1 和权利要求 10 作为要求保护的范围，故原告专利的上述两项权利要求的必要技术特征均是本案应予考虑的保护范围。

根据本案的现有证据，可用于比对相关技术特征的只有广州市中级人民法院根据原告申请证据保全取得的被控侵权的印刷机。经比对，该印刷机与原告专利有两点不同的技术特征：一是该印刷机圆筒是金属筒，表面没有可弹性变形的外皮部分；二是其是先用凹版印刷在纸上，再将纸放在瓷砖上，不存在调整版型圆筒使其外表面旋转而不拖动在放置平面上传送的砖瓦块的表面的问题。被控侵权的印刷机缺乏原告专利的部分必要技术特征，没有落入原告专利的保护范围，不属于侵权产品。

而对于被告在答辩中所提出的涉案专利不符合"三性"，不应授予专利及诉讼主体资格，广州市中级人民法院进行了质证与审理，最终认为原告指控被告侵犯其专利权证据不足，原告的诉讼请求不予支持。

【本案引用法条】

《中华人民共和国专利法》（2000 年修正）

第五十六条 发明或者实用新型专利权的保护范围以其权利要求的内容为准，说明书及附图可以用于解释权利要求。

外观设计专利权的保护范围以表示在图片或者照片中的该外观设计专利产品为准。

【案例分析】

1. 专利侵权诉讼的防御策略

通过知识产权出版社专利信息平台对涉案专利查询，该涉案专利在法律状态上的变化为：涉案专利于 2009 年 9 月 16 日被宣告部分无效，于 2011 年 6 月 22 日被宣告专利权全部无效。

在本案中，被告佛山市希望陶瓷机械设备有限公司针对侵权诉讼采取的方式是我们常见的"釜底抽薪式"的防卫方式，即当企业或个人面临专利侵权诉讼的时候，首先想到的是涉案专利是否有效。由于我国在专利审查方面的区别，这种应对诉讼的思路在实用新型专利和外观设计专利侵权诉讼纠纷中比较常见。

在我国，实用新型专利申请和外观设计专利申请在审查过程中只需要进行形式审查即可，而发明专利申请则是需要实质审查。这也是发明专利申请的审查时间较长，权利也较为稳定的原因所在。如果涉案专利本身就是无效专利，那么专利所涉及内容自然是向公众开放，且公众可以无偿使用，自然也就没有"侵权"的存在了。

而相对应地，作为实用新型专利和外观设计专利的专利权人也会通过专利权评价报告的方式对专利的稳定性予以保证。在我国，专利权评价报告仅由国家知识产权局出具，在诉讼过程中，它对专利权的稳定性具有一定的证明作用。但专利权评价报告本身是一把双刃剑，是否需要提供作为专利权稳定性的证据则取决于专利文件撰写的质量及专利本身的质量。在实践中，许多企业选择质疑专利权本身也有抢占时间优势的考量。

2. 展会中的知识产权保护

随着经济全球化的进行，展会成为企业对外进行宣传的重要通道之一，同时也为专利侵权现象的屡屡发生埋下了伏笔。在展会中，企业需要注意哪些问题呢？

首先，作为参展方，尤其是在境外参展的时候，企业需要对参展地的知识产权相关背景状况进行一个初步的调查，包括：（1）参展地有关专利、商标等知识产权法律信息；（2）参展产品所涉及专利、商标等在当地的相关知识产权信息；（3）重点企业的专利情况；（4）对参加展会所可能涉及的知识产权风险进行评估并作防范预案，等等。

其次，当企业在展会过程中遇到被侵权现象时，根据被侵权情况的不同，作出应对方案。一般而言，应对方式有以下几种：（1）需先对侵权产品及相关信息进行取证，以便后续提起诉讼时作为证据使用；（2）向展会举办方反映，申请剥夺侵权方的参展资格；（3）由参展方或第三方进行调解；（4）保留侵权产品，准备起诉。

最后，当企业在展会过程中被诉侵权时，也不用慌张，可以根据自身实际情况进行回应。

案例 3
"一种立体孔洞装饰陶瓷砖的制备方法及其产品"发明专利侵权纠纷案

一审原告（二审上诉人）： 广东东鹏陶瓷股份有限公司
一审被告（二审上诉人）： 陈某某
一审被告（二审被上诉人）： 广东中盛陶瓷有限公司
涉案专利： 一种立体孔洞装饰陶瓷砖的制备方法及其产品（专利号：ZL200710006801.9）
案由： 侵犯发明专利权纠纷

【案件摘要】

1. 一审阶段

2007年1月26日，广东东鹏陶瓷股份有限公司（以下简称"东鹏陶瓷"）向国家知识产权局就"一种立体孔洞装饰陶瓷砖的制备方法及其产品"（参见图3-1）提出发明专利申请，于2009年5月27日获得授权并公告，专利号为ZL200710006801.9。

该专利所公开权利要求包括：

1. 一种立体孔洞装饰陶瓷砖的制备方法，包括以下步骤：粉料制备，包括制备面料和底料；将粉料布料干压成型，制成坯体；将成形坯体干燥；烧制坯体制成半成品；对半成品进行表面处理，制成成品；其特征在于，所述粉料制备步骤中，制备所述面料包括制备花纹面料，其中至少提供一种花纹面料为成孔剂；所述粉料布料干压成型步骤中，将所述成孔剂与其他面料和底料布料干压成型，制成坯体；所述坯体烧制步骤中，烧制温度采用1100~1300℃，将所述面料烧制形成立体孔洞、裂沟、纹理中的一种或者多种的组合。

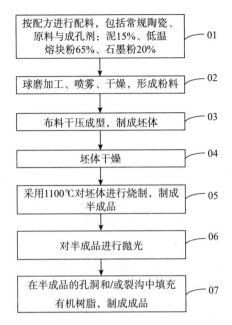

按配方进行配料，包括常规陶瓷、原料与成孔剂：泥15%、低温熔块粉65%、石墨粉20% —— 01

球磨加工、喷雾、干燥，形成粉料 —— 02

布料干压成型，制成坯体 —— 03

坯体干燥 —— 04

采用1100℃对坯体进行烧制，制成半成品 —— 05

对半成品进行抛光 —— 06

在半成品的孔洞和/或裂沟中填充有机树脂，制成成品 —— 07

图3-1 发明专利"一种立体孔洞装饰陶瓷砖的制备方法及其产品"说明书附图

2. 根据权利要求1所述立体孔洞装饰陶瓷砖的制备方法，其特征在于，所述的面料和底料设置为常规陶瓷原料与成孔剂复配成的配方料；所述花纹面料中引入的成孔剂设置为石墨粉、碳粉、碳酸盐类材料、硫酸盐类材料、碳水化合物材料、低温玻璃材料中的一种或者多种的组合。

3. 根据权利要求2所述立体孔洞装饰陶瓷砖的制备方法，其特征在于，所述碳酸盐类材料设置为石灰石矿物、碳酸钙、碳酸钠中的一种或者多种的组合。

4. 根据权利要求2所述立体孔洞装饰陶瓷砖的制备方法，其特征在于，所述硫酸盐类材料设置为生石膏、熟石膏、硫酸钙中的一种或者多种的组合。

5. 根据权利要求2所述立体孔洞装饰陶瓷砖的制备方法，其特征在于，所述碳水化合物材料设置为面粉、糠灰中的一种或者多种的组合。

6. 一种如权利要求1所述的制备方法制成的立体孔洞装饰陶

瓷砖，设置为平板状，包括坯体层、形成在所述坯体层上一个表面的表面层、形成在所述坯体层另一个表面的底面层，其特征在于，所述陶瓷砖表面层设置有孔洞和/或裂沟；所述底面层设置有利于黏合的纹理；所述坯体层是瓷质或者炻质或者陶质。

7. 如权利要求 6 所述的立体孔洞装饰陶瓷砖，其特征在于，所述表面层还设置有随机分布的仿天然装饰纹理，所述仿天然装饰纹理可以是云彩状纹理、木纹状纹理、石材纹理中的一种或者多种的结合。

8. 如权利要求 6 所述的立体孔洞装饰陶瓷砖，其特征在于，所述陶瓷砖表面层的孔洞和/或裂沟中设置有填充物料，所述填充物料是有机树脂。

9. 如权利要求 6 所述的立体孔洞装饰陶瓷砖，其特征在于，所述坯体层和底面层均设置有随机分布的形状各异、大小不同、深浅不一的孔洞和/或裂沟，所述表面层、坯体层和底面层的孔洞和/或裂沟设置为互相连通。

10. 如权利要求 6 所述的立体孔洞装饰陶瓷砖，其特征在于，所述陶瓷砖底面层纹理设置为网格状或者波纹状或者蜂窝状。

涉案专利的权利说明书内容节选如下：

本发明为了实现上述技术目的，采用如下技术手段：

一种立体孔洞装饰陶瓷砖的制备方法，包括以下步骤：粉料制备，包括制备面料和底料；将粉料布料干压成型，制成坯体；将成形坯体干燥；烧制坯体制成半成品；对半成品进行表面处理，制成成品；所述粉料制备步骤中，制备所述面料包括制备花纹面料，其中至少提供一种花纹面料为成孔剂；所述粉料布料干压成型步骤中，将所述成孔剂与其他面料和底料布料干压成型，制成坯体；所述坯体烧制步骤中，烧制温度采用 1100～1300℃，将所述面料烧制形成立体孔洞、裂沟、纹理中的一种或者多种的组合。

所述的面料和底料设置为常规陶瓷原料与成孔剂复配成的配方料；所述花纹面料中引入的成孔剂设置为石墨粉、碳粉、碳酸盐类材料、硫酸盐类材料、碳水化合物材料、低温玻璃材料中的一种或者多种的组合。

所述碳酸盐类材料设置为石灰石矿物、碳酸钙、碳酸钠中的一种或者多种的组合。

所述硫酸盐类材料设置为生石膏、熟石膏、硫酸钙中的一种或者多种的组合。

所述碳水化合物材料设置为面粉、糠灰中的一种或者多种的组合。

一种如上所述的制备方法制成的立体孔洞装饰陶瓷砖，设置为平板状，包括坯体层、形成在所述坯体层上一个表面的表面层、形成在所述坯体层另一个表面的底面层，所述陶瓷砖表面层设置有孔洞和/或裂沟；所述底面层设置有利于黏合的纹理；所述坯体层是瓷质或者炻质或者陶质。

所述表面层还设置有随机分布的仿天然装饰纹理，所述仿天然装饰纹理可以是云彩状纹理、木纹状纹理、石材纹理中的一种或者多种的组合。

所述陶瓷砖表面层的孔洞和/或裂沟中设置有填充物料，所述填充物料是有机树脂。

所述坯体层和底面层均设置有随机分布的形状各异、大小不同、深浅不一的孔洞和/或裂沟，所述表面层、坯体层和底面层的孔洞和/或裂沟设置为互相连通。

所述陶瓷砖底面层纹理设置为网格状或者波纹状或者蜂窝状。

根据本发明所提供的方法，能制成具有天然效果的立体孔洞装饰陶瓷砖，本发明方法的采用使得产品能机械化批量生产，环保实用、成本低廉；根据本发明所提供方法制成的立体孔洞装饰陶瓷砖，由于设置了孔洞和/或裂沟和/或仿天然装饰纹理，使得制品表面质感更接近天然石材；由于陶瓷砖设置为经过1100～1300℃烧制，并进行表面处理而成，使得制品强度高、适用范围广。

后东鹏陶瓷在市场上发现，陈某某在未经东鹏陶瓷许可下擅自销售完全落入东鹏陶瓷专利权保护范围的产品，广东中盛陶瓷有限公司（以下简称"中盛陶瓷"）在明知东鹏陶瓷拥有专利权的情况下未经授权而销售、许诺销售完全落入东鹏陶瓷专利权保护范围的产品。

　　2013 年 12 月 12 日，东鹏陶瓷以"一种立体孔洞装饰陶瓷砖的制备方法及其产品"（ZL200710006801.9）专利权人的身份，向广州市中级人民法院提起诉讼，请求法院判令：（1）中盛陶瓷、陈某某立即停止侵犯东鹏陶瓷 ZL200710006801.9 号发明专利权的销售行为，以及中盛陶瓷停止生产行为；（2）中盛陶瓷、陈某某连带赔偿东鹏陶瓷经济损失人民币 100 万元（含东鹏陶瓷在本案支出的律师代理费、差旅费、公证费等合理费用）；（3）中盛陶瓷、陈某某在《佛山日报》显著版面上向东鹏陶瓷发表致歉声明，内容由法院审核；（4）中盛陶瓷、陈某某承担本案全部诉讼费用。

　　对此，一审被告陈某某答辩称：（1）其销售行为是代理销售，法律后果应归属被代理人；（2）本案涉及侵权产品并未在其销售范围内。陈某某对东鹏陶瓷在起诉中所提到的销售与许诺销售侵权产品的行为进行了答辩，并提供了其与中盛陶瓷签订的《中盛陶瓷有限公司"中盛"品牌广东区年度经销合同》等证据。

　　被告中盛陶瓷答辩称：涉案产品采用的制造方法为现有技术，被诉侵权产品的生产方法是参照欧洲专利的方法和公开的手册进行生产的，并提供了名称为"一种制作具有人工仿古瓷砖外观的瓷砖方法"（公开号：EP1101585A2；申请号：00203851.1；申请日：2000 年 3 月 11 日；公告日：2001 年 1 月 21 日；公开日：2001 年 5 月 23 日）的欧洲发明专利文件及其中文译文及《陶瓷墙地砖工厂技术员手册》等证据。该对比专利的权利要求书载明：

　　1. 一种制作具有人工仿古瓷砖外观的瓷砖方法，其特征在于包括以下操作：

　　——在通常的模具中形成由雾化粉末混合物制成的原始瓷砖，所用雾化粉末混合物包含在低于或低于 0℃ 的温度下或者等于 600℃ 挥发的材料的内含物；

　　——根据通常的干燥循环在连续干燥器中干燥由此形成的瓷砖；

　　——按照通常的烧制周期窑烧制处理的砖。

　　2. 如权利要求 1 所述的方法，其特征在于将所述挥发性物质送入模腔中以放置在先前加入的粉末上。

　　3. 如权利要求 1 所述的方法，其特征在于所述挥发性物质包含于着色颜料覆盖材料的附聚物质。

4. 如权利要求 3 所述的方法，其特征在于所述物质为淀粉。

5. 如权利要求 1 所述的方法，其特征在于所述挥发性物质选自：谷物、磨碎的谷物、碎谷物、吹谷物、煮熟和通风的谷物、谷物片、锯末、碎秸秆、蜡。

6. 如权利要求 5 所述的方法，其特征在于所述材料由完整或破碎的玉米粒组成。

7. 如权利要求 1 所述的方法，其特征在于所述挥发性物质与有色颜料粉末混合。

8. 如权利要求 1 所述的方法，其特征在于所述挥发性物质包括粉末形式的玻璃质釉。

9. 如权利要求 1 所述的方法，其特征在于雾化黏土混合物包括至少两种部分混合在一起的不同颜色的材料。

10. 如权利要求 1 所述的方法，其特征在于雾化黏土混合物包括单色基层和第二层雾化釉料。

11. 如权利要求 1 所述的方法，其特征在于将多色釉料薄片加入到雾化黏土混合物中。

12. 如权利要求 1 所述的方法，其特征在于多色釉料的薄片铺设在雾化黏土的表面上。❶

随后，被告中盛陶瓷向原国家知识产权局专利复审委员会（以下简称"专利复审委员会"）提起了专利无效宣告申请，同时请求中止本案审理。2014 年 9 月 29 日，专利复审委员会作出第 24092 号《无效宣告请求审查决定书》，宣告专利权部分无效，即决定在专利权人口审当庭提交的权利要求书的基础上维持专利有效，该改变不涉及本案东鹏陶瓷要求的专利保护范围。中盛陶瓷对该无效审查决定提起行政诉讼，并以此再次提出中止本案审理的申请。

本案中，原告东鹏陶瓷要求保护的专利权利范围为涉案专利的权利要求 1 和权利要求 6，❶并委托代理人和广东省广州市萝岗公证处公证员对本案被告陈某某和中盛陶瓷的销售产品进行取证及公证。

广州市中级人民法院审理认为，涉案专利为发明专利，在授权过程中已经实质审查，且该专利已经受住多次无效审查和民事行政判决，稳定性

---

❶ 该专利权利要求书原文为英文，该段文字为翻译部分，详细内容请见该专利文献原文。

较大，故虽中盛陶瓷对涉案专利的无效宣告请求审查决定书提起行政诉讼，法院亦不中止本案的审理。根据（2013）粤广萝岗第 5030 号《公证书》记载的内容，确认被诉侵权产品系陈某某所销售，且在本案中，被告陈某某未能提供相应证据证明其所销售被诉侵权产品具有合法来源。

关于被诉侵权产品是否系中盛公司所生产的问题，东鹏陶瓷在取证时，仅购买了两块被诉侵权产品，但没有外包装，被诉侵权产品上也没有标识。中盛陶瓷公证购买所获得的宣传册上也没有显示被诉侵权产品，仅凭公证购买被诉侵权产品时的商店门匾为中盛陶瓷的公司名称以及公证购买获得了中盛陶瓷的宣传册和名片，无法得出被诉侵权产品系中盛陶瓷所生产、销售的结论，东鹏陶瓷主张被诉侵权产品系中盛陶瓷所生产、销售，依据不足。

最后，广州市中级人民法院判决被告陈某某承担停止销售侵权产品的责任，并赔偿原告东鹏陶瓷经济损失及合理费用共计 6 万元，案件受理费由原告东鹏陶瓷和被告陈某某承担。

2. 二审阶段

上诉人东鹏陶瓷以一审法院认定事实错误及赔偿数额过低向广东省高级人民法院提起上诉。

上诉人东鹏陶瓷认为在一审过程中，上诉人陈某某所提供的其与中盛陶瓷所签订的《中盛陶瓷有限公司"中盛"品牌广东区年度经销合同》证明一审被告中盛陶瓷对侵权产品存在销售行为。对此，广东省高级人民法院认为，被诉侵权产品上未有指向中盛陶瓷制造的证据；公证购买所获得的宣传册上也没有显示被诉侵权产品；陈某某与中盛陶瓷之间虽然有经销合同的约定，但亦不能证明陈某某必然销售来源于中盛陶瓷的产品。从高度盖然性标准衡量，亦未能证明东鹏公司主张的待证事实，仅凭公证购买被诉侵权产品时的商店门匾为中盛公司的公司名称以及公证购买获得了中盛公司的宣传册、名片及经销合同，无法得出被诉侵权产品系中盛公司所制造、销售的结论，东鹏公司主张被诉侵权产品系中盛公司所生产、销售，依据不足，广东省高级人民法院不予支持。

关于陈某某有关合法来源的抗辩，二审过程中，陈某某提供了与经销商广东天弼陶瓷有限公司的收款收据及经销商颜某某出具的《证明》，但上诉人陈某某提供的收款收据没有公司盖章。而关于二审新证据颜某某出具的《证明》，上诉人东鹏陶瓷提供了经销商的另外一份《证明》（内容为："本人颜某某，在佛山市石湾沙岗新路 68 号开有门店，为广东天弼陶瓷产品销售商，兹证明上述证明内容全部均非本人书写亦非本人签名"）及相关身份证明文件。

关于原审赔偿金额的问题，由于上诉人东鹏陶瓷并未举证证明其因陈某某的侵权行为所遭受的损失或陈某某的侵权获利所得。根据《专利法》第六十五条第二款的规定，原审法院综合考虑涉案专利类别、陈某某经营规模、被诉侵权行为的性质和情节、东鹏陶瓷的合理维权开支等因素，酌情判定赔偿数额为 6 万元，并无不当。

2016 年 2 月 23 日，广东省高级人民法院作出民事终审判决：驳回上诉，维持原判。

【本案引用法条】

1.《中华人民共和国专利法》（2008 年修正）

第十一条 （略）❶

第二十二条 授予专利权的发明和实用新型，应当具备新颖性、创造性和实用性。

新颖性，是指该发明或者实用新型不属于现有技术；也没有任何单位或者个人就同样的发明或者实用新型在申请日以前向国务院专利行政部门提出过申请，并记载在申请日以后公布的专利申请文件或者公告的专利文件中。

创造性，是指与现有技术相比，该发明具有突出的实质性特点和显著的进步，该实用新型具有实质性特点和进步。

实用性，是指该发明或者实用新型能够制造或者使用，并且能够产生积极效果。

本法所称现有技术，是指申请日以前在国内外为公众所知的技术。

第四十五条 自国务院专利行政部门公告授予专利权之日起，任何单位或者个人认为该专利权的授予不符合本法有关规定的，可以请求专利复审委员会宣告该专利权无效。

---

❶ 参见本书案例 1 "'防火隔热卷帘用耐火纤维复合卷帘及其应用'发明专利侵权纠纷案""本案引用法条"部分。

第四十七条 宣告无效的专利权视为自始即不存在。

宣告专利权无效的决定，对在宣告专利权无效前人民法院作出并已执行的专利侵权的判决、调解书，已经履行或者强制执行的专利侵权纠纷处理决定，以及已经履行的专利实施许可合同和专利权转让合同，不具有追溯力。但是因专利权人的恶意给他人造成的损失，应当给予赔偿。

依照前款规定不返还专利侵权赔偿金、专利使用费、专利权转让费，明显违反公平原则的，应当全部或者部分返还。

第五十九条 （略）❶

第六十一条 专利侵权纠纷涉及新产品制造方法的发明专利的，制造同样产品的单位或者个人应当提供其产品制造方法不同于专利方法的证明。

专利侵权纠纷涉及实用新型专利或者外观设计专利的，人民法院或者管理专利工作的部门可以要求专利权人或者利害关系人出具由国务院专利行政部门对相关实用新型或者外观设计进行检索、分析和评价后作出的专利权评价报告，作为审理、处理专利侵权纠纷的证据。

第六十二条 在专利侵权纠纷中，被控侵权人有证据证明其实施的技术或者设计属于现有技术或者现有设计的，不构成侵犯专利权。

第六十五条 （略）❷

第七十条 （略）❸

2.《最高人民法院关于民事诉讼证据的若干规定》（法释〔2001〕33号）

第六十三条 人民法院应当以证据能够证明的案件事实为依据依法作出裁判。

第七十三条 双方当事人对同一事实分别举出相反的证据，但都没有足够的依据否定对方证据的，人民法院应当结合案件情况，判断一方提供证据的证明力是否明显大于另一方提供证据的证明力，并对证明力较大的证据予以确认。

因证据的证明力无法判断导致争议事实难以认定的，人民法院应当依据举证责任分配的规则作出裁判。

---

❶❷❸ 参见本书案例1 "'防火隔热卷帘用耐火纤维复合卷帘及其应用'发明专利侵权纠纷案""本案引用法条"部分。

3.《中华人民共和国民事诉讼法》（2012 年修正）

第六十三条　证据包括：

（一）当事人的陈述；

（二）书证；

（三）物证；

（四）视听资料；

（五）电子数据；

（六）证人证言；

（七）鉴定意见；

（八）勘验笔录。

证据必须查证属实，才能作为认定事实的根据。

【案例分析】

1. 专利权的部分无效

我国《专利法》第五章专章规定了"专利权的期限、终止和无效"。其中，第四十五条第一款规定，自国务院专利行政部门公告授予专利权之日起，任何单位或者个人认为该专利权的授予不符合本法有关规定的，可以请求专利复审委员会宣告该专利权无效。第四十七条规定，宣告无效的专利权视为自始即不存在。宣告专利权无效的决定，对在宣告专利权无效前人民法院作出并已执行的专利侵权的判决、调解书，已经履行或者强制执行的专利侵权纠纷处理决定，以及已经履行的专利实施许可合同和专利权转让合同，不具有追溯力。

原则上，任何人都可以对专利提出无效宣告请求。❶正如前文所述，提请宣告专利权无效已经成为专利侵权诉讼中的一项重要应对方式。但在专利侵权诉讼中，并非所有的无效申请都由侵权方提出，有时候为了掌握诉讼主动权，被侵权方也会提出专利无效申请。本案中提出专利无效申请的是一审被告中盛陶瓷。为了应对侵权诉讼，一审中，被告中盛陶瓷向专利复审委员会提出涉案专利的无效宣告申请，并于 2014 年 9 月 29 日获得

---

❶《专利审查指南 2010》第四部分第三章第 3.2 节对专利无效请求人进行了限定，其中并没有直接禁止专利权人提出无效宣告请求，但是禁止专利权人请求宣布专利权全部无效。

第 24092 号无效宣告请求审查决定书，该专利权被宣告部分无效。

根据我国《专利法》的相关规定，无效宣告的理由主要包括专利不符合授权实质要件，比如非法定的保护客体、不具备"三性"、未充分公开、修改超出范围；也有部分无效理由是由于违反程序性义务，比如违反保密审查的规定、违反遗传资源的披露义务、重复授权等。专利权的部分无效不等于对整个专利的效力的否定，仅是针对该专利其中的部分权利要求的效力否定，对于被诉侵权人而言，涉及侵权的权利要求效力被否定就等于诉讼风险解除。

2. 民事诉讼中的盖然性衡量标准

在司法实践中，司法实务部门认为客观真实证明要求"严重损害了其他价值目标或利益的实现"，主张以"法律真实"的证明要求取而代之。所谓"法律真实"是指，法院在裁判中对事实的认定只要严格依照实体法与程序法的有关规定，达到从法律的角度认为是真实的程度，即使最终裁判结果与客观事实不完全吻合，裁判结果也应当认为是公正的。[1]《最高人民法院关于民事诉讼证据的若干规定》第六十三条规定："人民法院应当以证据能够证明的案件事实为依据依法作出裁判。"该条规定标志着"法律真实"证明要求的正式确立。

《最高人民法院关于民事诉讼证据的若干规定》第七十三条规定："双方当事人对同一事实分别举出相反的证据，但都没有足够的依据否定对方证据的，人民法院应当结合案件情况，判断一方提供证据的证明力是否明显大于另一方提供证据的证明力，并对证明力较大的证据予以确认。"这从法律层面上，标志着"高度盖然性"证明标准在中国的正式确立，也从技术操作的层面规范了证据相互矛盾时如何审查判断证据以达到法律真实的证明要求。

提及司法工作的审判原则，上至耄耋老人，下至黄口小儿皆知"以事实为依据，以法律为准绳"，也就是把发现和达到客观真实作为民事诉讼的证明要求，这自然是评判案件是非曲直最理想的结果。但在实践中，为求公平性，法官不能主动为原告或者被告进行证据的收集工作，而举证责任则是由当事人承担，并承担举证不足的责任。而当事人或由于证据意识

---

[1] 刘成琼. 民事诉讼高度盖然性证明标准的实证分析［EB/OL］. (2016 – 03 – 04) ［2019 – 07 – 28］. https://www.chinacourt.org/article/detail/2016/03/id/1816039.shtml.

的欠缺，或由于客观障碍的存在等因素所提供的证据往往只能证实事实的一部分，导致相当一部分事实由于缺乏证据或者证据之间相互矛盾而处于真伪不明的状态。这就是我们在案例 1 中所提到的在司法实践中的"证据"并非普通民众观念里的证据，而是在法庭中被认可的证据。

在本案的二审过程中，上诉人东鹏陶瓷提出上诉人（一审被告）陈某某的一项证据，即其与中盛陶瓷所签订的《中盛陶瓷有限公司"中盛"品牌广东区年度经销合同》，用以证明一审被告中盛陶瓷对于被侵权产品存在销售行为，构成专利权侵权。对于该项证据的真实性，陈某某否认被诉侵权产品来自中盛陶瓷。因此，在该项证据的采用上，广东省高级人民法院则采取了高度盖然性标准衡量，认为东鹏陶瓷主张被诉侵权产品系中盛陶瓷所生产、销售，依据不足，不予支持。

根据我国《民事诉讼法》第六十三条规定，证据包括当事人的陈述、书证、物证、视听资料、电子数据、证人证言、鉴定意见、勘验笔录。在实践中，一般而言，不同的证据种类具有不同的证明效力，证据的数量与证明力成正比，证据越多，就越容易形成证据锁链，其证明的盖然性程度就越高。在侵权行为发生时，权利人在搜集证据阶段应注意证据的证据力及证据链的逻辑关系，以提高诉讼的胜诉率。

案例 4
"一种多聚偏硅酸钠的制备方法"
发明专利侵权纠纷案

原告：九江市东太化学工业有限公司
被告：高安市欧陶陶瓷原料厂
涉案专利：一种多聚偏硅酸钠的制备方法（专利号：ZL98111111.4）
案由：侵犯发明专利权纠纷

【案件摘要】

原告九江市东太化学工业有限公司（以下简称"东太公司"）的法定代表人向某某于1998年1月4日向原中国专利局申请发明专利"一种陶瓷解凝剂——多聚偏硅酸钠的制备方法"，并于1998年8月5日获得授权并公告，授权专利的名称为"一种多聚偏硅酸钠的制备方法"。专利号为ZL98111111.4。后向某某将该发明专利许可原告东太公司独占实施。该专利授权权利要求书内容载明：

  1. 一种用作陶瓷解凝剂的多聚偏硅酸钠的制备方法，其特征是将硅砂与纯碱按1:1.75~1.85（重量比）混合，混合粉料于熔炉加热2~3.5小时，温度控制在950℃~1100℃，使其脱水熔聚，进行聚合反应，生成的多聚偏硅酸钠经冷却、粉碎，制得多聚偏硅酸钠成品。

  2. 根据权利要求1所述的一种用作陶瓷解凝剂的多聚偏硅酸钠的制备方法，其特征是硅砂与纯碱按1:1.78（重量比）混合，混合粉料于熔炉加热3小时，温度控制在1100℃，使其脱水熔聚，进行聚合反应。

自2004年以来，原告东太公司发现被告高安市欧陶陶瓷原料厂（以下简称"欧陶陶瓷厂"）大量制造、销售与原告被许可实施的专利产品同样的产品，且未经许可授权。经了解，被告所制造的方法与原告实施的发明专利权利要求书记载方法一致。据此原告东太公司将被告欧陶陶瓷厂起诉至南昌市中级人民法院，请求法院判令被告立即停止侵犯原告专利权的行为，并赔偿原告经济损失50万元，本案诉讼费用由被告承担。

被告欧陶陶瓷厂辩称：（1）原告东太公司主体资格不适格；（2）涉案专利属公知技术，不应授予专利权，并向原国家知识产权局专利复审委员会申请宣告该专利无效；（3）欧陶陶瓷厂并未使用实施本案专利所保护的制造方法。

针对答辩第一点，原告东太公司出具了2000年12月15日发明人向某某的授权书，用以证明原告获取的多聚偏硅酸钠的制备方法发明专利的许可使用、生产、销售权，并获得打击侵犯该专利的权利；针对第二点有关专利权效力的答辩，原告东太公司出具了《科技查新报告》及《江西省新产品证书》等证据。

庭审时，原被告双方当事人均表示其所生产的产品具有相同的用途，即作为陶瓷生产中的一种添加剂，以增加陶瓷泥浆的流动性和黏度。但被告认为其生产方法与原告不同，并向法庭申请司法鉴定，用现场演示被告生产方法的方式与原告的发明专利方法进行比对，以证明其没有侵权行为。2005年8月22日，江西知识产权司法鉴定中心接受南昌市中级人民法院司法技术处的委托进行司法鉴定。2005年10月22日，由南昌市中级人民法院技术处主持，在江西知识产权司法鉴定中心、江西省计量测试研究院、原告单位代表和被告单位代表共同参与下，江西知识产权司法鉴定中心对被告欧陶陶瓷厂解凝剂进行了现场烧制和采样，到场人员对温度表校准、烧制、取样全过程均签名表示认可。2005年11月11日，江西知识产权司法鉴定中心在初稿已征求双方当事人意见的情况下作出正式鉴定结论：根据涉案专利独立权利要求所述，欧陶陶瓷厂涉案产品是单体偏硅酸钠，制备方法与涉案专利独立权利要求所述的必要技术特征不同。❶

---

❶ 2005年11月11日，江西知识产权司法鉴定中心作出的鉴定结论（赣知司鉴〔2005〕知鉴字第1201号）具体如下："根据涉案专利独立权利要求所述'……其特征是将硅砂与纯碱按1∶1.75～1.85（重量比）混合，混合粉料于熔炉加热2～3.5小时，温度控制在950～1100℃，使其脱水熔聚，进行聚合反应，生成的多聚偏硅酸钠经冷却、粉碎，制得多聚偏硅酸钠成品'，高安欧陶陶瓷原料厂涉案产品是单体偏硅酸钠，制备方法是：硅砂与纯碱重量比为1∶1.70，混合粉料于熔炉加热时间为4小时55分，反应温度主要在1130℃以上（时间为4小时33分钟），与涉案专利独立权利要求所述的必要技术特征不同。"

在经过法庭质询后，南昌市中级人民法院认为，涉案方法发明专利权人向某某在许可原告使用其专利同时已授权原告全权处理打击侵权，其授权行为系其真实意思表示，具有法律效力。被告辩称原告不具备本案主体资格，没有法律依据，不予支持。另外，被告答辩时向原国家知识产权局专利复审委员会请求宣告涉案专利权无效，并向该院申请中止审理。根据《最高人民法院关于审理专利纠纷案件适用法律问题的若干规定》第十一条的规定，被告提出的无效宣告请求不影响本案正常审理，故对被告该申请不予准许。

本案双方当事人讼争的是方法发明专利权。焦点问题应解决被告的生产方法与原告的专利方法是否相同，因此司法鉴定的基本思路应是通过专业资质部门主持，经合法程序，真实再现被告的日常生产方法，再将此方法得出的样品与法院在证据保全时所取被告样品相比对是否一致，在一致的前提下，由司法鉴定部门重点对原、被告方法进行鉴定，进而形成结论。

本案进行司法鉴定的中立机构为双方共同选定，鉴定人具有司法鉴定资质，鉴定过程均由双方当事人参与，对鉴定中的现场采样亦有双方当事人代表签字认可。该鉴定结论科学公正，南昌市中级人民法院予以采纳。被告欧陶陶瓷厂生产陶瓷解凝剂（涉案产品）的生产方法与原告的"一种多聚偏硅酸钠的制备方法"不同，其生产方法未落入原告方法专利权的保护范围，其行为不构成侵权。

2006 年 1 月 19 日，南昌市中级人民法院作出（2005）洪民三初字第 35 号民事判决，驳回原告东太公司诉讼请求。

【本案引用法条】

《最高人民法院关于审理专利纠纷案件适用法律问题的若干规定》（法释〔2001〕21 号）

第十一条 人民法院受理的侵犯发明专利权纠纷案件或者经专利复审委员会审查维持专利权的侵犯实用新型、外观设计专利权纠纷案件，被告在答辩期间内请求宣告该项专利权无效的，人民法院可以不中止诉讼。

【案例分析】

本案例涉及方法专利。所谓"方法"，是指处理特定物质材料以及产生预期结果的一种模式。或者说，它是指有形客体对物体进行的一个操作或者一系列动作，从而改变这一物体的特点或者状态。❶

在我国《专利法》概念中，方法专利是指涉及产品特定生产方法的专利，该方法可以是化学方法、机械方法、生物方法等。❷ 本案所述的方法专利是指一种陶瓷解凝剂——多聚偏硅酸钠的制备方法。

在方法专利的侵权纠纷中，原告要如何举证才能在诉讼过程中处于有利地位？就本案而言，原告东太公司出具了《科技查新报告》及《江西省新产品证书》等证据。如果说出具《科技查新报告》是为了证明该方法的新颖性及创造性，那么出具《江西省新产品证书》的证明目的是什么呢？

如果以方法专利对应的产品是否构成"新产品"为标准对方法专利进行分类，方法专利可以分为"新产品方法专利"和"非新产品方法专利"。在本案中，毋庸置疑，涉案专利属于"新产品方法专利"类。而新产品方法专利在侵权诉讼中一般适用举证责任倒置。举证责任倒置是指提出主张的一方当事人（一般是原告）就某种事由不负担举证责任，而由他方当事人（一般是被告）就某种事实存在或不存在承担举证责任，如果该方当事人不能就此举证证明，则推定原告的事实主张成立的一种举证责任分配制度。

在本案中，是由原告东太公司承担举证责任，证明：第一，其专利权来源是许可授权，有授权书为证；第二，该专利具备"三性"，尤其是创造性和新颖性，有《科技查新报告》佐证；第三，对新产品方法专利的证明，连接的证据是《江西省新产品证书》。

对于新产品方法专利中"新产品"的证明，通常采取的是消极方式。《最高人民法院关于审理侵犯专利权纠纷案件应用法律若干问题的解释》（法释〔2009〕21号）第十七条规定："产品或者制造产品的技术方案在

---

❶ 崔国斌. 专利法上的抽象思想与具体技术：计算机程序算法的客体属性分析［J］. 清华大学学报（哲学社会科学版），2005（03）：37–51.

❷ 袁博. 方法专利案件中原告的举证责任［N］. 人民法院报，2019–01–31（007）.

专利申请日以前为国内外公众所知的，人民法院应当认定该产品不属于专利法第六十一条第一款规定的新产品。"《专利法》第六十一条规定："专利侵权纠纷涉及新产品制造方法的发明专利的，制造同样产品的单位或者个人应当提供其产品制造方法不同于专利方法的证明。"这有点类似于我们在哲学逻辑中所说的归纳推理及其证伪。举例来说，我们认为"天下乌鸦一般黑"，这个结论是通过归纳总结出来的。什么时候这句话被证明是错的呢？当我们发现了一只白乌鸦的时候。新产品的证明方式有所类似，也有所不同。如果产品是新的，法律默认被控侵权人不大可能在较短时间内开发出获得相同产品的另一方法。而如果被控侵权人的产品与专利权人的专利方法所制造的产品相同，法律就推定被控侵权人使用了专利权人的专利方法，也就是说权利人主张新产品失败。

有关方法专利的发展，近年来还有许多新的研究方法引起企业乃至市场的关注，比如商业方法是否能申请专利。我们熟知的典型的商业方法专利是亚马逊的"oneclick shopping"（一键下单）。那么在我国，商业方法的可专利性又是如何呢？目前为止，我国专利法承认"商业方法＋技术"相结合的方式，如果是纯文字的商业方法的描述，是不具有可专利性的。也就是说，纯文字的商业方法的描述并未落入我国专利法的保护范围内。

案例 5
"圆筒高、低水箱洁具" 发明
专利侵权纠纷案

一审原告（二审上诉人）：蔡某某
一审被告（二审上诉人）：广东佛陶集团钻石陶瓷有限公司
一审被告：任某
涉案专利：圆筒高、低水箱洁具（专利号：ZL95103333.6）
案由：侵犯发明专利权纠纷

【案件摘要】

1. 一审阶段

1995 年 4 月 8 日，蔡某某就其设计产品"圆筒高、低水箱洁具"（参见图 5 - 1）向原中国专利局申请发明专利，于 1996 年 10 月 16 日获得授权并公告，专利号为 ZL95103333.6。

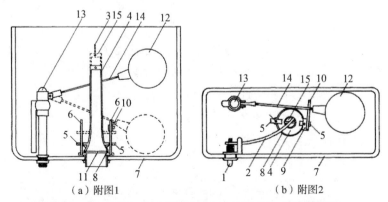

（a）附图1   （b）附图2

图 5 - 1　发明专利"圆筒高、低水箱洁具"说明书附图

该专利授权权利要求书内容载明：

1. 一种圆筒高、低水箱洁具，包括一个防漏、冲洗装置和一

个相应的操作装置，其特征在于一根垂直设置的薄壁圆筒，一个装在该圆筒底部的密封圈（11），一个开口在该圆筒顶端的溢水口（15）和提拉链或索固定点，该筒沿二根垂直设置的导向杆（6）作上下移动，用于控制高、低水箱内冲洗水的流出和封闭，当人力用开关（1）通过提拉链或索提升该筒向上移动时即开启出水口（8），水箱产生冲洗水流，当冲洗过程结束后，该筒在重力系统作用下自动下落，密封圈在该筒的重力和该筒所受水的垂直压力作用下密封出水口；该筒下部水平伸出的定位片（5），使筒身沿导向杆上下移动，并且在封闭状态下不产生大于导向杆半径的水平位移，当定位片向上移动至自动钩位置时与该钩啮合；有二根垂直对称固定于出水口水平法兰盘的导向杆，当圆筒沿导向杆下落时密封圈与出水口水平法兰盘不发生水平方向的位移和摩擦；在一根导向杆中上部套装自动钩，对圆筒的移动起限位和暂停作用，当水箱内水位下降至设定水位时，浮球杠杆受重力的作用向下转动并压下自动钩水平杆（10），使自动钩与定位片脱离，圆筒在自身重力的作用下回落至密闭出水口状态。

2. 按照权利要求 1 所述的圆筒高、低水箱洁具，其特征是薄壁圆筒上下两端有开放孔，并且上端孔面积小于下端孔面积；纵向筒身外表没有透空孔洞，并且呈光滑双向曲面。

3. 按照权利要求 1 所述的圆筒高、低水箱洁具，其特征是在水平溢水口的中心处有提位链或索固定点，由此外引提拉链或索与手动开关系统连接。

4. 按照权利要求 1 所述圆筒高、低水箱洁具，其特征是浮球杠杆可绕浮球阀转动，当水箱内冲洗水位达到预定的位置时，使杠杆与自动钩水平杆接触，并且使自动钩与定位片脱离。

5. 按照权利要求 1 所述的圆筒高、低水箱洁具，其特征是出水口具有水平上端面，并且对称地固定二根垂直金属导向杆，导引薄壁圆筒上下移动。

6. 按照权利要求 5 所述的圆筒高、低水箱洁具，其特征是自动钩套装在导向杆上，控制与定位片的啮合和脱离；并且可使自动钩不发生动作，由人力控制薄壁圆筒，使任意流量的冲洗水通过圆筒底部和出水口从水箱中流出。

2005 年，蔡某某发现杭州市场上存在与自己专利产品相似的产品，遂在杭州市上城区天利陶瓷经营部购买了水箱配件 4 套，并取得了相关的单据。之后以广东佛陶集团钻石陶瓷有限公司（以下简称"钻石公司"）、任某为被告，以制造、销售的被控产品侵犯其专利权为由，诉至杭州市中级人民法院，请求判令：（1）两被告立即停止侵权行为；（2）两被告赔偿经济损失、专利许可使用费和侵权所获得的利益 300 万元；（3）两被告承担部分调查取证费用 1360 元；（4）两被告承担全部诉讼费用。

庭审中，钻石公司确认曾向任某提供过被控侵权的水箱配件，该水箱配件与原审法院 2005 年 3 月在钻石公司保全扣押的水箱配件完全一致。2006 年 3 月 28 日，原审法院对钻石公司采取了证据保全措施，并查封钻石公司被控侵权产品 1 件，钻石公司自认其现在还在销售该产品。

本案的争议焦点在于，判断被控侵权产品是否落入涉案专利权的保护范围，应在涉案专利权的权利要求所描述的专利产品与被控侵权产品之间进行比对，即比对被控侵权产品所具备的技术特征与权利要求所描述的专利产品的技术特征。如果被控侵权产品的技术特征完全覆盖了涉案专利权独立权利要求的全部必要技术特征，则被控侵权产品落入了专利权的保护范围，其中专利保护范围包括与该专利技术相同或等同的特征所确定的范围。

本案中，将原告蔡某某的专利权利要求 1 与被控侵权的水箱配件所包含的对应技术特征进行比对发现，其中防漏、冲洗装置和操作装置等 3 项技术特征明显相同，导向杆设计除了数量不同外，其他均一致，亦属相同；而定位片与"平台 + 四个角 + 三个方块槽"的结构设计、圆筒的移动起限定和暂停作用以及浮球的作用应属于等同。

综上，根据等同判断的原则，一审法院杭州市中级人民法院认为，被控侵权产品的技术特征与涉案专利权独立权利要求的全部必要技术特征具有等同性，构成侵权。钻石公司未经专利权人许可，为生产经营目的，生产、销售与专利技术等同的被控产品，侵犯了蔡某某的专利权，因此钻石公司应当对其侵权行为承担停止侵权、赔偿损失的民事责任。

任某作为上城区天利陶瓷经营部经营者，销售侵权产品，其行为已构成销售侵权，应承担相应的民事责任。因其提供了相应的证据证明了其销售的侵权产品是合法取得并能说明提供者，而蔡某某亦未提供证据证明任某明知是侵权的产品仍然进行销售，故任某可不承担赔偿责任。

2. 二审阶段

一审原告蔡某某、被告钻石公司均对一审判决不服，均向浙江省高级人民法院提起上诉。

上诉人蔡某某认为一审被告任某不能证明其所销售侵权产品具有合法来源，应当承担赔偿责任，此外一审认定赔偿金额不能全面补偿损失。而上诉人钻石公司以涉案专利为公知公用的已知技术、专利保护范围认定错误等为由提出上诉，请求撤销原判，依法改判驳回蔡某某的诉讼请求。对此，上诉人钻石公司提供了已由法国宝卓公司公开的与涉案产品实质上相同的在先技术方案。其证据包括法国宝卓公司的 1988 年和 1993 年的产品样本，以及法国宝卓公司申请欧洲专利和日本专利的公开申请文件。

浙江省高级人民法院认为，本案二审争议焦点为：（1）钻石公司及任某是否生产销售了侵犯本案蔡某某专利权的产品，是否构成侵权；（2）如钻石公司及任某构成侵权，应当承担怎样的侵权责任，原审判决认定的赔偿金额是否正确；（3）本案是否应当中止审理。对于法庭归纳的本案争议焦点，各方当事人均无异议。

针对上诉人钻石公司所提出的涉案专利为公知公用技术，以及所提出的证据，即法国宝卓公司申请欧洲专利和日本专利的公开申请文件及产品实物，该院认为，对于产品实物，其上无生产厂家和生产日期的标注，其真实性及与本案的关联性无法确认，因此本案不予采信。而在一审举证期限后提供的法国宝卓公司申请欧洲专利和日本专利的公开申请文件，由于系境外证据，未依法办理相应的公证、认证手续，真实性及与本案的关联性无法确认，亦不予认定。因此钻石公司抗辩其使用的是蔡某某专利申请日前的公知公用的自由已知技术的理由不能成立。

【本案引用法条】

1.《最高人民法院关于民事诉讼证据的若干规定》（法释〔2001〕33 号）

第二条第一款　当事人对自己提出的诉讼请求所依据的事实或者反驳对方诉讼请求所依据的事实有责任提供证据加以证明。

2.《最高人民法院关于审理专利纠纷案件适用法律问题的若干规定》（法释〔2001〕21 号）

第十七条　专利法第五十六条第一款所称的"发明或者实用新型专利

权的保护范围以其权利要求的内容为准，说明书及附图可以用于解释权利要求"，是指专利权的保护范围应当以权利要求中明确记载的必要技术特征所确定的范围为准，也包括与该必要技术特征相等同的特征所确定的范围。

等同特征是指与所记载的技术特征以基本相同的手段，实现基本相同的功能，达到基本相同的效果，并且本领域的普通技术人员无需经过创造性劳动就能够联想到的特征。

第二十一条　被侵权人的损失或者侵权人获得的利益难以确定，有专利许可使用费可以参照的，人民法院可以根据专利权的类别、侵权人侵权的性质和情节、专利许可使用费的数额、该专利许可的性质、范围、时间等因素，参照该专利许可使用费的 1 至 3 倍合理确定赔偿数额；没有专利许可使用费可以参照或者专利许可使用费明显不合理的，人民法院可以根据专利权的类别、侵权人侵权的性质和情节等因素，一般在人民币 5000 元以上 30 万元以下确定赔偿数额，最多不得超过人民币 50 万元。

第二十二条　人民法院根据权利人的请求以及具体案情，可以将权利人因调查、制止侵权所支付的合理费用计算在赔偿数额范围之内。

【案例分析】

本案例涉及专利侵权认定中等同原则的适用。等同侵权是指被控侵权的产品或者方法没有直接落入专利权利要求字面含义所描述的保护范围，但是与专利权利要求所描述的方案实质等同。这一侵权判定原则习惯上被称为等同原则。[1]

《最高人民法院关于审理专利纠纷案件适用法律问题的若干规定》（法释〔2013〕9 号）第十七条第二款对等同原则作了描述："等同特征是指与所记载的技术特征以基本相同的手段，实现基本相同的功能，达到基本相同的效果，并且本领域的普通技术人员无需经过创造性劳动就能够联想到的特征。"

在本案中，一审法院杭州市中级人民法院根据等同原则判决被告钻石公司构成侵权。在司法实践中，等同原则的适用还需遵循以下四个原则。

---

[1]　崔国斌. 专利法原理与案例［M］. 2 版. 北京：北京大学出版社，2016：696.

第一，"全部要素"原则，即被控侵权的技术或产品所包含的技术特征与权利要求中的技术特征一一比对后，每一个技术特征都能在被控侵权方案中找到对应的相同或者等同的技术特征，缺少任何一个对应的技术特征都不构成等同侵权。我们可以简单地把它记为"双胞胎原则"。

第二，"三要素测试法"。"三要素"即"手段、功能与效果"，判断的关键标准是普通技术人员是否认为两个技术特征的替换是显而易见的。只要在本领域中的普通技术人员认为该"手段、功能与效果"等同的替换是显而易见的，那么就构成了等同侵权的一个要素。

第三，合理确定等同侵权判断的时间点。当今社会的技术发展日新月异，技术更新的周期越来越短，有可能技术方案在申请时不那么显而易见，但是在侵权行为发生时已经变得显而易见了。在这种可能性下，时间点的判断就显得尤为重要了。一般认为，等同判断的时间点是在侵权发生的时间，而不是授权时的时间。如果强调是授权的时间点，那么对于本领域的普通技术人员而言，则需要在判断"手段、功能与效果"是否显而易见时对该技术具有一定的预见性，那么普通的技术人员也就不普通了。

第四，不考虑侵权者的主观心态。主观因素是刑法学上的概念，由主观因素是故意还是过失来进行罪刑相适应的判断。知识产权法是私法，而非公法，因此主观心态并不影响侵权行为的构成，在司法实践中仅仅是对赔偿额度有所影响罢了。

案例 6
"一种可排气瓷砖模具"实用新型
专利侵权纠纷案

原告： 佛山市石湾镇陶瓷工业研究所
被告： 顺德市陈村镇登洲科泰实业有限公司
涉案专利： 一种可排气瓷砖模具（专利号：ZL239837.0）
案由： 侵犯实用新型专利权纠纷

【案件摘要】

2002 年 8 月 13 日，原告佛山市石湾镇陶瓷工业研究所（以下简称"佛山陶瓷研究所"）向佛山市中级人民法院提出诉前证据保全和诉前责令停止侵犯专利权行为的申请。佛山市中级人民法院于当日作出民事裁定，并采取了证据保全措施。同时佛山市中级人民法院裁定，责令被告顺德市陈村镇登洲科泰实业有限公司（以下简称"科泰实业"）立即停止制造、销售、使用原告享有专利权的可排气瓷砖模具的侵权行为。

2002 年 9 月 2 日，原告佛山陶瓷研究所以实用新型专利"一种可排气瓷砖模具"（专利号：ZL239837.0）权利人的身份，就被告科泰实业制造、销售、使用原告专利产品——可排气瓷砖模具等侵权行为向佛山市中级人民法院提起诉讼，诉求为：（1）停止制造、销售、使用原告的专利产品——排气瓷砖模具；（2）在《佛山日报》和《陶瓷信息报》向原告公开赔礼道歉；（3）赔偿原告经济损失 60 万元和名誉损失 20 万元，共 80 万元；（4）承担本案的全部诉讼费用和原告在本案中的合理开支 45556 元。

被告科泰实业答辩称：其从未生产、销售结构与原告专利技术特征相同或等同的可排气瓷砖模具，原告滥用诉权、陷阱取证，请求法院查清事实，依法驳回原告全部诉讼请求。

原告佛山陶瓷研究所提供的证据 1~14 如下：

证据1：原告的企业法人营业执照1份；

证据2：实用新型专利证书1份；

证据3：实用新型专利文献1份；

证据4：实用新型专利检索报告1份；

证据5：实用新型专利年费发票2份；

证据6：被告的企业登记资料1份；

证据7：购销合同1份，模具承包合同1份、模具承包补充合同1份；

证据8：证人调查笔录1份和证人身份证1份；

证据9：送货单1份和收据2份；

证据10：收据、发票等20份；

证据11：原告专利与被告产品的技术对比；

证据12：照片2份；

证据13：照片3份，证明原告制造专利模具的事实；

证据14：被告的可排气瓷砖模具实物。

其中，证据1用以证明原告的身份情况，证据2~5证明用以原告享有的专利及其有效性，证据6用以证明被告的身份情况，证据7~9用以证明被告制造、销售原告专利产品的事实，证据10证据用以证明原告用于调查、处理本案纠纷支出合理费用共45 556元，证据11用以证明被告的技术特征落入原告专利保护范围，证据12证明被告制造、销售原告专利的事实，证据13用以证明原告制造专利模具的事实，证据14用以证明被告制造、销售原告专利的事实。

原告佛山陶瓷研究所于2003年3月17日向法院补充提供了以下证据：

证据A：模具承包合同书；

证据B：模具承包补充合同；

证据C：勘验笔录、专利执法案件现场勘验检查登记表、勘验照片；

证据D：2002年7月22日被告向佛山市知识产权局出具的"科泰公司的微孔冲头与石湾研究所可排气模结构特点对照"；

证据E：2003年2月24日国家知识产权局出具的无效宣告请求审查结案通知书。

其中证据A~D来源于佛山市知识产权局。

被告科泰实业提供的证据为其生产的模具图纸1份。

被告对原告证据提出如下质证意见：

对原告的证据 1~6 均没有异议，但原告的专利可能是从属专利，存在瑕疵。对证据 7 的真实性和证明内容均有异议，其中的 2 份模具承包合同没有原件，不能作为证据使用；就该 2 份模具合同而言，仅证明被告有能力生产排气模具，不能证明原告主张的被告已生产了侵犯原告专利的模具；对于购销合同，该证据是原告安排的陷阱取证，经手人刘某某是原告的工程师。对于证据 8，证人没有出庭，其证人证言不能采信，更不能证明其代表了陕西咸阳三秦陶瓷设备有限公司（以下简称"三秦公司"），证据 7~9 这一系列证据属于原告的陷阱取证。证据 10 中的律师代理费，原告应分清该费用是一个案件，还是两个案件的（原告确认其中的 2 万元是本案代理费），特快专递与本案无关；收据是原告的陷阱取证，原告 2000 年 3 月购买的录音笔与本案没有关系，支出证明单及所附的单据正好说明刘某某是原告的工作人员，并进一步说明了原告是陷阱取证；原告法定代表人的手机费并不能作为本案的支出；原告在南海、佛山、三水的工商调查费，与本案没有关联；第 1 份专利检索费并非本案的专利，与本案无关；专利纠纷案件受理费与本案被告无关。证据 11 的技术对比属原告陈述的意见，不是证据。证据 12 上的模具并非被告生产的。证据 13 与本案无关，被告也无法确定是否原告生产的产品。原告无法证明证据 14 上的产品是被告交付给三秦公司的产品。

其中，第 466339 号实用新型专利证书载明涉案专利"一种可排气瓷砖模具"（专利号：ZL239837.0，参见图 6-1）的权利要求书内容为：

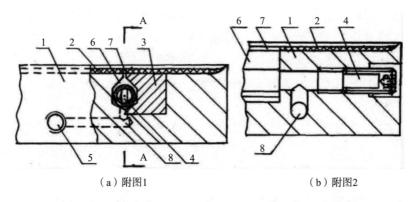

（a）附图1　　　　　　　　　（b）附图2

图 6-1　实用新型专利"一种可排气瓷砖模具"说明书附图

1. 一种可排气瓷砖模具，包括钢基体（1）、弹性层（2）、镶铁（3），弹性层（2）下方设有镶铁（3），其特征在于所述钢基体（1）为整体结构或分层连接结构；在模具工作面上设有深度为贯通弹性层（2）及至钢基体（1）与镶铁（3）交接处浅层表面的微细缝隙（7），该缝隙（7）下方设有与其以斜面连通的通道（6），在钢基体（1）内设有带内藏阀（4）的充气道（8）。

2. 根据权利要求1所述的可排气瓷砖模具，其特征在于所述微细缝隙（7）外露于弹性层表面上的形状为具有微细宽度或直径的直线或间断成多段直线或弧线或多个微孔。

佛山市中级人民法院在对双方所提供的证据进行分析后认为，被告对原告的证据1~6均没有异议，法院予以采信。被告对证据7的真实性和证明内容均有异议，认为2份模具承包合同没有原件，不予确认，但原告于2003年3月17日补充提供了其从佛山市知识产权局取得的该2份合同，并经被告补充质证确认，故对该2份合同法院予以采信。其他证据原告无法继续举证证明刘某某代表三秦公司购买的模具与原告向法庭提供的证据14的模具实物及证据12的模具照片是同一物，故该证据及证据12、证据14均不予采信。对证据10中原告确认其中的2万元是本案律师代理费，顺德调查支付的查询费50元，专利检索费2400元法院予以确认外，其他材料法院均不予确认。证据11的技术对比属原告陈述的意见，不是证据，法院不予采信。实用新型专利保护范围以其权利要求的内容为准，说明书及附图可以用于解释权利要求，故证据13的图片对本案的处理没有意义，法院不将其作为本案证据使用。对原告补充的证据C，被告认为未在证据交换时提供，且是否采信该证据对本案的处理没有影响，法院不将其作为本案的证据使用。对原告补充的证据D、证据E，被告均没有异议，法院予以采信。

2002年6月17日，经国家知识产权局检索，原告该专利的全部权利要求1、权利要求2符合《专利法》第二十二条有关新颖性和创造性的规定。

2002年2月26日，被告科泰实业与南海市新明珠陶瓷有限公司（以下简称"新明珠公司"）签订模具承包合同，约定被告自2002年2月6日至2002年12月25日承包新明珠公司6、7、8、9号共4条生产线压机所使用的模具。2002年2月28日被告与新明珠公司签订模具承包补充合同，进一步明确了双方的权利和义务。原告即以被告向新明珠公司提供的模具侵犯了其专利权为由向佛山市知识产权局申请处理。

2002 年 7 月 22 日，被告就其生产的模具的技术特征与原告的专利对照书面向佛山市知识产权局进行陈述。

经过法庭审理和调查，佛山市中级人民法院认为，原告对实用新型专利"一种可排气瓷砖模具"的专利权人身份予以认定。本案的关键是被告的产品是否落入原告专利的保护范围，是否侵犯原告的专利权。由于新明珠公司已全部销毁了被告提供的模具，本案无法将被告的模具与原告的专利进行现场的技术比对，本案纠纷在佛山市知识产权局处理过程中也未进行相应的技术对比，而原告又没有进一步举证该模具来源于被告，形成证据相互印证的锁链关系，证明该模具即为被告制造。因此该模具不能作为被告的产品，无法与原告的专利进行技术比对。被告侵权的事实、证据不充分，原告要求的诸项请求，没有事实和法律依据，法院不予支持。

【本案引用法条】

1.《中华人民共和国专利法实施细则》（2002 年修订）

第二十二条　发明或者实用新型的独立权利要求应当包括前序部分和特征部分，按照下列规定撰写：

（一）前序部分：写明要求保护的发明或者实用新型技术方案的主题名称和发明或者实用新型主题与最接近的现有技术共有的必要技术特征；

（二）特征部分：使用"其特征是……"或者类似的用语，写明发明或者实用新型区别于最接近的现有技术的技术特征。这些特征和前序部分写明的特征合在一起，限定发明或者实用新型要求保护的范围。

发明或者实用新型的性质不适于用前款方式表达的，独立权利要求可以用其他方式撰写。

一项发明或者实用新型应当只有一个独立权利要求，并写在同一发明或者实用新型的从属权利要求之前。

第七十一条　专利复审委员会对无效宣告的请求作出决定前，无效宣告请求人可以撤回其请求。

无效宣告请求人在专利复审委员会作出决定之前撤回其请求的，无效宣告请求审查程序终止。

2.《中华人民共和国民事诉讼法》（1991 年制定）

第六十四条　当事人对自己提出的主张，有责任提供证据。

当事人及其诉讼代理人因客观原因不能自行收集的证据，或者人民法院认为审理案件需要的证据，人民法院应当调查收集。

人民法院应当按照法定程序，全面地、客观地审查核实证据。

【案例分析】

本案例涉及陷阱取证问题。

在上述案例中，被告科泰实业在审理过程中抗辩称原告在取证时存在陷阱取证的行为。

"陷阱取证"的概念最早是源于刑事侦查活动中的一种方式或手段，具体是指在特殊刑事案件的侦查中，侦查人员为了获取犯罪嫌疑人犯罪的证据或线索、抓获犯罪嫌疑人而采取的诱使被侦查对象实施犯罪行为的一种特殊侦查手段。之所以称为"陷阱"，是因为行为实施的环境是被预先设定的，随后由行为人按事先预设的环境实施某种行为。

发展至今，"陷阱取证"已经不再局限于刑事侦查领域，在侵权证据收集活动中也被广泛使用。在实践中，由于一些侵权行为不易被发现，取证人为了获得侵权证据故意隐瞒身份，甚至可能会采取一定的欺骗手段加速侵权人的侵权行为的发生与暴露。

我国《最高人民法院关于民事诉讼证据的若干规定》第六十八条规定，"以侵害他人合法权益或者违反法律禁止性规定的方法取得的证据，不能作为认定案件事实的依据。"那是不是说通过陷阱取证的方式所获得的证据就不具备证据性和合法性呢？也不全是。

在专利侵权证据认定上，我们可以参考著作权侵权纠纷的相关规定。我国《最高人民法院关于审理著作权民事纠纷案件适用法律若干问题的解释》第八条规定："当事人自行或者委托他人以定购、现场交易等方式购买侵权复制品而取得的实物、发票等，可以作为证据。公证人员在未向涉嫌侵权的一方当事人表明身份的情况下，如实对另一方当事人按照前款规定的方式取得的证据和取证过程出具的公证书，应当作为证据使用，但有相反证据的除外。"该条规定虽然不能适用于知识产权侵权证据的所有收集情形，但至少也反映出立法倾向，即并不是所有以"陷阱取证"方式获取的证据都被排除在适用范围外。

那么，通过陷阱取证所取得的证据在什么情况下比较容易被法院所采纳呢？这取决于两个前提，第一个前提是取证方式是否违反法律的禁止性规定以及侵害他人的合法权益，第二个前提是取证方式属于机会提供还是犯意诱发。他人的合法权益比较好理解，通常包括人身权、隐私权、身体权、物权等受到法律保障的权利。那么什么是机会提供？什么又是犯意诱发呢？"机会提供型"取证是指被取证人原本就存在侵权行为，取证人仅通过一定的言行向其表示有意达成一定的交易。在此情形下，被取证人的行为只是在其正常的生产经营范围内，并没有因为取证人的言行而产生了新的侵权行为。"机会提供型"取证本身具有实质正当性，其取证行为并未侵害他人的合法权益。若取证方式同时没有违反法律的禁止性规定，则以"机会提供型"方式取得的证据通常能够被法院所采纳。而"犯意诱发型"取证是指被取证人原本没有进行相应的侵权行为，而取证人通过一定的诱惑手段，使其产生了犯意，从而实施了侵权行为。此时，被取证人所采用的取证方式不被许可。在"犯意诱发型"取证方式中，被取证人侵权犯意的形成源于取证人，此种取证实质是引诱、教唆侵权。很显然，通过犯意诱发的方式获取的证据在诉讼中并不会被法院所采纳。

而在本案例中，原告的行为并不构成"犯意诱发型"取证，因此法院并没有采信被告关于陷阱取证的观点。

案例 7
"一种立体孔洞装饰陶瓷砖"实用新型专利侵权纠纷案（一）

一审原告（二审被上诉人）： 广东东鹏陶瓷有限公司
一审被告（二审上诉人）： 山东淄博华岳建筑陶瓷有限公司
一审被告： 黎某某
涉案专利： 一种立体孔洞装饰陶瓷砖（专利号：ZL200620154970.8）
案由： 侵犯实用新型专利权纠纷

【案件摘要】

1. 一审阶段

2006年12月19日，广东东鹏陶瓷有限公司（以下简称"东鹏陶瓷"）就"一种立体孔洞装饰陶瓷砖"技术（参见图7-1）向国家知识产权局

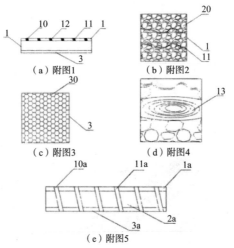

（a）附图1　　（b）附图2

（c）附图3　　（d）附图4

（e）附图5

图7-1　实用新型专利"一种立体孔洞装饰陶瓷砖"说明书附图

提出实用新型专利申请，并于 2007 年 8 月 1 日获得授权并公告，专利号为 ZL200620154970.8。

该专利公开的权利要求书内容为：

1. 一种立体孔洞装饰陶瓷砖，设置为平板状，包括胚体层、形成在所述胚体层上一个表面的表面层，其特征在于，所述陶瓷砖表面层设置有孔洞和/或裂沟。

2. 如权利要求 1 所述的立体孔洞装饰陶瓷砖，其特征在于，所述表面层还设置有随机分布的仿天然装饰纹理。

3. 如权利要求 1 所述的立体孔洞装饰陶瓷砖，其特征在于，所述陶瓷砖还包括形成在所述胚体层另一个表面的底面层，所述底面层设置有用于黏合的纹理。

4. 如权利要求 1 所述的立体孔洞装饰陶瓷砖，其特征在于，所述胚体层是瓷质或者陶质或者土质。

5. 如权利要求 1 所述的立体孔洞装饰陶瓷砖，其特征在于，所述陶瓷砖表面层的孔洞和/或裂沟中设置有填充物料，所述填充物料是合成树脂。

6. 如权利要求 1 所述的立体孔洞装饰陶瓷砖，其特征在于，所述陶瓷砖设置为经过 1100～1250℃烧制并且抛光而成。

7. 如权利要求 2 所述的立体孔洞装饰陶瓷砖，其特征在于，所述仿天然装饰纹理可以是云彩状纹理、木材状纹理、石材状纹理或者其结合。

8. 如权利要求 3 所述的立体孔洞装饰陶瓷砖，其特征在于，所述胚体层和底面层均设置有随机分布的形状各异、大小不同、深浅不一的孔洞和/或裂沟。

9. 如权利要求 8 所述的立体孔洞装饰陶瓷砖，其特征在于，所述表面层、胚体层和底面层的孔洞和/或裂沟设置为互相连通。

10. 如权利要求 3 所述的立体孔洞装饰陶瓷砖，其特征在于，所述陶瓷砖底面层纹理设置为网格状或者波浪状或者蜂窝状。

2007 年 9 月 20 日和 2007 年 10 月 19 日，东鹏陶瓷委托代理人分别到佛山市禅城区名成达陶瓷批发部和标有"淄博华岳建筑陶瓷有限公司"的厂家内购买 600 mm×600 mm 的微粉抛光砖一箱，并分别取得《收款收据》（盖有名成达陶瓷批发部财务专用章）一张、《山东增值税普通发票》

（NO. 03753939，第二联）一张和《华岳建陶有限公司出门证》（NO. 0004290）一张，广东省佛山市禅城区公证处公证员对两次交易过程均进行了公证。随后东鹏陶瓷以侵犯其实用新型专利权为由将华岳公司诉至法院。

一审被告华岳公司辩称涉嫌侵权产品为现有技术，并提供 2 份对比专利。其中对比专利 1 为"具有微细凹凸纹理的陶瓷砖"（专利号为 ZL200620114107. X，参见图 7 - 2）。经查，该专利所在权利要求书内容为：

1. 具有微细凹凸纹理的陶瓷砖，包括有致密坯体层和釉层，其特征在于：砖的表面由众多细碎状抛光坯平面、抛光釉平面和未抛光釉凹面组成，且各抛光坯平面、抛光釉平面、未抛光釉凹面的面积均小于 $15mm^2$。

2. 根据权利要求 1 所述的陶瓷砖，其特征是各未抛光釉凹面的深浅不一，且深度均小于 0.7mm。

3. 根据权利要求 1 或 2 所述的陶瓷砖，其特征是砖表面被抛光面积占整块砖面积的 40%～70%。

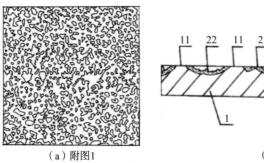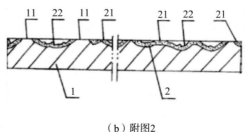

（a）附图1　　　　　　　　　　（b）附图2

图 7 - 2　实用新型专利"具有微细凹凸纹理的陶瓷砖"说明书附图

对比专利 2 为"飞机燃气涡轮机组件上的陶瓷泡沫热阻涂层"（专利号为 US6428280，参见图 7 - 3）。经查，该专利所公开的摘要为：

一种保护结构，包括由燃气涡轮发动机的镍基超合金部件制成的基板以及覆盖并黏合到基板上的陶瓷热障涂层。陶瓷涂层是氧化铝陶瓷泡孔壁的开孔固体泡沫，其间具有多孔互连的细胞内体积。通过将前体材料沉积到基板的表面上来制备陶瓷涂层。前体材料包括牺牲陶瓷（通常为二氧化硅）和活性金属（通常为铝），其与牺牲陶瓷反应以形成开孔陶瓷泡沫。牺牲陶瓷和活性金属一起反应以形成活性金属（优选氧化铝）的氧化陶瓷的陶瓷

单元壁，以及填充有细胞内金属的相互连接的细胞内体积。之后除去细胞内金属以留下多孔细胞内体积。❶

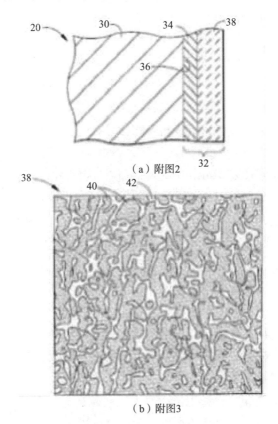

（a）附图2

（b）附图3

图7－3 实用新型专利"飞机燃气涡轮机组件上的
陶瓷泡沫热阻涂层"说明书附图

一审法院佛山市中级人民法院认为，本案的争议焦点在于：（1）被控侵权产品是否使用了现有技术；（2）关于本案中止审理的问题；（3）被控侵权产品是否落入了东鹏陶瓷的专利保护范围；（4）法律责任的问题。

关于争议焦点（1），佛山市中级人民法院认为，华岳公司提供的专利号为ZL200620114107.X、名称为"具有微细凹凸纹理的陶瓷砖"的实用新型专利对比文件是已经公开的专利抵触申请，因而视为公知技术。经比对，被控侵权产品微粉抛光砖为平板状，同样由胚体层、形成在所述胚体

---

❶ 本段文字来源于知识产权出版社所开发的知识产权大数据平台，原文为英文。

层上一个表面的表面层构成，表面层有孔洞和/或裂沟，还有随机分布有仿天然装饰纹理。被控侵权产品的表面层上的孔洞和/或裂沟与对比文件权利要求中的微细凹凸纹理的技术特征完全不同，且被控侵权产品的表面层上的孔洞和/或裂沟的面积并没有限定，被控侵权产品有随机分布的仿天然石材纹理，纹理的组成部分——孔洞和/或裂沟的面积仿天然形成，纹理面积大小、深浅随机并没有限制，这和对比文件中的技术特征也完全不同。因此，被控侵权产品的技术特征与对比文件权利要求记载的技术特征不相同也不等同，该院认定华岳公司生产的被控侵权产品使用了现有技术的抗辩不能成立。

关于争议焦点（2），佛山市中级人民法院认为，一审被告华岳公司所提供了两件对比专利——"具有微细凹凸纹理的陶瓷砖"（专利号：ZL200620114107.X）和"飞机燃气涡轮机组件上的陶瓷泡沫热阻涂层"（专利号：US6428280）。对比专利2"飞机燃气涡轮机组件上的陶瓷泡沫热阻涂层"与东鹏陶瓷的实用新型专利属于不相同且不相近的发明技术领域，解决技术问题不相同，采用的技术方案不相同，因此，该对比文件不能证明已经公开了东鹏陶瓷的实用新型专利；而对比专利1"具有微细凹凸纹理的陶瓷砖"，对比文件权利要求记载的技术特征与东鹏陶瓷实用新型专利记载的技术特征不相同也不等同，因此，两者的技术方案不同。因此，该院认为华岳公司在本案中主张东鹏陶瓷专利无效的理由明显不充分，本案不应当中止审理。

关于争议焦点（3），佛山市中级人民法院认为，专利权的保护范围应当以权利要求书中明确记载的必要技术特征所确定的范围为准。经过庭审的现场比对和双方当事人的陈述，法院经过技术比对，认为被控侵权产品具备随机分布的仿天然装饰纹理，只是因产品本身的色彩对比不强烈，所以这一技术特征的显现不太明显，因此，被控侵权产品的也落入了东鹏陶瓷专利权利要求2的保护范围。

关于争议焦点（4），佛山市中级人民法院认为，黎某某未经专利权人许可销售被控侵权产品的行为，华岳公司未经专利权人许可生产、销售被控侵权产品的行为已经侵犯了东鹏陶瓷专利号为200620154970.8的实用新型专利权，华岳公司、黎某某应当立即停止该侵权行为并赔偿损失。关于损失赔偿数额问题，因东鹏陶瓷无法证实其遭受损失的具体情况，也无法确切反映华岳公司的侵权获利数额，也无专利许可使用费可以参考，故该院根据专利权的类别、侵权性质、情节和持续时间，并参考产品的价值和权利人因调查、制止侵权行为所支付的合理费用酌定赔偿数额。

故佛山市中级人民法院最后判决：黎某某立即停止销售侵犯上述专利权的微粉抛光砖，华岳公司立即停止制造、销售侵犯上述专利权的微粉抛光砖；华岳公司支付赔偿款 35 万元及本案案件受理费 9800 元。

2. 二审阶段

华岳公司不服上述一审判决，向原审法院提出上诉，请求撤销原审民事判决，本案一、二审案件受理费由东鹏陶瓷承担。理由如下。（1）华岳公司利用的是现有技术，没有侵犯东鹏陶瓷的专利权。（2）即使华岳公司构成专利侵权，根据本案的实际情况，原审法院判决华岳公司承担 35 万元的经济赔偿明显不合理。被控侵权产品价值相当低，销售时间短，产品销量少，因此给东鹏陶瓷所造成的损失也很小，且在东鹏陶瓷提起诉讼后，华岳公司就立即停止了被控侵权产品的生产和销售。（3）受理费由华岳公司全部承担不合理。东鹏陶瓷的诉讼请求没有被完全支持。因此，东鹏陶瓷也应当承担相应的诉讼费用。

被上诉人东鹏陶瓷答辩请求驳回华岳公司上诉，维持原判。

二审期间，华岳公司向法院提交了国家知识产权局专利复审委员会于 2009 年 10 月 10 日作出的第 13991 号无效宣告请求审查决定书 1 份，该决定宣告东鹏陶瓷 200620154970.8 号实用新型专利权全部无效。

二审法院广东省高级人民法院认为，依法授权的专利受法律保护。确定专利权的保护范围，应当坚持专利权有效原则，当事人请求人民法院保护的必须是一项受专利法保护的有效专利。根据《专利法》第四十七条关于"宣告无效的专利权视为自始即不存在"的规定，东鹏陶瓷的该项专利权应视为自始即不存在，不受法律保护。东鹏公司请求人民法院保护其专利权的请求，没有事实和法律依据，应予驳回。原审法院基于一审诉讼中本案所涉专利权有效状况作出了认定和判决，但根据二审查明的新的事实，原审判决应予撤销。华岳公司的上诉请求成立，法院予以支持。

【本案引用法条】

1.《最高人民法院关于审理专利纠纷案件适用法律问题的若干规定》（法释〔2001〕21 号）

第九条 人民法院受理的侵犯实用新型、外观设计专利权纠纷案件，被告在答辩期间内请求宣告该项专利权无效的，人民法院应当中止诉讼，但具备下列情形之一的，可以不中止诉讼：

（一）原告出具的检索报告或者专利权评价报告未发现导致实用新型或者外观设计专利权无效的事由的；

（二）被告提供的证据足以证明其使用的技术已经公知的；

（三）被告请求宣告该项专利权无效所提供的证据或者依据的理由明显不充分的；

（四）人民法院认为不应当中止诉讼的其他情形。

2.《中华人民共和国专利法》（2008 年修正）

第二十二条 （略）❶

第四十七条 （略）❷

【案例分析】

本案中涉及现有技术与抵触申请的辨析。

根据《专利法》（2008 年修正）第二十二条第二款的规定，"新颖性，是指该发明或者实用新型不属于现有技术；也没有任何单位或者个人就同样的发明或者实用新型在申请日以前向国务院专利行政部门提出过申请，并记载在申请日以后公布的专利申请文件或者公告的专利文件中。"

判断一项专利是否具备新颖性时间节点是一个非常重要的依据。由于专利申请具有一个周期性的过程，而非一蹴而就，因此在判断新颖性就容易产生时间节点的错位，从而产生了相对应的两个概念，即现有技术和抵触申请。

我国《专利法》（2008 年修正）第二十二第二款和第四款规定："新颖性，是指该发明或者实用新型不属于现有技术；也没有任何单位或者个人就同样的发明或者实用新型在申请日以前向国务院专利行政部门提出过申请，并记载在申请日以后公布的专利申请文件或者公告的专利文件中。""本法所称现有技术，是指申请日以前在国内外为公众所知的技术。"

抵触申请与现有技术的概念有所区别。例如，企业 A 拥有一项专利，

---

❶❷ 参见本书案例 3 "'一种立体孔洞装饰陶瓷砖的制备方法及其产品'发明专利侵权纠纷案""本案引用法条"部分。

申请日为 2015 年 12 月 23 日，公开（公告）日为 2016 年 5 月 4 日。现企业 B 准备就同一技术申请一项专利，并于 2016 年 2 月 1 日进行了专利申请查新，查新结论为在现有技术中尚未发现类似技术，具有一定的新颖性，可考虑进行专利申请。企业 B 之后提交了专利申请，申请日为 2016 年 2 月 28 日。2018 年，企业 A 的专利获得授权，授权日为 2018 年 1 月 9 日。那么，企业 B 的专利是否能够授权，如果不能，被驳回的理由是什么？

在上述案例中，企业 B 的专利申请无法获得授权，驳回理由为缺乏新颖性，更具体的原因就是"抵触申请"。如果企业 B 的专利申请日为 2016 年 6 月 1 日，此时，企业 A 的专利申请已经公开，那么企业 B 的专利申请也无法获得授权，缺乏新颖性的理由为"现有技术"。需要注意的是，不论是现有技术，还是抵触申请，与之对比相关的是公开（公告）日，而非授权日。

这就是现代企业在进行知识产权管理的时候，需要建立知识产权监控流程的必要性。由于讯息具有流动性，是时刻变化的，因此企业在进行技术研发的时候需要建立起一套较为完整的监控流程，定期对重点技术进行关注及检索，及时掌握最新专利动态，以降低知识产权侵权风险，避免研发资金的浪费产生。

案例 8
"一种立体孔洞装饰陶瓷砖" 实用新型专利侵权纠纷案 (二)

一审原告 (二审上诉人): 广东东鹏陶瓷股份有限公司
一审被告 (二审被上诉人): 佛山市石湾鹰牌陶瓷有限公司
一审被告 (二审被上诉人): 东莞市鹰牌陶瓷有限公司
涉案专利: 一种立体孔洞装饰陶瓷砖 (专利号: ZL200620154970.8)
案由: 侵犯实用新型专利权纠纷

【案件摘要】

1. 一审阶段

2006 年 12 月 19 日,广东东鹏陶瓷股份有限公司 (以下简称 "东鹏公司") 向国家知识产权局申请了名称为 "一种立体孔洞装饰陶瓷砖" (参见图 8-1) 的实用新型专利,并于 2007 年 8 月 1 日获得授权并公告,专利号为 ZL200620154970.8。

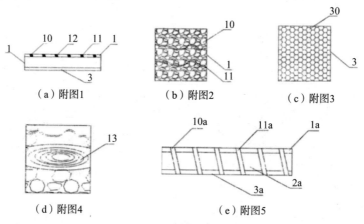

（a）附图1　　　（b）附图2　　　（c）附图3

（d）附图4　　　（e）附图5

图 8-1　实用新型专利 "一种立体孔洞装饰陶瓷砖" 说明书附图

该专利公开权利要求书内容载明：

1. 一种立体孔洞装饰陶瓷砖，设置为平板状，包括胚体层、形成在所述胚体层上一个表面的表面层，其特征在于，所述陶瓷砖表面层设置有孔洞和/或裂沟。

2. 如权利要求 1 所述的立体孔洞装饰陶瓷砖，其特征在于，所述表面层还设置有随机分布的仿天然装饰纹理。

3. 如权利要求 1 所述的立体孔洞装饰陶瓷砖，其特征在于，所述陶瓷砖还包括形成在所述胚体层另一个表面的底面层，所述底面层设置有用于黏合的纹理。

4. 如权利要求 1 所述的立体孔洞装饰陶瓷砖，其特征在于，所述胚体层是瓷质或者陶质或者土质。

5. 如权利要求 1 所述的立体孔洞装饰陶瓷砖，其特征在于，所述陶瓷砖表面层的孔洞和/或裂沟中设置有填充物料，所述填充物料是合成树脂。

6. 如权利要求 1 所述的立体孔洞装饰陶瓷砖，其特征在于，所述陶瓷砖设置为经过 1100～1250℃ 烧制并且抛光而成。

7. 如权利要求 2 所述的立体孔洞装饰陶瓷砖，其特征在于，所述仿天然装饰纹理可以是云彩状纹理、木材状纹理、石材状纹理或者其结合。

8. 如权利要求 3 所述的立体孔洞装饰陶瓷砖，其特征在于，所述胚体层和底面层均设置有随机分布的形状各异、大小不同、深浅不一的孔洞和/或裂沟。

9. 如权利要求 8 所述的立体孔洞装饰陶瓷砖，其特征在于，所述表面层、胚体层和底面层的孔洞和/或裂沟设置为互相连通。

10. 如权利要求 3 所述的立体孔洞装饰陶瓷砖，其特征在于，所述陶瓷砖底面层纹理设置为网格状或者波浪状或者蜂窝状。

2007 年 8 月 27 日，国家知识产权局作出实用新型专利检索报告，对该专利的全部 10 项权利要求进行检索，结论为该专利全部权利要求符合《专利法》第二十二条有关新颖性和创造性的规定。

2008 年 8 月 26 日，东鹏公司代理人以普通消费者的身份购买了 3 块外包装上印制有"鹰牌陶瓷"字样及注册商标"鹰牌"的瓷质砖，并获得收据［盖有东莞市鹰牌陶瓷有限公司（以下简称"东莞鹰牌公司"）销售专用章〕一张，该交易过程由广东省东莞市公证处公证员进行公证。

东鹏公司向广东省东莞市中级人民法院起诉，请求法院判令：（1）佛山市石湾鹰牌陶瓷有限公司（以下简称"鹰牌陶瓷公司"）立即停止侵犯东鹏公司 ZL200620154970.8 号实用新型专利的生产、销售行为；（2）东莞鹰牌公司立即停止侵犯东鹏公司 ZL200620154970.8 号实用新型专利的销售行为；（3）鹰牌陶瓷公司赔偿东鹏公司经济损失人民币 50 万元（含律师代理费、差旅费、公证处等合理开支）；（4）由鹰牌陶瓷公司承担本案的全部诉讼费用。

2008 年 11 月 17 日，鹰牌陶瓷公司就东鹏公司的涉案 ZL200620154970.8 号、名为"一种立体孔洞装饰陶瓷砖"的实用新型专利向国家知识产权局专利复审委员会（以下简称"专利复审委员会"）提出无效宣告申请。

2009 年 10 月 10 日，专利复审委员会作出第 13991 号无效宣告请求审查决定，宣告 ZL200620154970.8 号实用新型专利权全部无效。

东莞市中级人民法院依据专利复审委员会于 2009 年 10 月 10 日作出的第 13991 号无效宣告请求审查决定，根据《专利法》第四十七条"宣告无效的专利权视为自始即不存在"之规定，驳回一审原告东鹏公司的诉求，一审案件审理费由原告承担。

2. 二审阶段

一审原告东鹏公司认为专利复审委员会无效决定有误，故向北京市第一中级人民法院提起行政诉讼，同时向广东省高级人民法院提出上诉，请求撤销原审判决，改判支持东鹏公司的一审诉讼请求，并请求二审法院中止审理本案。

2010 年 6 月 7 日，北京市第一中级人民法院作出（2010）一中知行初字第 483 号行政判决书，判决维持上述无效宣告审查决定，驳回东鹏公司的其他诉讼请求。

广东省高级人民法院认为，根据《最高人民法院关于审理专利纠纷案件适用法律问题的若干规定》第十条规定，东鹏公司申请中止诉讼，不符合法律规定的应当中止诉讼的条件。东鹏公司据以主张权利的 200620154970.8 号专利，已被专利复审委员会第 13991 号无效宣告审查决定宣布全部无效，东鹏公司针对该决定依法向法院提起行政诉讼，北京市第一中级人民法院也已判决维持该审查决定。因此，广东省高级人民法院最终广东省高级人民法院判决驳回上诉，维持原判。

【本案引用法条】

1.《中华人民共和国专利法》（2008 年修正）

第二十二条 （略）❶

第四十四条 （略）❷

第六十条第二款 （略）❸

2.《中华人民共和国民事诉讼法》（2007 年修正）

第六十四条 当事人对自己提出的主张，有责任提供证据。

当事人及其诉讼代理人因客观原因不能自行收集的证据，或者人民法院认为审理案件需要的证据，人民法院应当调查收集。

人民法院应当按照法定程序，全面地、客观地审查、核实证据。

第一百二十八条 合议庭组成人员确定后，应当在三日内告知当事人。

3.《最高人民法院关于审理专利纠纷案件适用法律问题的若干规定》（法释〔2001〕21 号）

第十条 人民法院受理的侵犯实用新型、外观设计专利权纠纷案件，被告在答辩期间届满后请求宣告该项专利权无效的，人民法院不应当中止诉讼，但经审查认为有必要中止诉讼的除外。

【案例分析】

本案例中涉及专利权评价报告在诉讼中的应用。

在实践中，专利权评价报告并不再是一个陌生的词汇。在专利侵权纠纷活动中，大多数权利人都会通过提供专利权评价报告来增强其实用新型专利或者外观设计专利的法律稳定性。

专利权评价报告作为人民法院或者管理专利工作的部门审理、处理专

---

❶❷ 参见本书案例 3 "'一种立体孔洞装饰陶瓷砖的制备方法及其产品'发明专利侵权纠纷案""本案引用法条"部分。

❸ 参见本书案例 1 "'防火隔热卷帘用耐火纤维复合卷帘及其应用'发明专利侵权纠纷案""本案引用法条"部分。

利侵权纠纷的证据，主要用于人民法院或者管理专利工作的部门确定是否需要中止相关程序。● 国家知识产权局根据专利权人或者利害关系人的请求，对相关实用新型专利或者外观设计专利进行检索，并就该专利是否符合《专利法》及其实施细则规定的授权条件进行分析和评价，作出专利权评价报告。关于专利权评价报告，需要掌握以下几个要点。

（1）专利权评价报告请求的客体应当是已经授权公告的实用新型专利或者外观设计专利，包括已经终止或者放弃的实用新型专利或者外观设计专利。国家知识产权局已作出专利权评价报告的实用新型专利或者外观设计专利的专利权评价报告请求视为未提出。

（2）专利权评价报告请求的主体为专利权人或利害关系人，而非"任何人"。所谓利害关系人，是指有权根据《专利法》第六十条的规定就专利侵权纠纷向人民法院起诉或者请求管理专利工作的部门处理的人，例如专利实施独占许可合同的被许可人和由专利权人授予起诉权的专利实施普通许可合同的被许可人。请求人不是专利权人或者利害关系人的，其专利权评价报告请求视为未提出。实用新型或者外观设计专利权属于多个专利权人共有的，请求人可以是部分专利权人。

（3）值得特别注意的是，在专利侵权纠纷诉讼中，专利权评价报告并非提起诉讼的前提条件。根据我国《专利法》（2008 年修正）第六十一条第二款规定，"专利侵权纠纷涉及实用新型专利或者外观设计专利的，人民法院或者管理专利工作的部门可以要求专利权人或者利害关系人出具由国务院专利行政部门对相关实用新型或者外观设计进行检索、分析和评价后作出的专利权评价报告，作为审理、处理专利侵权纠纷的证据"。此外，最高人民法院就专利权评价报告也曾作出过答复。❷

对于专利权人或利害关系人而言，如果评价报告给出负面的结论，实际上会导致该专利难以通过司法或行政程序获得保护，而又不能提起复议

---

❶ 国家知识产权局. 专利审查指南 2010 ［M］. 北京：知识产权出版社，2010.

❷ 《最高人民法院关于对出具检索报告是否为提起实用新型专利侵权诉讼的条件的请示的答复》（2001 年 11 月 13 日〔2001〕民三函字第 2 号）："检索报告，只是作为实用新型专利权有效性的初步证据，并非出具检索报告是原告提起实用新型专利侵权诉讼的条件……凡符合民事诉讼法第一百零八条规定的起诉条件的案件，人民法院均应当立案受理。但对于原告坚持不出具检索报告，且被告在答辩期间内提出宣告该项实用新型专利权无效的请求，如无其他可以不中止诉讼的情形，人民法院应当中止诉讼。"

或行政诉讼。❶

专利权评价报告是对实用新型和外观设计专利是否符合专利侵权的标准（比如是否属于保护客体、实用性、新颖性、创造性等）进行全面评价。因此，权利人应根据自身需求来判断是否需要专利权评价报告。而非"一遇诉讼，就出报告"。

---

❶　《专利审查指南2010》第五部分第十章"专利权评价报告"中规定："专利权评价报告是人民法院或者管理专利工作的部门审理、处理专利侵权纠纷的证据，主要用于人民法院或者管理专利工作的部门确定是否需要中止相关程序。专利权评价报告不是行政决定，因此专利权人或者利害关系人不能就此提起行政复议和行政诉讼。"

案例 9
"全耐火纤维复合防火隔热卷帘"
实用新型专利侵权纠纷案

一审原告（二审被上诉人）： 北京英特莱特种纺织有限公司
一审被告（二审上诉人）： 北京新辰陶瓷纤维制品公司
涉案专利： 全耐火纤维复合防火隔热卷帘（专利号：ZL00234256.1）
案由： 实用新型专利权侵权纠纷

【案件摘要】

1. 一审阶段

2000 年 4 月 28 日，刘某某就其"全耐火纤维复合防火隔热卷帘"（参见图 9-1）技术向国家知识产权局申请实用新型专利，于 2001 年 3 月 14 日获得授权并公告，专利号为 ZL00234256.1。

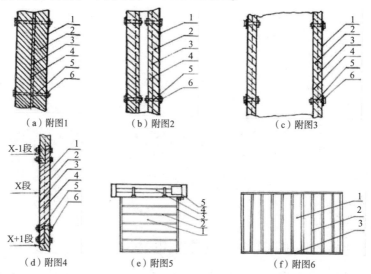

（a）附图1　　（b）附图2　　（c）附图3

（d）附图4　　（e）附图5　　（f）附图6

图 9-1　实用新型专利"全耐火纤维复合防火隔热卷帘"说明书附图

该专利的权利要求书内容载明：

1. 一种全耐火纤维复合防火隔热卷帘，其特征在于包括耐火纤维布、耐火纤维毯、耐高温不锈钢丝、铝箔、连接螺钉和薄钢带，其中，耐火纤维毯夹在二层耐火纤维布中间，在耐火纤维毯中放置耐高温不锈钢丝和铝箔，薄钢带在耐火纤维布的外部，通过连接螺钉将薄钢带、耐火纤维布、耐火纤维毯、耐高温不锈钢丝和铝箔连接在一起。

2. 如权利要求 1 所述的全耐火纤维复合防火隔热卷帘，其特征在于包括耐火纤维布、耐火纤维毯、耐高温不锈钢丝、贴铝箔的耐火纤维布、连接螺钉和薄钢带，其中，耐高温不锈钢丝在耐火纤维毯的中间，耐火纤维毯的二边分别是耐火纤维布和贴铝箔的耐火纤维布，通过连接螺钉将薄钢带、耐火纤维布、耐火纤维毯、耐高温不锈钢丝和贴铝箔的耐火纤维布连接在一起。

3. 如权利要求 2 所述的全耐火纤维复合防火隔热卷帘，其特征在于可以二层或多层卷帘合在一起，内侧是贴铝箔的耐火纤维布。

4. 如权利要求 1 所述的全耐火纤维复合防火隔热卷帘，其特征在于卷帘表面可以加一层具有装饰作用的薄型耐火纤维布或阻燃布。

5. 如权利要求 1 所述的全耐火纤维复合防火隔热卷帘，其特征在于卷帘可以分段搭接组装而成。

6. 如权利要求 1 所述的全耐火纤维复合防火隔热卷帘，其特征在于铝箔可以贴在耐火纤维布、耐火纤维毯上，也可以单独夹在帘芯中。

7. 如权利要求 1 所述的全耐火纤维复合防火隔热卷帘，其特征在于在耐火纤维布、耐火纤维毯上还可以有一层防火涂料。

8. 如权利要求 1 所述的全耐火纤维复合防火隔热卷帘，其特征在于耐火纤维布、耐火纤维毯通过耐高温缝纫线或耐高温不锈钢丝缝合，也可以用耐火纤维纱线缝合。

9. 如权利要求 1 所述的全耐火纤维复合防火隔热卷帘，其特征在于在卷帘中等间距植入耐高温不锈钢丝、耐高温不锈钢丝绳或耐高温不锈钢薄带，卷帘表面与耐高温不锈钢丝、耐高温不锈钢丝绳或耐高温不锈钢薄带垂直方向等距或非等距加上若干根小薄钢带。

10. 如权利要求 1 所述的全耐火纤维复合防火隔热卷帘，其特征在于耐火纤维布、耐火纤维毯由碳纤维、硅酸铝纤维、膨体或普通玻璃纤维、高硅氧纤维、莫来石纤维、氧化铝纤维、氧化锆纤维、硅酸钙纤维、矿棉纯纺或混纺制成，可以单独使用一种，也可以混合使用。

2001 年 8 月 8 日，本案涉案专利"全耐火纤维复合防火隔热卷帘"的著录项信息进行了变更及公告，变更后的权利人为"北京英特莱技术公司"。

2001 年 9 月 6 日，国家知识产权局对该专利出具了检索报告，检索报告的初步结论为，该专利全部权利要求符合《专利法》有关新颖性和创造性的规定。

2002 年 1 月 30 日，本案涉案专利的著录项信息再次进行了变更及公告，变更后的权利人为北京英特莱特种纺织品有限公司（以下简称"英特莱公司"）。

2001 年 9 月 6 日，英特莱公司向北京市昌平区公证处申请公证取得北京新辰陶瓷纤维制品公司（以下简称"新辰公司"）制造的防火卷帘产品样品。一审过程中，北京天正华会计师事务所对新辰公司 2001 年 3 月至 2002 年 5 月销售防火帘产品的情况作了审计。

经一审法院北京市第一中级人民法院审理，本案的关注焦点为两点：（1）涉案专利的专利权保护范围的确定；（2）一审被告新辰公司的行为性质。

关于焦点（1），北京市第一中级人民法院认为，涉案专利权利保护范围的确定，应以独立权利要求 1 必要技术特征的内容为准。说明书及其附图可以对该专利权利要求字面所限定的技术方案的保护范围作出公平的扩大或者缩小的解释，即可以把与必要技术特征等同的特征解释到专利权的保护范围，并可以结合独立权利要求中的技术特征解释其含糊不清之处。因此，该专利说明书附图 4 所表明的在耐火纤维毯的一侧放置耐高温不锈钢丝的技术内容，表明了"在耐火纤维毯中放置耐高温不锈钢丝和铝箔"的含义。根据该专利说明书，耐高温不锈钢丝在该专利产品中起增强作用，而在耐火纤维毯"中"的中心、一侧、边缘放置耐高温不锈钢丝，均对产品起支撑作用，在手段和效果上并无实质性区别。对于本领域普通技术人员来说，通过阅读专利文件完全可以认识到将耐高温不锈钢丝放置在耐火纤维毯的一侧及边缘，也是该专利所揭示的技术方案。

关于焦点（2），北京市第一中级人民法院认为，新辰公司承认其产品具有耐火纤维布、铝箔、耐火纤维毯、不锈钢丝结构层次，其中耐火纤维毯夹在耐火纤维布之间，不锈钢丝和铝箔分别设在耐火纤维毯的一侧，且该产品须与薄钢带和连接螺钉配套安装使用，仅专用于防火卷帘。不锈钢丝放置位置在耐火纤维毯一侧的技术特征属于涉案专利的必要技术特征，新辰公司产品不锈钢丝的放置位置与该专利不锈钢丝放置位置相同，新辰公司的产品在不具有薄钢带和连接螺钉技术特征的情况下，属于专用于实施该专利的半成品。该行为符合间接侵权的构成要件。

综上，新辰公司未经英特莱公司许可，擅自制造、销售专用于实施英特莱公司专利技术的无机布基特级防火卷帘和无机布基防火卷帘，其行为构成对英特莱公司专利权的侵害，应当承担停止侵权行为、赔偿损失的侵权责任。

2. 二审阶段

新辰公司不服一审判决，向北京市高级人民法院提起上诉，请求撤销一审判决，驳回英特莱公司的诉讼请求。主要理由如下。（1）专利保护范围应以独立权利要求 1 记载的必要技术特征为准，不应作扩大解释，其从属权利要求和附图中铝箔和钢丝放置在毯外，与独立权利要求相矛盾，依法不应保护。上诉人新辰公司生产的帘面与该专利保护范围的结构不同，不构成侵权。（2）钢丝放置位置不同对帘面有本质区别。钢丝放置在毯中心，帘面在使用中会破坏耐火纤维毯，导致帘面成为不合格产品。对此新辰公司申请北京市东城区公证处进行了公证。（3）新辰公司采用长沙峰达消防设备安装实业有限公司（以下简称"峰达公司"）的技术设计生产，该结构在英特莱公司申请专利前就有了企业标准，且帘面须与薄钢带配套使用在已有技术文件中有说明，属业内熟知技术。（4）审计报告计算出的是毛利，没有扣除必要成本，且相当部分不是涉嫌侵权的毛利，而一审计算侵权赔偿时未予考虑。

二审法院北京市高级人民法院针对上诉人新辰公司所提诉由，经审理查明：

2000 年 1 月 26 日，新辰公司与峰达公司签订"无机软质防火卷帘产品合作协议"，约定峰达公司将其设计开发的无机软质防火卷帘配套产品委托新辰公司生产。峰达公司负责提供技术指导，新辰公司生产出的产品应达到峰达公司的技术要求。双方约定，协议于2004年12月终止。

2001年10月至2002年4月，新辰公司向深圳鹏基龙电安防股份有限公司、河南省温县卷闸厂等企业销售了被控侵权产品。

2002年6月18日，国家知识产权局专利复审委员会（以下简称"专利复审委员会"）受理了新辰公司提出的第425939号实用新型专利无效宣告请求，并将该案与北京东铁热陶瓷有限公司于6月19日提出的该实用新型专利无效宣告请求进行了合案审理，于2003年3月7日作出维持该实用新型专利权有效的决定。

2002年4月22日，一审法院委托北京天正华会计师事务所对新辰公司销售防火卷帘及防火帘产品的财务账目作出了审计报告，该报告显示2001年3月至2002年5月，新辰公司销售"防火卷帘"及"防火帘"22 558.9386 m^2，获利 1 079 251.61 元。

北京市高级人民法院认为，实用新型专利权的保护范围以其权利要求的内容为准，说明书及附图可以用于解释权利要求。在解释专利权利要求时，应当以专利权利要求书记载的技术内容为准，而不是以权利要求书的文字或措辞为准。即在涉案专利权利要求1的技术方案中铝箔设置在耐火纤维毯中间，在权利要求2的技术方案中铝箔设置在耐火纤维毯旁边，两者并不矛盾。因此新辰公司的"无机布基特级防火卷帘"产品结构与专利权利要求2所述技术方案产品的层次结构相同。

权利要求2所述的技术方案中，公证的新辰公司样品中不锈钢丝虽然放置在耐火纤维毯一侧，但同样起增强强度、防止下垂的作用，对专利所属领域普通技术人员来说，这种替换无须经过创造性劳动就能够实现。从技术内容上看，被控侵权产品的不锈钢丝放置方式并未改变该专利技术方案。

新辰公司制造了专用于专利产品的半成品，生产这些半成品的目的是销售给他人用于实施专利技术，且新辰公司已经将上述产品销售给其他企业，系帮助他人实施专利侵权行为，其行为构成间接侵犯专利权。

新辰公司与峰达公司签订"无机软质防火卷帘产品合作协议"，属于委托加工合同，新辰公司并未参与产品开发，也并未通过受让等合法方式获得该产品技术的所有权，故新辰公司无权就峰达公司委托其加工的产品主张先用权，其相关上诉理由北京市高级人民法院依法不予支持。

新辰公司提供的北京市新型防火设备厂出具的证明，可以证明审计报告所审计的部分产品不是被控侵权产品。故审计报告计算出的毛利1 079 251.61元应扣除不涉及侵权的产品之销售毛利人民币168 416.8元，新辰公司2001年3月至2002年5月销售被控侵权产品所得毛利为899 163.1元。新辰公司提出的审计报告计算出的相当部分不是涉嫌侵权的毛利的上诉请求，应予支持。

综上，北京市高级人民法院认为新辰公司的行为构成间接侵犯专利权，应承担停止侵权、赔偿损失的民事责任。同时撤销一审判决中关于赔偿经济损失合计1 067 579.9元判决，改判赔偿经济损失人民币899 163.1元。一审和二审案件审理费由英特莱公司和新辰公司共同承担。

【本案引用法条】

《中华人民共和国专利法》（2000年修正）

第二十二条 授予专利权的发明和实用新型，应当具备新颖性、创造性和实用性。

新颖性，是指在申请日以前没有同样的发明或者实用新型在国内外出版物上公开发表过、在国内公开使用过或者以其他方式为公众所知，也没有同样的发明或者实用新型由他人向国务院专利行政部门提出过申请并且记载在申请日以后公布的专利申请文件中。

创造性，是指同申请日以前已有的技术相比，该发明有突出的实质性特点和显著的进步，该实用新型有实质性特点和进步。

实用性，是指该发明或者实用新型能够制造或者使用，并且能够产生积极效果。

第五十六条第一款 （略）●

第五十七条 未经专利权人许可，实施其专利，即侵犯其专利权，引起纠纷的，由当事人协商解决；不愿协商或者协商不成的，专利权人或者利害关系人可以向人民法院起诉，也可以请求管理专利工作的部门处理。管理专利工作的部门处理时，认定侵权行为成立的，可以责令侵权人立即

● 参见本书案例2"'一种用于上釉和装饰的旋转机器'发明专利侵权纠纷案""本案引用法条"部分。

停止侵权行为，当事人不服的，可以自收到处理通知之日起十五日内依照《中华人民共和国行政诉讼法》向人民法院起诉；侵权人期满不起诉又不停止侵权行为的，管理专利工作的部门可以申请人民法院强制执行。进行处理的管理专利工作的部门应当事人的请求，可以就侵犯专利权的赔偿数额进行调解；调解不成的，当事人可以依照《中华人民共和国民事诉讼法》向人民法院起诉。

专利侵权纠纷涉及新产品制造方法的发明专利的，制造同样产品的单位或者个人应当提供其产品制造方法不同于专利方法的证明；涉及实用新型专利的，人民法院或者管理专利工作的部门可以要求专利权人出具由国务院专利行政部门作出的检索报告。

第六十条 侵犯专利权的赔偿数额，按照权利人因被侵权所受到的损失或者侵权人因侵权所获得的利益确定；被侵权人的损失或者侵权人获得的利益难以确定的，参照该专利许可使用费的倍数合理确定。

【案例分析】

本案例涉及间接侵权的相关问题。

我国《专利法》（2008 年修正）并未直接对间接侵权进行规定，但是在相关的司法解释中进行了补充。《最高人民法院关于审理侵犯专利权纠纷案件应用法律若干问题的解释（二）》（法释〔2016〕1 号）第二十一条规定："明知有关产品系专门用于实施专利的材料、设备、零部件、中间物等，未经专利权人许可，为生产经营目的将该产品提供给他人实施了侵犯专利权的行为，权利人主张该提供者的行为属于侵权责任法第九条规定的帮助他人实施侵权行为的，人民法院应予支持。明知有关产品、方法被授予专利权，未经专利权人许可，为生产经营目的积极诱导他人实施了侵犯专利权的行为，权利人主张该诱导者的行为属于侵权责任法第九条规定的教唆他人实施侵权行为的，人民法院应予支持。"❶

该司法解释明确将间接侵权分为帮助侵权和引诱侵权。前者是"明知

---

❶ 《侵权责任法》第九条："教唆、帮助他人实施侵权的，应当与行为人承担连带责任。教唆、帮助无民事行为能力人、限制民事行为能力人实施侵权行为的，应当承担侵权责任；该无民事行为能力人、限制民事行为能力人的监护人未尽到监护责任的，应当承担相应的责任。"

有关产品系专门用于实施专利的材料、设备、零部件、中间物等，未经专利权人许可，为生产经营目的将该产品提供给他人实施了侵犯专利权的行为"；后者的差别在于间接侵权行为人在主观上侵权意念的产生及行为的发生是一个"从无到有"的过程。而促进侵权行为发生的直接行为人在主观上是积极促进并且期待结果的发生的。那么，不论是直接侵权还是间接侵权，都属于专利权侵权，都需要承担法律上的不利后果。

案例 10
"一种改进的热敏陶瓷电加热器"
实用新型专利侵权纠纷案

一审原告（二审被上诉人）：宜兴市国威陶瓷电器有限公司
一审被告（二审上诉人）：宜兴市贝特尔新科技元件有限公司
涉案专利：一种改进的热敏陶瓷电加热器（专利号：ZL98227466.1）
案由：实用新型专利权侵权纠纷

【案件摘要】

1. 一审阶段

1998 年 7 月 27 日，蒋某某就"一种改进的热敏陶瓷电加热器"（参见图 10 – 1）技术向原国家知识产权局提出实用新型专利申请，并于 1999 年 9 月 25 日获得授权（专利号：ZL98227466.1），1999 年 10 月 20 日进行公告。

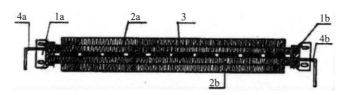

图 10 – 1　实用新型专利"一种改进的热敏陶瓷电加热器"说明书附图

经查，该专利公开权利要求内容为：

1. 一种热敏陶瓷电加热器，由热敏陶瓷电热片和贴合于两侧的波纹状散热条，及支撑固定支架组成，其特征在于所说热敏陶瓷电热片两侧至少各有一层波纹状散条，所说固定支架左右对称，支架有大致垂直的支承面与安装固定面组成，其中支承面竖直，厚度方向有与接纳支承的散热条相吻合的内凹的矩形型腔，安装固定面上开有安装固定孔。

2. 根据权利要求 1 所述热敏陶瓷电加热器，其特征在于所说热敏陶瓷电热片与散热条间自里向外有导电条和绝缘层。

3. 根据权利要求 1 所述热敏陶瓷电加热器，其特征在于所说支架支承面型腔中有分隔不同极性散热条的间隔壁。

4. 根据权利要求 1 或 3 所述热敏陶瓷电加热器，其特征在于所说支架支承面厚度方向的内凹矩形腔至少有二个。

5. 根据权利要求 1 或 3 所述热敏陶瓷电加热器，其特征在于所说支架安装固定面上的固定孔为长条形或长腰圆形。

6. 根据权利要求 1 或 3 所述热敏陶瓷电加热器，其特征在于所说支架安装固定面底部有紧固散热条的紧固螺钉。

2001 年 10 月 17 日，该专利著录项信息发生变更，专利权人由蒋某某变更为宜兴市国威陶瓷电器有限公司（以下简称"国威公司"）。

2004 年 2 月，宜兴市贝特尔新科技元件有限公司（以下简称"贝特尔公司"）向王某某提供贝特尔公司产品检测报告一份，检测日期为 2004 年 3 月 3 日，被检产品名称为 ptc 加热器，检测项目包括端子、支架耐压等 11 项，其中在"标准值"栏目中共有 3 项记载有具体数值，在"实测值"栏目中共有 8 项记载有具体数值；提供"供方经营资格及能力一览表"等供方评价调查表一套，记载有"供货产品名称辅助电加热器"等；提供供方主要客户一览表，记载有向"上海大金""宁波三鹿""去年供货金额"分别为 150 万元、50 万元。

一审南京市中级人民法院经审理认为，虽然国威公司提供的贝特尔公司的产品检测报告等企业宣传材料、宁波江北三鹿电器有限公司（以下简称"宁波三鹿公司"）朱超群出具的证明等表明贝特尔公司对外制造、销售或者许诺销售带有支架的 ptc 电加热器产品，但该系列证据不能补充证明贝特尔公司向本案证人王洪强提供过与涉案专利所要求保护的技术特征相同或相近的带有支架的热敏陶瓷电加热器产品。对于国威公司提供的来源于宁波三鹿公司的电加热器产品，该实物可以作为专利技术特征的对比物，以确定实物所呈现的技术特征与涉案专利权所要求保护的技术特征是否相同或等同。

关于技术特征的比对结果与侵权判定，南京市中级人民法院经审理认为，贝特尔公司所称不同只是安装面与支承面的连接位置与专利说明书中实施例附图不同，但专利的权利要求书并未限定两者的连接位置，侵权产品完全覆盖了国威公司涉案专利权所要求保护的全部技术特征，因此贝特尔公司产品落入国威公司专利的保护范围，侵犯了国威公司的专利权。

关于赔偿数额，南京市中级人民法院经审理认为，可以综合考虑贝特尔公司的生产规模、可能的供货金额、一般的获利以及侵权的性质等因素确定具体的赔偿数额。

2. 二审阶段

上诉人贝特尔公司不服一审法院判决，向江苏省高级人民法院提起上诉。该公司认为其生产、销售给宁波三鹿公司的产品构成与被上诉人专利的技术特征完全不同，对被上诉人构成专利侵权的判决是错误的；一审法院判决上诉人赔偿 10 万元经济损失没有事实和法律依据。上诉人请求二审法院撤销一审判决，驳回被上诉人的诉讼请求，一审、二审案件受理费及保全费由被上诉人负担。

上诉人贝特尔公司、被上诉人国威公司均未在二审举证期限内提供证据。

江苏省高级人民法院经审理认为，在进行侵权比对时，应先对被控侵权产品是否具备专利独立权利要求中的全部必要技术特征进行判定，如果被控侵权产品的技术特征全部落入专利的独立权利要求保护范围，则不需要对从属权利要求进行比对。本案中，被上诉人国威公司涉案专利的独立权利要求❶对比上诉人的被控侵权产品❷，上诉人产品的技术特征完全具备涉案专利的全部必要技术特征，落入专利的保护范围。

二审庭审中，上诉人贝特尔公司称其产品与专利技术存在以下不同：一是固定支架左右不对称，表现在支架部分的卡口不对称；二是支架的支承面与安装固定面呈水平状，并非专利所称的垂直；三是陶瓷电加热片与散热条间没有绝缘层；四是安装固定孔是圆形的，而不是专利所称的长条

---

❶ 内容为："一种热敏陶瓷电加热器，由热敏陶瓷电加热片和贴合于两侧的波纹状散热条，及支撑固定支架组成，其特征在于所说热敏陶瓷电加热片两侧至少各有一层波纹状散热，所说固定支架左右对称，支架有大至垂直的支承面与安装固定面组成，其中支承面竖直，厚度方向有与接纳支承的散热条相吻合的内凹的矩形型腔，固定面上开有安装固定孔。"

❷ 侵权产品特征：产品为热敏陶瓷电加热器，该电加热器有热敏陶瓷电加热片，两侧贴合有波纹状散热条，电加热片左右两侧有对称的固定支架，支架有垂直的支承面和安装固定面，支承面竖直，厚度方向有与接纳支承的散热条相吻合的内凹的矩形型腔，安装固定面上开有安装固定孔。

形或长腰圆形；五是紧固螺钉在固定支架的侧面，而不是专利所称的在固定面底部。

对此，江苏省高级人民法院认为，分析上诉人产品的支架结构，可以得出支承面与安装固定面垂直的结论。至于陶瓷电热片与散热条间有绝缘层、安装固定孔的形状以及紧固螺钉的位置，这些技术特征均属于涉案专利的从属权利要求。根据专利侵权比对原则，只要被控侵权产品的技术特征与专利的独立权利要求相同，就应认定被控侵权产品落入专利保护范围。故上诉人贝特尔公司关于不构成专利侵权的上诉理由不能成立，江苏省高级人民法院不予采纳。

同时，江苏省高级人民法院认为，一审判决确定的赔偿额并无不当，对于上诉人这一诉求的上诉理由不予采纳。

【本案引用法条】

1.《中华人民共和国民法通则》（1987 年 1 月 1 日起施行）

第一百一十八条　公民、法人的著作权（版权）、专利权、商标专用权、发现权、发明权和其他科技成果权受到剽窃、篡改、假冒等侵害的，有权要求停止侵害，消除影响，赔偿损失。

第一百三十四条第一款（略）❶。

2.《中华人民共和国专利法》（2000 年修正）

第十一条第一款　发明和实用新型专利权被授予后，除本法另有规定的以外，任何单位或者个人未经专利权人许可，都不得实施其专利，即不得为生产经营目的制造、使用、许诺销售、销售、进口其专利产品，或者使用其专利方法以及使用、许诺销售、销售、进口依照该专利方法直接获得的产品。

第五十六条第一款（略）❷。

---

❶　参见本书案例 1 "'防火隔热卷帘用耐火纤维复合卷帘及其应用'发明专利侵权纠纷案""本案引用法条"部分。

❷　参见本书案例 2 "'一种用于上釉和装饰的旋转机器'发明专利侵权纠纷案""本案引用法条"部分。

3.《最高人民法院关于审理专利纠纷案件适用法律问题的若干规定》法释〔2001〕21 号

第二十一条（略）❶。

【案例分析】

本案是一个实用新型专利侵权纠纷的案件。在判断实用新型专利侵权的司法实践中，除了直接对对方的专利有效性进行质疑，提请专利无效申请之外，还有一种常见的方式就是直接将涉嫌侵权产品与涉案专利进行比对，判断其是否落入涉案专利的保护范围之中。

在实用新型专利侵权纠纷中，首先要确定实用新型专利权的保护范围，即以权利要求记载的技术特征所确定的内容为准，同时权利人应对权利要求进行技术特征的划分。

在本案中，二审法院江苏省高级人民法院在审理中认为，在进行侵权比对时，应先对被控侵权产品是否具备专利独立权利要求中的全部必要技术特征进行判定，如果被控侵权产品的技术特征全部落入专利的独立权利要求保护范围，则不需要对从属权利要求进行比对。

在这段文字里我们看到有两个概念，一个是"技术特征"，一个是"从属权利要求"。

"技术特征是指在权利要求所限定的技术方案中，能够相对独立地执行一定的技术功能并能产生相对独立的技术效果的最小技术单元。在产品技术方案中，该技术单元一般是产品的部件和/或部件之间的连接关系。在方法技术方案中，该技术单元一般是方法步骤或者步骤之间的关系。"❷

必要技术特征通常被理解为改进的特征，是指发明或者实用新型为解决其技术问题不可缺少的技术特征，其总和足以构成保护客体，使之区别于其他技术方案。

专利权利要求书包括两个部分，一个是独立权利要求，一个是本案所提到的从属权利要求。独立权利要求一般来说包括前序部分和特征部分，其中前序部分须写明要求保护的发明或者实用新型技术方案的主题名称和

---

❶　参见本书案例 5 "'圆筒高、低水箱洁具'发明专利侵权纠纷案""本案引用法条"部分。

❷　北京市高级人民法院《专利侵权判定指南（2017）》第 8 条。

与其最接近的现有技术共有的必要特征，而在特征部分须写明区别于最接近的现有技术的技术特征。特征部分与前序部分合在一起，限定了发明或实用新型所要求保护的范围。

从属权利要求是在必要技术特征基础上所附加的技术特征，是对引用的权利要求作进一步的限定，包括引用部分和限定部分。这里要注意的是，从属权利要求只能引用在前的权利要求，引用两项以上权利要求的多项从属权利要求，只能以择一方式引用在前的权利要求，并不得作为另一项多项从属权利要求的基础。一般而言，从属权利要求的撰写包括两部分，即引用部分和限定部分。前者是写明引用的权利要求编号及其主题名称，后者是写明发明或者实用新型附加的技术特征。

在司法保护实践中，如果独立要求保护范围过宽，那么从属权利要求所限定的保护范围就显得十分重要，它在其间起到一个补充限定的作用，在必要时可以上升为独立权利要求，继续申请保护。在申请阶段，从属权利要求可以帮助技术本身构建多层次保护体系；在遇到专利无效纠纷时，从属权利要求的存在可以使得权利要求更为稳定；在侵权纠纷诉讼阶段，从属权利要求可以使保护范围更加明确具体，有利于侵权行为的确定。

在专利撰写的过程中，从属权利要求部分直接影响的是专利保护范围的大小。在实践中，一些代理机构为了能够快速授权，而在权利要求的撰写中把保护范围进行限缩。现阶段看起来，专利申请的周期变短了，专利申请的成功率变高了，但是从长远来看，一旦专利涉及侵权诉讼，弊端也便显现出来了。

案例11
"瓷瓦" 实用新型专利和外观设计专利侵权纠纷案

一审原告（二审上诉人）： 山东省邹平华孟建陶有限公司
一审被告（二审上诉人）： 淄博亿达建陶有限公司
涉案专利： 瓷瓦（专利号：02256014.9）、
　　　　　　陶瓷瓦（专利号：ZL200530134937.X）
案由： 实用新型专利权和外观设计专利权侵权纠纷

【案件摘要】

1. 一审阶段

山东省邹平华孟建陶有限公司（以下简称"华孟公司"）于2002年12月13日、2005年1月2日分别向国家知识产权局申请了实用新型和外观设计专利，国家知识产权局于2003年12月13日、2006年10月18日予以授权公告，专利号分别为：ZL02256014.9、ZL200530134937.X。

其中实用新型专利"瓷瓦"（专利号：ZL02256014.9，参见图11-1）所公开权利要求书内容载明：

　　1. 瓷瓦，它有横截面基本上呈波浪形的瓦体（5），其特征在于，所述的瓦体（5）正面上端的凹下部位有挂头凸台（2），瓦体背面下端的凹下部位有后爪凸台（7），瓦体左、右两侧面的外形相互对应，瓦体背面的凸起部位有突出的后肋（6）。

　　2. 如权利要求1所述的瓷瓦，其特征在于，在所述的瓦体（5）的正面上端的凸起部位有摩擦肋（1）。

　　3. 如权利要求1或2所述的瓷瓦，其特征在于，所述的瓦体（5）由陶瓷材料制成。

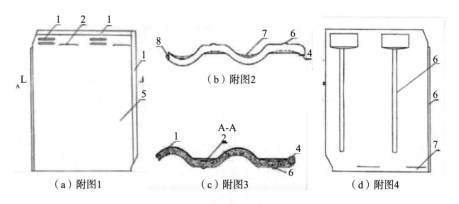

图 11-1　实用新型专利"瓷瓦"说明书附图

外观设计专利"陶瓷瓦"（专利号：ZL200530134937. X）所公开六面视图如图 11-2 所示。

（a）主视图　（b）后视图　（c）右视图　（d）左视图　（e）俯视图　（f）仰视图

图 11-2　外观设计专利"陶瓷挖"六面视图

2003 年 12 月 3 日、2006 年 10 月 18 日，涉案专利权利人孟令水出具授权书，将上述两件专利的制作销售权授予唯一的被授权人华孟公司，华孟公司除享有专利产品的制作、销售、收益权外，还负有追究不法专利侵权人责任的义务。

2008 年以来，淄博亿达建陶有限公司（以下简称"亿达公司"）仿造华孟公司的专利产品并销售到全国，产品如图 11-3 所示。

图 11-3　涉案产品图样

2008 年 11 月 11 日，华孟公司的工作人员李某在亿达公司购买了该公司生产的陶瓷瓦，山东省邹平公证处公证员对该交易过程进行了公证。

随后，华孟公司向山东省淄博市中级人民法院起诉，请求依法判令：（1）亿达公司立即停止制造、销售侵犯华孟公司专利号为 02256014.9、200530134937.X 的陶瓷瓦；（2）判令亿达公司赔偿华孟公司经济损失人民币 30 万元；（3）由亿达公司承担本案的诉讼费用。

针对一审原告诉求，一审被告亿达公司辩称，其产品与专利产品的挂瓦挡头、左搭合边、右搭合边、后爪凸台、后肋在尺寸、厚薄上不一致；在外观设计专利方面，亿达公司认为其产品的主视图、后视图、侧视图、左视图、右视图在尺寸、长短上不同。

另外，亿达公司提供了通过百度搜索、存在时间为 2006 年 9 月 20 日新型陶瓷瓦的网页，及网上搜索的上海金鹤陶瓷制品有限公司、杭州美迦勒建材的产品照片，提出涉案专利为现有设计，不应当授予专利权。据此，华孟公司提供了实用新型专利检索报告。报告称，华孟公司的全部权利要求符合《专利法》关于创造性和新颖性的规定。

一审法院山东省淄博市中级人民法院经审理认为，根据华孟公司提供的授权书，华孟公司"负有追究不法专利侵权人责任的义务"，此"义务"即专利权人孟令水授予华孟公司对侵犯其专利权的行为进行追究的权利，故华孟公司具备合法的主体资格。

将华孟公司的实用新型专利产品与亿达公司生产的产品进行比对，亿达公司的产品与华孟公司的产品都是一种陶瓷瓦，都是长方形瓦体，正面都有纵向的凹槽，在凹槽上端的瓦体上都有挂瓦挡头，瓦体的左右两侧都有合边，在瓦体背面的下端有后爪凸台，瓦体背面的凸起部位有突出的后肋，与权利要求相符。亿达公司辩称其产品在尺寸、厚薄上不一致，因此并不是华孟公司实用新型专利的权利要求范围。

对外观设计专利产品与被控侵权产品进行对比，两者均为一种建筑用的陶瓷瓦，应当认定为同类产品。此外，两者在主视图、后视图、侧视图、左视图、右视图上观察几乎无差别。在形状、图案、色彩等主要设计部分也相同，应当认为两者是相同的外观设计，足以造成普通消费者施以一般注意力的误认，落入华孟公司外观设计专利保护范围。

据此一审法院判决一审被告亿达公司立即停止生产、销售与涉案专利相同或近似的陶瓷瓦。此外，结合华孟公司专利权为实用新型与外观设计两件专利的性质，亿达公司的侵权情节、主观过错程度、经营规模，可能获得的侵权利益、华孟公司为侵权所支出的合理费用等综合因素，判令亿达公司赔偿华孟公司经济损失 10 万元。

2. 二审阶段

上诉人亿达公司不服上述判决，以已过诉讼时效、主体不适格、事实认定有误为由，向山东省高级人民法院提起上诉。

二审法院山东省高级人民法院经审理认为，华孟公司起诉亿达公司侵犯涉案专利权的起算时间为 2008 年 11 月 11 日，并未主张亿达公司此前的侵权行为，华孟公司提起本案诉讼的时间为 2009 年 2 月 24 日，尚未超过 2 年的诉讼时效期间。

涉案专利的专利权人分别于 2003 年 12 月 3 日、2006 年 11 月 18 日将涉案两件专利的制作销售权授予华孟公司，并授予华孟公司有追究不法专利侵权人责任的义务。因此，华孟公司是适格的诉讼主体。

亿达公司提出的被控侵权产品与涉案专利存在的不同之处，均非涉案专利权的必要技术特征；亿达公司对于被控侵权物的公证封条完好无损没有异议。被控侵权实物背面明确载明了淄博亿达建陶有限公司的名称和电话，正面有"亿达"字样，在亿达公司没有相反证据的情况下，足以认定被控侵权物系亿达公司生产；其余诉求并无证据支持，因此，原审判决认定事实是正确的。

综上，山东省高级人民法院终审判决：驳回上诉，维持原判。

【本案引用法条】

1.《中华人民共和国专利法》（2008 年修正）

第十一条 （略）❶

第五十六条 取得实施强制许可的单位或者个人不享有独占的实施权，并且无权允许他人实施。

第五十七条 取得实施强制许可的单位或者个人应当付给专利权人合理的使用费，或者依照中华人民共和国参加的有关国际条约的规定处理使

---

❶ 参见本书案例 1 "'防火隔热卷帘用耐火纤维复合卷帘及其应用'发明专利侵权纠纷案""本案引用法条"部分。

用费问题。付给使用费的，其数额由双方协商；双方不能达成协议的，由国务院专利行政部门裁决。

2.《最高人民法院关于审理专利纠纷案件适用法律问题的若干规定》（法释〔2009〕21号）

第二十一条　权利人的损失或者侵权人获得的利益难以确定，有专利许可使用费可以参照的，人民法院可以根据专利权的类型、侵权行为的性质和情节、专利许可的性质、范围、时间等因素，参照该专利许可使用费的倍数合理确定赔偿数额；没有专利许可使用费可以参照或者专利许可使用费明显不合理的，人民法院可以根据专利权的类型、侵权行为的性质和情节等因素，依照专利法第六十五条第二款的规定确定赔偿数额。

第二十二条　权利人主张其为制止侵权行为所支付合理开支的，人民法院可以在专利法第六十五条确定的赔偿数额之外另行计算。

【案例分析】

本案主要涉及外观设计专利侵权判定。

从本案例起，我们将进入专利权侵权的最后一种类型——外观设计专利侵权。判断是否构成外观设计专利侵权需要解决三个方面的问题，即：（1）外观设计专利的保护范围有哪些？（2）从谁的角度来判定？（3）判断的原则有哪些？

（1）关于外观设计专利的保护范围

根据《专利法》（2008年修正）第五十九条第二款的规定，"外观设计专利权的保护范围以表示在图片或者照片中的该产品的外观设计为准，简要说明可以用于解释图片或者照片所表示的该产品的外观设计。"也就是说，对于权利人而言，在外观设计专利层面，该产品是怎么做成的不重要，重要的是"长什么样"，更具体来说，就是"产品的形状、图案或者其结合以及色彩与形状、图案的结合所作出的富有美感并适于工业应用的新设计"❶。

此外，产品类别也是判断保护范围的重要方面之一。根据《最高人民法院关于审理侵犯专利权纠纷案件应用法律若干问题的解释》（法释

---

❶ 《中华人民共和国专利法》（2008年修正）第二条第四款。

〔2009〕21号）第八条规定，"在与外观设计专利产品相同或者相近种类产品上，采用与授权外观设计相同或者近似的外观设计的，人民法院应当认定被诉侵权设计落入专利法第五十九条第二款规定的外观设计专利权的保护范围。"

（2）关于从谁的角度来判定

根据《最高人民法院关于审理侵犯专利权纠纷案件应用法律若干问题的解释》第十条的规定❶以及国家知识产权局编写的《专利审查指南2010》，在判断外观设计是否符合《专利法》第二十三条第一款、第二款规定时，应当基于涉案专利产品的一般消费者的知识水平和认知能力进行评价。

（3）关于判断的原则

根据《最高人民法院关于审理侵犯专利权纠纷案件应用法律若干问题的解释》第十一条第一款的规定，"人民法院认定外观设计是否相同或者近似时，应当根据授权外观设计、被诉侵权设计的设计特征，以外观设计的整体视觉效果进行综合判断；对于主要由技术功能决定的设计特征以及对整体视觉效果不产生影响的产品的材料、内部结构等特征，应当不予考虑"。

概而言之，外观设计专利侵权的判定是根据一般消费者的判断标准，在相同或相近似产品上，按照整体观察与综合判定原则，以外观设计专利产品的图片或者照片中的该产品的形状、图案或者其结合以及色彩与形状、图案的结合的外观设计为保护范围进行判定。

结合本案我们来看，亿达公司的被控侵权产品与华孟公司的专利产品均为陶瓷瓦，均属于25－01类，为同类产品。从一般消费者的审美观察能力的角度来判断，对被控侵权产品与专利产品的外观设计进行比对，按照整体观察与综合判定的原则，两者在主视图、后视图、侧视图、左视图、右视图上观察几乎无差别。在形状、图案、色彩等主要设计部分也相同，应当认为两者是相同的外观设计，足以造成普通消费者施以一般注意力的误认。因此，亿达公司被控侵权产品落入华孟公司外观设计专利保护范围。

---

❶ 《最高人民法院关于审理侵犯专利权纠纷案件应用法律若干问题的解释》第十条规定："人民法院应当以外观设计专利产品的一般消费者的知识水平和认知能力，判断外观设计是否相同或者近似。"

案例 12
"盘（D0908）""杯（J040B）"等
外观设计专利侵权纠纷案

一审原告（二审被上诉人）：重庆华陶瓷业有限公司
二审上诉人（一审被告）：福建省泉州冠福集团有限公司
一审被告：重庆市五天贸易有限公司
涉案专利："盘（D0908）""杯（J040B）"等
案由：外观设计专利权侵权纠纷

【案件摘要】

1. 一审阶段

1999 年 7 月 16 日至 1999 年 8 月 6 日，兆峰陶瓷（重庆兆瓷）有限公司分别就其产品"盘（D0908）""杯（J040B）""碗（E400B）""碗（E060B）""中餐具（T050B）"向国家知识产权局申请外观设计专利，并于 2000 年 4 月 26 日至 7 月 5 日获得授权并公告，主分类号为 07 - 01。随后，该 5 项专利的著录项信息发生变更，权利人变更为本案一审原告重庆华陶瓷业有限公司（以下简称"华陶公司"），并于 2001 年 5 月 2 日至 11 月 14 日进行了法律状态公告，（参见表 12 - 1）。

表 12 - 1　涉案专利基本信息❶

申请日	专利名称	专利号	公告日	法律状态公告日	主分类号
1999. 07. 16	盘（D0908）	ZL99326259. 7	2000. 04. 26	2001. 05. 02	07 - 01
1999. 07. 16	杯（J040B）	ZL99326261. 9	2000. 04. 26	2001. 11. 14	07 - 01
1999. 07. 16	碗（E400B）	ZL99326262. 7	2000. 02. 16	2001. 11. 14	07 - 01
1999. 07. 16	碗（E060B）	ZL99326263. 5	2000. 02. 16	2001. 05. 02	07 - 01
1999. 08. 06	中餐具（T050B）	ZL99326379. 8	2000. 07. 05	2001. 05. 02	07 - 01

---

❶ 信息来源于陶瓷行业专利专题数据库（http：//2018. 65. 61. 68. 8080/cniprBZ/index - tczlk. htm）。

随后，华陶公司在福建省泉州市、四川省成都市、山西省太原市、广东省广州市的市面上发现了福建省泉州冠福集团有限公司（以下简称"冠福公司"）制造、销售的华鹏陶瓷966花8寸平盘、汤盘、6寸平盘、4.25寸碟等产品与其专利产品虽存在细微差别，但是整体视觉感觉相似，侵犯其公司对盘（D0908）、碗（E400B）等5项专利产品的外观设计专利权，故向重庆市第一中级人民法院起诉，诉请停止侵权，销毁侵权产品，公开赔礼道歉并赔偿损失。

根据一审原告华陶公司所提供材料显示，该5项涉案专利产品和被控侵权产品的设计要点如表12-2和表12-3所示。

表 12-2 被侵权专利产品设计要点

产品名称	设计要点	视图
盘 （D0908）	盘的边缘有一细一粗两条圆边，内侧是呈环状分布的网格，网格交叉点上规则地点缀着近似梅花状的图案，网格上均匀地分布着玉米棒、胡萝卜、蒜、蘑菇等4种蔬菜图案，盘心是豌豆图案	主视图
杯 （J040B）	杯身上部边缘有一细一粗两条圆边，圆边下侧的杯身上部是呈环状分布的网格，网格交叉点上规则地点缀着近似梅花状的图案，杯身上散布着玉米棒、胡萝卜、蒜、蘑菇等4种蔬菜图案，杯柄和杯盖上是胡萝卜图案	主视图
碗 （E400B）	碗身上部边缘有一细一粗两条圆边，圆边下侧的碗身上部是呈环状分布的网格，网格交叉点上规则地点缀着近似梅花状的图案，碗身上散布着胡萝卜、蒜、蘑菇等3种蔬菜图案	主视图
碗 （E060B）	碗身上部边缘有一细一粗两条圆边，圆边下侧的碗身上部是呈环状分布的网格，网格交叉点上规则地点缀着近似梅花状的图案，碗身上是蒜的图案	主视图

产品名称	设计要点	视 图
中餐具 （T050B）	该外观设计专利包括 7 个套件。其中套件 2 设计要点是：盘的边缘有一细一粗两条圆边，内侧是呈环状分布的网格，网格交叉点上规则地点缀着近似梅花状的图案，网格内侧分布着玉米棒、蒜、蘑菇等 3 种蔬菜图案；套件 3 设计要点同盘（D090B）专利；套件 5 设计要点是：碗的边缘有一细一粗两条圆边，圆边内侧是呈环状分布的网格，网格交叉点上规则地点缀着近似梅花状的图案，网格上散布着玉米棒、胡萝卜、蒜、蘑菇等 4 种蔬菜图案；套件 6 设计要点同碗（E060B）专利；套件 7 设计要点是：针匙心是蒜的图案，针匙柄上是呈直线形规则排列的 7 个近似春芽状的图案，图案外是长方形边框	其他视图

表 12 - 3　被控侵权产品的设计要点

产品名称	设计要点
966 花 8 寸平盘、汤盘、6 寸平盘、4.25 寸碟	盘或碟的边缘有一细一粗两条圆边，内侧是呈环状分布的网格，网格交叉点上规则地点缀着近似梅花状的图案，网格上均匀地分布着玉米棒、胡萝卜、蘑菇等 3 种蔬菜图案
966 花纹脚介杯	杯身上部边缘和杯盖外缘均有一细一粗两条圆边，圆边下侧的杯身上部和杯盖圆边内侧均是呈环状分布的网格，网格交叉点上规则地点缀着近似梅花状的图案，网格上散布着玉米棒、胡萝卜、蘑菇等 3 种蔬菜图案
966 花 8 寸角碗、7 寸面碗、5.5 寸面碗、4.5 寸饭碗	碗的边缘有一细一粗两条圆边，下侧是呈环状分布的网格，网格交叉点上规则地点缀着近似梅花状的图案，网格上分组均匀地分布着玉米棒、胡萝卜、蘑菇等 3 种蔬菜图案
966 花 130mm 针匙	针匙心是胡萝卜的图案，边缘有一细一粗两条圆边，内侧是呈环状分布的网格，网格交叉点上规则地点缀着近似梅花状的图案，针匙柄上是呈直线形分布的网格，网格交叉点上规则地点缀着近似梅花状的图案，图案外是长方形边框

在庭审中，一审原告华陶公司提供了其在重庆先后获得"中国陶瓷第一品牌"称号、为"AAA 级品牌"等具有品牌知名度的证据，用以证明

一审被告冠福公司的侵权行为对其造成了极大的经济损失。随后一审法院将上述侵权案进行了合并审理，并将专利产品和被控侵权产品进行了比对。

其中，冠福公司制造、销售的华鹏陶瓷 966 花 8 寸平盘、汤盘、6 寸平盘、4.25 寸碟上的图案以及华鹏陶瓷 966 花 8 寸角碗、7 寸面碗、5.5 寸面碗、4.5 寸饭碗上的图案，在间接比对的情况下，市场上的一般消费者容易混淆。冠福公司未经专利权人许可，制造、销售上述产品的行为侵犯了华陶公司的外观设计专利权，依法应当承担相应的侵权责任。

而华鹏陶瓷 966 花纹脚介杯和华鹏陶瓷 966 花 130mm 针匙上的图案与涉案专利在整体视觉效果上不相近似，不构成侵权。

综上，一审法院认为，参考华陶公司的相关获奖情况，可以认定华陶公司的陶瓷餐具在市场上为相关公众所知悉，属于知名商品。冠福公司制造、销售的华鹏陶瓷 966 花产品装潢在图案、色彩和排列组合上与华陶公司知名商品特有的装潢近似。冠福公司擅自将华陶公司知名商品特有的装潢作近似使用，造成与该知名商品相混淆，足以使购买者误认，构成侵权，须承担停止侵权、公开道歉及损害赔偿责任。

2. 二审阶段

宣判后，一审被告冠福公司不服判决，以认定事实错误、适用法律不当、审理程序违法等理由向重庆市高级人民法院提出上诉。

重庆市高级人民法院认为，本案当事人争执的焦点包括三个：（1）冠福公司的行为是否构成专利侵权；（2）冠福公司是否构成不正当竞争；（3）本案是否应当中止审理。

关于焦点（1），上诉人冠福公司认为，冠福公司制造、销售的上述华鹏陶瓷 966 花产品与专利的外观设计比较，在形状和图案上均存在区别，不构成近似。冠福公司不构成对华陶公司上述专利权的侵犯。而二审被上诉人华陶公司认为，本案所涉及产品均属于日用陶瓷餐具，属同类商品。根据"综合比较、重点观察，间接对比、整体效应"的原则并以普通消费者的一般认知能力而非专业人员的视角来观察，虽然有一些细微的区别，但侵权物品的外观（形状与图案）与专利产品的外观容易引起普通大众的混淆，已构成相似侵权。

对此，二审法院认为，相应的色彩关系对视觉要部起着强化的作用，有关形状不能构成视觉的要部。而冠福公司的被控侵权商品图案对应地分别具有该设计特征。在同时同地进行观察的情况下，通过仔细对比，才能寻找到上述被控侵权产品与相应的专利外观设计之间的区别，这种区别一般会被普通消费者的视觉排除在外；在异时异地进行观察的情况下，该视觉要部是普通消费者视觉的"着眼点"，通常，其对普通消费的视觉起到强化的作用。因此，以普通消费者的眼光，通过整体观察和隔离观察，上述被控侵权产品与相应的专利外观设计之间存在近似，并可能导致普通消费者的混淆以致误认误购。因此构成侵权。

关于焦点（2），冠福公司的行为不构成不正当竞争。二审上诉人冠福公司认为，华陶公司在一审中没有提交有关证据证明其装潢是知名产品的装潢，且该装潢就是其请求保护的外观设计专利，二者存在权利竞合问题，华陶公司只能选择其中之一提出请求。对此，二审被上诉人华陶公司辩称，其并非基于冠福公司的同一侵权法律事实提出两个赔偿请求。就侵犯专利权而言，系基于冠福公司为生产经营目的制造、销售华陶公司所拥有的外观设计专利产品；而就不正当竞争而言，系基于其使用华陶公司拥有的知名商品近似的装潢而言，本案中并不存在请求权竞合的问题。

二审法院认为，华陶公司据以提出侵权请求的是专利的陶瓷产品外观设计，其产品装潢就是专利外观设计图案，属于请求权竞合的情形，华陶公司只能选择其中之一请求法律保护。在不能证明华陶公司请求保护的装潢载体是知名产品的情况下，该院仅对华陶公司有关专利权进行保护。

关于焦点（3），二审法院认为，在冠福公司提交的新证据不能证明华陶公司于专利申请日前已公开销售专利产品的情况下，有关专利的行政机关宣告华陶公司上述外观设计专利无效的可能性不大。本案不应当中止审理。外观设计的相同或近似判断，主要属于适用法律的问题，而司法鉴定要解决的是事实问题，冠福公司的中止审理申请不符合有关规定。

综上，重庆市高级人民法院认为，原审判决认定事实和适用法律基本正确，审判程序合法，但将本案专利的形状和图案的色彩关系排除在外观设计专利保护范围以外缺乏依据；在已对相关外观设计专利给予专利法保护的同时，又将同样图案的外观设计以《反不正当竞争法》保护亦无依据，本院对此予以纠正。综合本案涉及外观设计专利的数量、侵权类别、侵权人侵权的性质和情节等因素酌定冠福公司赔偿华陶公司的数额符合法律规定，并无不当。

【本案引用法条】

1.《关于禁止仿冒知名商品特有的名称、包装、装潢的不正当竞争行为的若干规定》

第一条 为了制止仿冒知名商品特有的名称、包装、装潢的不正当竞争行为，根据《中华人民共和国反不正当竞争法》（以下简称《反不正当竞争法》）的有关规定，制定本规定。

第二条 仿冒知名商品特有的名称、包装、装潢的不正当竞争行为，是指违反《反不正当竞争法》第五条第（二）项规定，擅自将他人知名商品特有的商品名称、包装、装潢作相同或者近似使用，造成与他人的知名商品相混淆，使购买者误认为是该知名商品的行为。

前款所称使购买者误认为是该知名商品，包括足以使购买者误认为是该知名商品。

第三条 本规定所称知名商品，是指在市场上具有一定知名度，为相关公众所知悉的商品。

本规定所称特有，是指商品名称、包装、装潢非为相关商品所通用，并具有显著的区别性特征。

本规定所称知名商品特有的名称，是指知名商品独有的与通用名称有显著区别的商品名称。但该名称已经作为商标注册的除外。

本规定所称包装，是指为识别商品以及方便携带、储运而使用在商品上的辅助物和容器。

本规定所称装潢，是指为识别与美化商品而在商品或者其包装上附加的文字、图案、色彩及其排列组合。

第四条 商品的名称、包装、装潢被他人擅自作相同或者近似使用，足以造成购买者误认的，该商品即可认定为知名商品。

特有的商品名称、包装、装潢应当依照使用在先的原则予以认定。

第五条 对使用与知名商品近似的名称、包装、装潢，可以根据主要部分和整体印象相近，一般购买者施以普通注意力会发生误认等综合分析认定。

一般购买者已经发生误认或者混淆的，可以认定为近似。

第六条 县级以上工商行政管理机关在监督检查仿冒知名商品特有的

名称、包装、装潢的不正当竞争行为时，对知名商品和特有的名称、包装、装潢一并予以认定。

第七条 经营者有本规定第二条所列行为的，县级以上工商行政管理机关可以依照《反不正当竞争法》第二十一条第二款的规定对其进行处罚。

第八条 经营者有本规定第二条所列行为的，工商行政管理机关除依前条规定予以处罚外，对侵权物品可作如下处理：

（一）收缴并销毁或者责令并监督侵权人销毁尚未使用的侵权的包装和装潢；

（二）责令并监督侵权人消除现存商品上侵权的商品名称、包装和装潢；

（三）收缴直接专门用于印制侵权的商品包装和装潢的模具、印板和其他作案工具；

（四）采取前三项措施不足以制止侵权行为的，或者侵权的商品名称、包装和装潢与商品难以分离的，责令并监督侵权人销毁侵权物品。

第九条 销售明知或者应知是仿冒知名商品特有的名称、包装、装潢的商品的，比照本规定第七条、第八条的规定予以处罚。

第十条 知名商品经营者已经取得专利的知名商品特有的包装、装潢被仿冒的，工商行政管理机关可以依据《反不正当竞争法》及本规定对侵权人予以处罚。

第十一条 本规定自发布之日起施行。

2.《中华人民共和国反不正当竞争法》（1993 年制定）

第六条 经营者不得实施下列混淆行为，引人误认为是他人商品或者与他人存在特定联系：

（一）……

（二）擅自使用他人有一定影响的企业名称（包括简称、字号等）、社会组织名称（包括简称等）、姓名（包括笔名、艺名、译名等）；

……

3.《最高人民法院关于审理专利纠纷案件适用法律问题的规定》（法释〔2001〕21 号）

第九条（略）[1]

---

[1] 参见本书案例 7 "'一种立体孔洞装饰陶瓷砖'实用新型专利侵权纠纷案""本案引用法条"部分。

第二十一条（略）❶

第二十二条（略）❷

4.《中华人民共和国专利法实施细则》（2002 年修订）

第十三条第一款　同样的发明创造只能被授予一项专利。

5.《最高人民法院关于民事诉讼证据的若干规定》（法释〔2001〕33 号）

第七十五条　有证据证明一方当事人持有证据无正当理由拒不提供，如果对方当事人主张该证据的内容不利于证据持有人，可以推定该主张成立。

【案例分析】

本案例涉及权利竞合问题。

在本案中，上诉人冠福公司提出，华陶公司在一审中没有提交有关证据证明其装潢是知名产品的装潢，且该装潢就是其请求保护的外观设计专利，二者存在权利竞合问题，华陶公司只能选择其中之一提出请求。

权利竞合，又叫"请求权竞合"，是指基于同一个事实原因，权利人对于同一义务人，就同一标的，发生数个请求权的情形。在发生请求权竞合的情形中，其中一项请求权得到满足，其余请求权都归于消灭。但在消灭之前，各请求权彼此独立，不相关联。

权利竞合的情形也非常常见。比如我们在商场购买了一个质量有瑕疵的电饭煲，结果在使用过程中爆炸了，并且造成了人身伤害。这个时候由于电饭煲爆炸所造成的人身伤害构成了一项人身损害赔偿请求权。另外，由于该电饭煲是在商场中所购买，因此消费者与商场之间形成了一个买卖合同关系，而买卖合同的标的物就是电饭煲。由于标的物存在瑕疵，因此消费者也可以向商场提起买卖合同违约诉讼。这是一项债权请求权。那么这两项请求权都是基于同一个原因，同一标的。当消费者选择其中一项请求权进行索赔的时候，则另一请求权自动消灭。也就是说，消费者不能一方面向商场或产品生产商提起人身损害索赔，同时又就该标的向商场提起

---

❶❷　参见本书案例 11 "'瓷瓦'实用新型专利和外观设计专利侵权纠纷案""本案引用法条"部分。

违约索赔，二者只能选其一。

那么在本案中，上诉人冠福公司销售被控侵权商品这一事实，侵害了华陶公司产品的外观设计专利权，同时由于产品装潢相似，容易对消费者造成误导，也构成了不正当竞争，属于请求权竞合的情形。华陶公司只能选择其中之一请求法律保护。因此，在不能证明华陶公司请求保护的装潢载体是知名产品的情况下，二审法院选择了对华陶公司有关专利权进行保护。

案例 13
"瓷砖（HB105903）"外观设计
专利侵权纠纷案

一审被告（二审上诉人）: 广州维纳斯陶瓷发展有限公司
一审原告（二审被上诉人）: 罗马瓷砖有限公司
涉案专利: 瓷砖（HB105903）（专利号: ZL03346315.8）
案由: 外观设计专利权侵权纠纷

【案件摘要】

1. 一审阶段

2003 年 8 月 8 日，罗马瓷砖有限公司（以下简称"罗马公司"）就其产品"瓷砖（HB105903）"（参见图 13 - 1）向国家知识产权局申请外观设计专利，并于 2004 年 3 月 24 日获得专利授权公告（专利号: ZL03346315.8）。

图 13 - 1　外观设计专利"瓷砖（HB105903）"主视图

随后罗马公司发现广州维纳斯陶瓷发展有限公司（以下简称"维纳斯公司"）所售产品涉嫌侵权，于 2004 年 7 月 21 日向广东省广州市中级人民法院起诉，请求判令:（1）维纳斯公司赔偿损失 20 万元;（2）维纳斯公司立即停止侵权并在媒体（《中国建材报》）上公开赔礼道歉;（3）维纳斯公司承担本案的诉讼费用。

作为一审被告，维纳斯公司则于 2004 年 10 月 29 日以其已对罗马公司所享有的专利权向国家知识产权局专利复审委员会提出无效宣告请求为由，申请中止审理本案。

经过审理，广州市中级人民法院认为，被控侵权产品与罗马公司的专利进行比较，二者构成相近，被控侵权产品落入罗马公司专利的保护范围。同时综合相关证据可以认定维纳斯公司生产、销售了被控侵权产品，因此，维纳斯公司构成侵权。一审法院参考维纳斯公司的生产规模、销售范围等因素酌情考虑，并考虑到罗马公司为本案诉讼付出的合理费用，酌定维纳斯公司赔偿罗马公司经济损失 4 万元，其余诉求不予支持。

2. 二审阶段

上诉人维纳斯公司不服上述一审判决，以一审认定事实不清、认定侵权证据不足以及赔偿损害依据不足等理由，向广东省高级人民法院提出上诉，请求撤销原审判决，依法驳回罗马公司的诉讼请求。

本案在二审审理过程中，原国家知识产权局专利复审委员会（以下简称"专利复审委员会"）于 2005 年 10 月 9 日作出了第 7552 号无效宣告请求审查决定，宣告涉案 ZL03346315.8 号"瓷砖（HB105903）"专利权无效。之后，罗马公司不服，在法定期限内向北京市第一中级人民法院提起行政诉讼。北京市第一中级人民法院于 2006 年 5 月 23 日作出（2006）一中行初字第 66 号行政判决，撤销专利复审委员会第 7552 号无效宣告请求审查决定，判决国家知识产权局专利复审委员会重新就 ZL03346315.8 号"瓷砖（HB105903）"外观设计专利权作出无效宣告审查决定。因本案需以专利复审委员会重新作出的审查决定为依据，二审法院于 2006 年 11 月 17 日裁定对本案中止审理。

根据罗马公司的申请，广东省高级人民法院于 2008 年 7 月 15 日对本案恢复审理，并于 2008 年 8 月 7 日开庭，维纳斯公司经广东省高级人民法院合法传唤，未到庭参加诉讼活动。罗马公司当庭提交了专利复审委员会关于本案专利的《无效宣告案件结案通知书》、罗马公司《放弃专利权声明》各 1 份，用以证明其自申请日起自愿放弃 ZL03346315.8 号名称为"瓷砖（HB105903）"的外观设计专利权。

【本案引用法条】

1.《中华人民共和国民法通则》

第一百三十四条 （略）❶

2.《中华人民共和国专利法》（2000 年修正）

第十一条第二款 当事人向人民法院提供的证据系在中华人民共和国领域外形成的，该证据应当经所在国公证机关予以证明，并经中华人民共和国驻该国使领馆予以认证，或者履行中华人民共和国与该所在国订立的有关条约中规定的证明手续。

第五十六条 （略）❷

3.《最高人民法院关于审理专利纠纷案件适用法律问题的若干规定》（法释〔2001〕21 号）

第二十一条 （略）❸

【案例分析】

本案例主要涉及中止诉讼的相关问题。

由于我国专利审查制度的差异，在我国，实用新型专利和外观设计专利只要通过了形式审查就可以获得授权，而发明专利则需要通过实质审查才能获得授权。在诉讼中，作为抗辩理由，被告方会质疑涉案专利的有效性。而在本书前述案例中，我们经常会发现被告方向法院申请中止诉讼。可见这是在专利侵权诉讼中非常常见的一种抗辩策略。

《最高人民法院关于审理专利纠纷案件适用法律问题的若干规定》（2015 年修订，法释〔2015〕4 号）第八条至第十二条对中止诉讼进行了相关规定。第八条规定，实用新型专利和外观设计专利的中止诉讼申请的

---

❶ 参见本书案例 1 "'防火隔热卷帘用耐火纤维复合卷帘及其应用'发明专利侵权纠纷案" "本案引用法条"部分。

❷ 参见本书案例 2 "'一种用于上釉和装饰的旋转机器'发明专利侵权纠纷案" "本案引用法条"部分。

❸ 参见本书案例 5 "'圆筒高、低水箱洁具'发明专利侵权纠纷案" "本案引用法条"部分。

提出应当在答辩期内。此外，根据案件审理需要，人民法院可以要求原告提交检索报告或者专利权评价报告。原告无正当理由不提交的，人民法院可以裁定中止诉讼或者判令原告承担可能的不利后果。第九条至第十一条对于中止诉讼的例外情形进行了规定。第十二条是对临时救济措施与中止诉讼的规定。

如何涉案专利是发明专利，或者权利人提供了国家知识产权局出具的专利权评价报告并且结论为该专利具备新颖性，或者专利复审机关作出了维持专利权有效决定时，法院可以不中止诉讼，而不必得到司法终审维持。此外，当被告提供的证据不足以证明原告所使用的技术已经公知的，或者被告请求宣告该项专利无效所提供的证据或者依据的理由明显不充分的，法院也可以不中止诉讼。

案例 14
"瓷砖（条形石）"外观设计
专利侵权纠纷案

一审原告（二审被上诉人）：福建省晋江豪源陶瓷有限公司

一审被告（二审上诉人）：晋江市欧迪斯陶瓷有限公司

一审被告（二审上诉人）：张某某

涉案专利：瓷砖（条形石）（专利号：ZL00342286.0）

案由：外观设计专利权侵权纠纷

【案件摘要】

1. 一审阶段

2000 年 10 月 30 日，申请人吴某某就"瓷砖（条形石）"（参见图 14-1）向国家知识产权局申请外观设计专利，并于 2001 年 3 月 29 日获得授权公告。

图 14-1　外观设计专利瓷砖（条形石）主视图

2005 年 8 月 10 日，专利权人吴某某（作为甲方）与本案原告福建省晋江豪源陶瓷有限公司（以下简称"豪源公司"）（作为乙方）订立《专利许可合同》，合同约定吴某某将其专利"瓷砖（条形石）"（专利号：ZL00342286.0）在专利有效期内，以 50 万元的价格独占许可的方式许可给豪源公司使用，与此同时，豪源公司在许可使用期间，发现侵权产品时有权独立投诉、起诉。2005 年 11 月 9 日，该《专利许可合同》在国家知识产权局予以备案。

2005 年 8 月，豪源公司发现晋江市欧迪斯陶瓷有限公司（以下简称"欧迪斯公司"）大量生产并倾销被控侵权瓷砖。

同年 10 月 31 日，涉案专利"瓷砖（条形石）"的权利人吴某某向国家知识产权局专利检索咨询中心提出检索申请，并获得检索结论：未发现与 ZL00342286.0 专利相同或相近似的外观设计专利。❶ 11 月 7 日，原告代理人陈某向天津市公证处申请保全证据公证，到第二被告处购买标明由被告欧迪斯公司生产的 2 箱华丽莎仿古艺术砖，并取得了盖有天津市塘沽区欧迪斯陶瓷经销处印章的出库单 1 份。

一审期间，原告向一审法院申请了证据保全措施，从被告欧迪斯公司扣押 4 块瓷砖、"菲亚特"仿古砖 1 箱和"金碧辉煌""波丝猫"外包装箱 1 个。

2006 年 1 月 6 日，一审法院将起诉状副本送达给被告欧迪斯公司。欧迪斯公司在答辩期内向原国家知识产权局专利复审委员会（以下简称"专利复审委员会"）请求宣告本案讼争专利无效，该请求于同月 12 日被受理。

一审法院认为，从被告欧迪斯公司提供的对比文件即中国外观设计专利 97313393.7 的视图来看，该专利也是多个单元组成的地板砖，但为四排排列，一、三排为二个单元，二、四排中间一个单元，两边各为半个单元，即呈二三二三排列。而且单元表面没有花纹图案。该对比文件与原告专利相比较，外形明显不同，原告专利为长方形，对比文件的为正方形；原告专利表面有花纹而该对比文件没有，视觉效果也不同。另外，本案涉案专利的专利权人吴某某还提供了国家知识产权局检索查询中心的检索报告作为证据。综上，依照《最高人民法院关于审理专利纠纷案件适用法律问题的若干规定》决定不中止审理。

---

❶ 有关检索产品的外观设计新颖性的简要说明：检索中发现申请日在 00342286.0 专利之前而与 00342286.0 专利最接近的外观设计专利有两类：一类是 00327118.8 及 00332134.7 这样的专利，其产品与 00342286.0 专利产品一样为矩形，表面均由不规则的纵向凹凸花纹形成。但 00327118.8 及 00332134.7 专利产品为一个单元构成，而 0034228.60 专利产品由多个单元构成，各单元之间由凹槽分隔，该多个单元排列成三排，上下两排中有两个单元，中间一排中部为一个单元，两边为半个单元。因此尽管局部图案近似，但整体观察，00327118.8 及 00332134.7 专利产品与 00342286.0 专利产品不相同也不相近似。另一类如 00327270.2 和 97313393.7 专利，其产品与 00342286.0 专利产品一样，是由多个单元组成的矩形产品。但从视图上，00327270.2 和 97313393.7 专利产品没有任何花纹图案，且该多个单元排列成四排，与 00342286.0 专利产品排列成三排且单元表面不规则的凸凹纵向花纹相比较，不相同也不相近似。

对被控侵权产品是否侵犯原告外观设计专利权的问题，从形状及图案两方面将被控侵权的产品与原告专利作比较。从形状看，两者均为长方形的瓷砖，表面上有多个单元，三排排列，中间中部为一个单元，两边为半个单元，上下两排都有两个单元，各单元之间由凹槽分隔，区别在于被控侵权产品各单元的周边还都有细细的、较浅的凹槽。从图案看，原告的专利单元表面为不规则的纵向花纹，被控侵权产品单元表面为规则或粗细不等斜向的花纹。被控侵权产品各单元周边细细的、较浅的凹槽，与原告专利相比较只是细微的局部差别；单元表面也均有花纹图案，从产品外观整体、以一般消费者的水平来判断，可以认定两者是相近似的。本案两被告未经原告许可，擅自生产、销售与原告专利产品相近似的产品，是侵犯原告外观设计专利权的行为，应承担停止侵权、销毁侵权产品及制造侵权产品的工具、赔偿损失及本案代理费等法律责任。

2. **二审阶段**

一审被告欧迪斯公司、张某某不服一审判决，向福建省高级人民法院提起上诉。

上诉人欧迪斯公司认为：（1）一审期间，欧迪斯公司已经向专利复审委员会提出无效宣告请求和理由，行政审查程序已经启动，一审法院应当中止审理而未中止审理，程序不适当；（2）涉案专利与被控侵权产品不相同也不近似，且涉案专利缺乏新颖性，不应授权。

上诉人张某某以"职务行为"为由提出抗辩，认为不应承担任何责任。

上诉期间，上诉人提供了专利复审委员会第 8792 号决定，该决定书载明：专利复审委员会已于 2006 年 11 月 14 日宣告本案讼争的 ZL00342286.0 号名称为瓷砖（条形石）专利无效。对于该决定，被上诉人豪源公司依法向北京市第一中级人民法院提起行政诉讼，请求中止本案的审理。

2006 年 12 月 14 日，福建省高级人民法院作出终审判决，驳回原告诉求，一审、二案件受理费均由欧迪斯公司承。

【本案引用法条】

1.《中华人民共和国专利法》（2000 年修正）

第九条　两个以上的申请人分别就同样的发明创造申请专利的，专利权授予最先申请的人。

第二十三条　授予专利权的外观设计，应当同申请日以前在国内外出版物上公开发表过或者国内公开使用过的外观设计不相同和不相近似，并不得与他人在先取得的合法权利相冲突。

2.《中华人民共和国民事诉讼法》（1991 年制定）

第六十四条　（略）❶

第一百五十三条第一款　（略）❷

3.《最高人民法院关于审理专利纠纷案件适用法律问题的若干规定》（法释〔2001〕21 号）

第八条　对申请日在 2009 年 10 月 1 日前（不含该日）的实用新型专利提起侵犯专利权诉讼，原告可以出具由国务院专利行政部门作出的检索报告；对申请日在 2009 年 10 月 1 日以后的实用新型或者外观设计专利提起侵犯专利权诉讼，原告可以出具由国务院专利行政部门作出的专利权评价报告。根据案件审理需要，人民法院可以要求原告提交检索报告或者专利权评价报告。原告无正当理由不提交的，人民法院可以裁定中止诉讼或者判令原告承担可能的不利后果。

侵犯实用新型、外观设计专利权纠纷案件的被告请求中止诉讼的，应当在答辩期内对原告的专利权提出宣告无效的请求。

第九条　人民法院受理的侵犯实用新型、外观设计专利权纠纷案件，被告在答辩期间内请求宣告该项专利权无效的，人民法院应当中止诉讼，但具备下列情形之一的，可以不中止诉讼：

（一）原告出具的检索报告或者专利权评价报告未发现导致实用新型或者外观设计专利权无效的事由的；

（二）被告提供的证据足以证明其使用的技术已经公知的；

（三）被告请求宣告该项专利权无效所提供的证据或者依据的理由明显不充分的；

（四）人民法院认为不应当中止诉讼的其他情形。

---

❶　参见本书案例 6 "'一种可排气瓷砖模具'实用新型专利侵权纠纷案""本案引用法条"部分。

❷　参见本书案例 1 "'防火隔热卷帘用耐火纤维复合卷帘及其应用'发明专利侵权纠纷案""本案引用法条"部分。

【案例分析】

1. 专利权许可

专利权是一种排他性权利，也就是俗话说的"我没同意，你不能做"。除法定例外情形外，任何人未经专利权人许可均不能实施其专利权，否则构成侵权。因此，他人合法实施专利，须得到专利权的许可或者说授权，并且原则上应当与专利权人签订专利实施许可合同，并将许可合同向国家知识产权局进行备案。

专利权许可的方式有很多种，我们通常所见的专利权许可方式包括独占实施许可、排他实施许可和普通实施许可。本案中，权利人吴某某与豪源公司之间进行的就是"独占实施许可"。那么这三种许可方式有什么区别呢？

独占实施许可，是指专利权人在约定许可实施专利的范围内，将该专利权许可一个受让人实施，专利权人依约不能实施该专利；排他实施许可，是指专利权人在约定许可实施专利的范围内，将该专利仅许可一个受让人实施，但专利权人依约可以自行实施该专利；普通实施许可，是指专利权人在约定许可实施专利的范围内，许可一个或多个人实施该专利，并且可以自行实施该专利。我们用表 14 - 1 来更为直观地说明三种许可方式的区别。

表 14 - 1　常见的专利权许可方式对照

许可方式	许可人（专利权人）	被许可人 1	被许可人 2	……	被许可人 N
独占实施许可	×	√	×	×	×
排他实施许可	√	√	×	×	×
普通实施许可	√	√	√	√	√

注：表中"×"表示不可实施，"√"表示可实施。

采用何种许可方式取决于专利权人自身的需要，并没有一个可量化的参考标准。如果采用的独占实施许可，那么在许可范围内，当侵权事实发生时，被许可人可以以自己名义单独起诉，或向法院申请诉前临时救济措施。而如果专利权人采用的是排他实施许可的话，那么在许可范围内，当侵权事实发生时，许可人和被许可人就必须共同起诉，被许可人不能以自己名义单独起诉。而采用普通实施许可方式的，在侵权诉讼发生时，被许可人只有在获得许可人（专利权人）明确授权的前提下，才能起诉或者向法院申请诉前临时救济措施。

我国《专利法》（2008 年修正）第十一条、第十二条、第十五条和第四十七条对专利权人的专利许可权益进行了规定，另外《专利法》第六章（专利实施的强制许可）及第六十九条规定了专利权许可的特殊情形。而第六十五条则规定了专利侵权赔偿的依据。

2. 合法来源抗辩

在实践中，并不是每家企业都能够精准地判断自己所购入的商品是否为侵权商品。通常企业在进行采购活动，签订采购合同时，会采用两种方式避免侵权风险的发生，或是将侵权风险降低。第一种是对经常进行采购活动的企业进行知识产权背景调查，包括其名下专利、商标、著作权、域名等拥有情况以及是否发生过专利侵权诉讼。第二种则是在采购合同模板中列出风险规避的条款，例如"被采购方需承诺其产品不涉及专利权侵权等风险，如因被采购方过错，导致采购方承担知识产权侵权风险，损失由被采访方承担"等，以合同约定的方式，将专利权侵权风险转嫁。而第二种方式，就是我们在本案中所提到的"合法来源抗辩"。

我国《专利法》第七十条规定了合法来源抗辩条款："为生产经营目的使用、许诺销售或者销售不知道是未经专利权人许可而制造并售出的专利侵权产品，能证明该产品合法来源的，不承担赔偿责任。"

判断是否构成"合法来源"的方式有很多种，比如采购价格。如果被控侵权产品的采购价格与市场价格有明显差异时，通常会因为不符合商业惯性，而被认为不构成"合法来源"。比如本案例中的瓷砖，假如瓷砖市场价格是每块 200 元上下浮动，而被控侵权方是以 10 元/块的价格购入的，那么在这种情形下，便不认为构成"合法来源抗辩"，因为被控侵权方并没有进行足够的注意，很难证明其"不知道"的主观动机。

案例 15
"瓷砖" 外观设计专利侵权纠纷案

一审原告（二审被上诉人）： 蒲某某
一审原告（二审被上诉人）： 佛山市金百陶建材有限公司
一审被告（二审上诉人）： 广东佛山市南海区新顺南陶瓷有限公司
涉案专利： 瓷砖（专利号：ZL200330126405.2）
案由： 外观设计专利权侵权纠纷

【案件摘要】

1. 一审阶段

2003 年 12 月 16 日，一审原告蒲某某向国家知识产权局申请了一项名为 "瓷砖"（参见图 15 – 1）的外观设计专利，并于 2004 年 8 月 25 日获得授权公告，专利号为 ZL200330126405.2。根据外观设计专利简要说明文件描述，该外观设计专利的主要特征为：瓷砖为长条矩形形状，表面为木纹纹理图案，且木纹纹理趋向于右边，纹理之间结合紧密。

图 15 – 1 外观设计专利 "瓷砖" 主视图

2004 年 9 月 1 日，蒲某某作为许可方与被许可方佛山市金百陶建材有限公司（以下简称 "金百陶公司"）签订《协议书》，约定蒲某某许可金百陶公司在中国境内排他实施 "瓷砖" 外观设计专利（专利号为 ZL200330126405.2）。并且，双方还约定任何一方发现第三方侵犯许可方的专利权时，应及时通知对方，由许可方与侵权方进行交涉，或双方共同负责向专利管理机关提出请求或向人民法院提起诉讼。后一审原告蒲某某、金百陶公司发现广东佛山市南海区新顺南陶瓷有限公司（以下简称"新顺南公司"）在市场上销售涉嫌侵权产品，故将其起诉至法院，并于2005年9月5日向佛山市中级人民法院提起诉前证据保全、诉前财产保全和诉前禁令申请，佛山市中级人民法院依法对新顺南公司采取了证据保全措施和财产保全措施，依法扣押型号分别为 KJM4301、KJM4303 的陶瓷木纹砖样品各 1 箱并查封 KJM4301 瓷砖 32 托（每托 72 箱，每箱 20 块）和 KJM4303 2000 箱（每箱 20 块）瓷砖。该两款瓷砖表面图案相同，仅颜色不同，但均为长条矩形形状，表面同样为木纹纹理状图案，且木纹纹理也趋向于右边，纹理之间结合紧密。经比对，被控侵权产品与本案涉案专利产品，主要区别之处在于个别纹理有细微的不同排列，除此之外基本相同。

2005 年 9 月 8 日，新顺南公司向国家知识产权局专利复审委员会（以下简称"专利复审委员会"）提出宣告涉案专利无效的请求，专利复审委员会于次日准予受理。

此外，新顺南公司于 2005 年 12 月 1 日向一审法院提交了反诉状，称两原告专利应属无效，却向法院申请诉前责令停止侵犯专利权行为并被法院裁定执行，致使其不能如期履行合同且导致其两款产品停产，给其造成巨大经济损失，要求法院判令蒲某某、金百陶公司赔偿经济损失 287 735 元并承担案件全部诉讼费。

关于涉案专利是否有效的问题，以及被告新顺南公司是否侵权的问题，一审法院对于被告关于涉案专利与现有技术相近似、缺乏新颖性的答辩不予采信。一审法院认为，外观设计专利权的保护范围以表示在图片或照片中的该外观设计专利产品为准，被控产品的设计要部亦与专利产品设计要部基本相同，因此应认定两者为相近似的外观设计，故新顺南公司制造、销售被控产品的行为构成侵权。

关于新顺南公司提起的反诉，一审法院于庭审时当庭告知其可以另案起诉，在本案中不予合并审理。

2. 二审阶段

新顺南公司不服一审判决，以原审判决认定事实有误、程序违法等理由向广东省高级人民法院提起上诉。上诉期间，专利复审委员会作出第8460 号无效宣告请求审查决定，宣告蒲某某本案所涉专利权全部无效。专利权人蒲某某对该决定不服，向北京市第一中级人民法院提起行政诉讼。

广东省高级人民法院认为，鉴于在本案二审期间，本案所涉 ZL200330126405.2 号"瓷砖"外观设计专利已由专利复审委员会作出决定，宣告蒲某某本案所涉专利权全部无效。根据我国《专利法》第四十七条的规定，蒲某某的本案所涉专利被宣告无效后，应当视为自始即不存在。蒲某某请求判令新顺南公司停止侵权并承担侵权责任已经失去权利基础。综上，驳回原告蒲某某、金百陶公司的诉讼请求。

【本案引用法条】

1.《中华人民共和国合同法》（1999 年制定）

第四十四条　依法成立的合同，自成立时生效。

法律、行政法规规定应当办理批准、登记等手续生效的，依照其规定。

2.《中华人民共和国专利法实施细则》（2002 年修订）

第十五条　除依照专利法第十条规定转让专利权外，专利权因其他事由发生转移的，当事人应当凭有关证明文件或者法律文书向国务院专利行政部门办理专利权人变更手续。

专利权人与他人订立的专利实施许可合同，应当自合同生效之日起 3 个月内向国务院专利行政部门备案。

3.《中华人民共和国专利法》（2000 年修正）

第十一条　发明和实用新型专利权被授予后，除本法另有规定的以外，任何单位或者个人未经专利权人许可，都不得实施其专利，即不得为生产经营目的制造、使用、许诺销售、销售、进口其专利产品，或者使用其专利方法以及使用、许诺销售、销售、进口依照该专利方法直接获得的产品。

外观设计专利权被授予后，任何单位或者个人未经专利权人许可，都不得实施其专利，即不得为生产经营目的制造、销售、进口其外观设计专利产品。

第五十六条（略）❶

---

❶　参见本书案例 2 "'一种用于上釉和装饰的旋转机器'发明专利侵权纠纷案""本案引用法条"部分。

4.《中华人民共和国民法通则》
第一百三十四条（略）❶

【案例分析】

在本案的一审诉讼开始之前，原告蒲某某和金百陶公司向佛山市中级人民法院申请了证据保全、财产保全和责令停止侵权。这是比较典型的临时救济措施，或者称之为"先行救济措施"。这些措施在许多情况下对于制止正在或在即将实施的侵权行为、保存重要证据、防止损害后果进一步扩大导致无法弥补的损失也是至关重要的。而在这些临时救济措施种类里，诉前财产保全和诉前证据保全措施保障了权利人权益的实现，而诉前责令停止侵权则从另一种角度保障了被申请人的利益，从某种程度上也防止了司法资源的浪费。

1. 诉前证据保全与诉前财产保全

《专利法》（2008 年修正）第六十七条规定，"为了制止专利侵权行为，在证据可能灭失或者以后难以取得的情况下，专利权人或者利害关系人可以在起诉前向人民法院申请保全证据。人民法院采取保全措施，可以责令申请人提供担保；申请人不提供担保的，驳回申请。人民法院应当自接受申请之时起四十八小时内作出裁定；裁定采取保全措施的，应当立即执行。申请人自人民法院采取保全措施之日起十五日内不起诉的，人民法院应当解除该措施。"

《民事诉讼法》（2017 年修正）第八十一条规定："在证据可能灭失或者以后难以取得的情况下，当事人可以在诉讼过程中向人民法院申请保全证据，人民法院也可以主动采取保全措施。因情况紧急，在证据可能灭失或者以后难以取得的情况下，利害关系人可以在提起诉讼或者申请仲裁前向证据所在地、被申请人住所地或者对案件有管辖权的人民法院申请保全证据。"

在专利权侵权纠纷的实践中，证据保全是一项常被采用的临时救济方式。而相较起其他的民事侵权纠纷，专利权侵权纠纷通常表现为侵权行为

---

❶　参见本书案例 1 "'防火隔热卷帘用耐火纤维复合卷帘及其应用'发明专利侵权纠纷案""本案引用法条"部分。

实施较为便捷、成本低廉、侵权行为难以查实和损害后果极易扩大等特点。❶ 因此，对于权利人来讲，在对案件的是非曲直作出最终判决之前，保存重要证据是至关重要的一个步骤，其目的在于避免侵权人在诉讼期间转移或者销毁证据。在实践中，诉前证据保全的方式有很多，向法院申请是其中一种，另一种就是我们在本书出现频率较多的——公证。虽然法律和司法解释都没有进行规定，但在证据存在显而易见的被销毁的风险时，法院在进行证据保全时可以不预先通知。但是，证据保全的申请人必须在申请时说明证据保全的理由，以及财产遭受损失的可能风险。

除了证据保全之外，另一项临时救济措施是财产保全。由于侵权诉讼存在一定周期的时间性，因此会出现有些侵权行为人在诉讼过程中，一方面通过各种方式拉长诉讼周期，一方面利用时间优势进行财产转移、隐匿等，以致最后权利人虽然赢得了诉讼，但是却无法获得赔偿。在此种潜在风险下，诉前财产保全就显得尤为重要。

根据《民事诉讼法》（2017 年修正）第一百条至第一百〇五条对财产保全的规定，"人民法院对于可能因当事人一方的行为或者其他原因，使判决难以执行或者造成当事人其他损害的案件，根据对方当事人的申请，可以裁定对其财产进行保全、责令其作出一定行为或者禁止其作出一定行为；当事人没有提出申请的，人民法院在必要时也可以裁定采取保全措施……利害关系人因情况紧急，不立即申请保全将会使其合法权益受到难以弥补的损害的，可以在提起诉讼或者申请仲裁前向被保全财产所在地、被申请人住所地或者对案件有管辖权的人民法院申请采取保全措施。申请人应当提供担保，不提供担保的，裁定驳回申请。保全限于请求的范围，或者与本案有关的财物……财产纠纷案件，被申请人提供担保的，人民法院应当裁定解除保全。"

诉前财产保全的规定是为了保障权利人的财产权益的实现，为了防止被申请人在诉讼期间转移、隐匿财产或者其他原因主动丧失清偿能力，避免出现权利人赢了诉讼却无法实现赔偿的情形出现，因此，当被申请人能够提供担保证明自己在不利诉讼结果出现时，足以实现赔偿能力时，诉前财产保全应该解除。这一点区别于我们接下来要谈到的"诉前责令停止侵权"。

---

❶ 王迁. 知识产权法［M］. 5 版. 北京：中国人民大学出版社，2017：11.

2. 诉前责令停止侵权

诉前责令停止侵权，在司法实践中也是较为常见的一种临时救济的方式。在我国知识产权立法中也均有规定。

例如，《专利法》第六十六条的规定："专利权人或者利害关系人有证据证明他人正在实施或者即将实施侵犯专利权的行为，如不及时制止将会使其合法权益受到难以弥补的损害的，可以在起诉前向人民法院申请采取责令停止有关行为的措施。申请人提出申请时，应当提供担保；不提供担保的，驳回申请。"

请注意《专利法》第六十六条的最后两句描述："申请人应当提供担保"以及"不提供担保的，驳回申请"。提供担保的是申请人而不是被申请人，因为诉前责令停止侵权的申请是发生在诉讼前，也就是说在此阶段，法院由于尚未听取诉讼双方的举证与质询，仅凭借申请人一方的"一面之词"来作的判断。因此这里就存在申请人提供虚假证据限制被申请人从事正常商业活动的风险。而禁止诉前责令停止侵权的规定则是为了保障被申请人的合法利益以及防止申请人滥用临时措施。

案例 16
"墙裙砖（黑胡桃木纹 9024）"
外观设计专利侵权纠纷案

一审被告（二审上诉人）：山东淄博市淄川华奥建材厂
一审原告（二审被上诉人）：淄博荣泰陶瓷有限公司
涉案专利：墙裙砖（黑胡桃木纹 9024）（专利号：ZL200730015344.0）
案由：外观设计专利权侵权纠纷

【案件摘要】

1. 一审阶段

2007 年 4 月，淄博荣泰陶瓷有限公司（以下简称"荣泰陶瓷公司"）将自己旗下特殊设计的黑胡桃木纹状墙裙砖（参见图 16 - 1）设计向国家知识产权局申请外观设计专利，并于 2008 年 4 月 2 日获得授权公告，专利号为 ZL200730015344.0。

图 16 - 1　外观设计专利"墙裙砖（黑胡桃木纹 9024）"主视图

近年来，荣泰陶瓷公司在市场上发现大量由被告淄博市淄川华奥建材厂（以下简称"华奥建材厂"）生产的仿冒原告专利墙裙砖的产品。2008 年 7 月 28 日，荣泰陶瓷公司委托代理人在山东省淄博市淄川公证处公证员的公证下，购买了被告生产的侵权产品，取得了相关证据。随后，荣泰陶瓷公司将华奥建材厂的侵权行为起诉至淄博市中级人民法院，请求法院依法判令：（1）被告停止生产、销售侵权产品；（2）被告赔偿原告损失及承担本案相关诉讼费用。

被告认为本案被控侵权产品与涉案专利产品相比，其生产的颜色深浅、纹路粗细明显不同，并不构成近似。

一审法院认为，判断被控侵权产品是否侵犯外观设计专利权，应以是否对普通消费者的一般注意力引起混淆为判断标准。本案被控侵权产品与涉案专利产品相比较，两者在图案颜色、纹理的分布及走向、两侧装饰图案分布特征以及总体表现手法方面均存在类似之处，特别是被告的产品在整体视觉效果上与原告的专利产品相比，其差异极其微小，足以造成普通消费者施以一般注意力的误认。因此，应当认定被告产品构成侵权，应承担停止生产、销售与原告涉案专利相同或相近似的产品。

有关赔偿数额，一审法院立足于依法保护专利权，结合原告主张专利权为外观设计专利权的性质，被告的侵权情节、主观过错程度、经营规模、可能获得的侵权利益，原告为侵权所支出的合理费用等综合因素，判令被告华奥建材厂赔偿原告经济损失 10 万元。

2. 二审阶段

华奥建材厂不服一审判决，以其产品与原告专利产品有明显差异和现有设计抗辩为由，向山东省高级人民法院提起上诉。山东省高级人民法院认为，二审的焦点问题在于华奥建材厂被控侵权产品是否侵犯了荣泰陶瓷公司的外观设计专利权。

关于上诉人提出的被控侵权产品与涉案专利产品存在明显差异的抗辩，山东省高级人民法院认为，从整体效果上来看，两者在图案颜色、纹理的分布及走向、两侧装饰图案分布特征以及总体表现手法上均存在类似之处，其差异极其微小，足以造成普通消费者施以一般注意力的误认。因此，应当认定上诉人的被控侵权产品外观落入荣泰陶瓷公司专利权的保护范围。上诉人不侵权的上诉主张依法不能成立。

关于现有设计的抗辩，审理过程中，上诉人提交了以下证据：（1）王某某于 2007 年 11 月 9 日申请的，并于 2009 年 2 月 25 日公告授权的专利号为 ZL200730348494.3 的外观设计专利证书；（2）南海恒发建陶厂的宣传图册（没有出版时间）。山东省高级人民法院认为，王某某于 2007 年 11 月 9 日申请并于 2009 年 2 月 25 日获公告授权的外观设计专利，不能证明上诉人所主张的 2006 年就已生产了与涉案相同设计的墙裙砖的事实。因此上诉人关于在申请日之前就已生产了相同产品并且仅在原有范围内继续生产的抗辩主张依法不能成立。另外，宣传图册中没有记载出版的时间，因此无法证明在先设计公开的时间，现有设计抗辩不成立。

综上，山东省高级人民法院于 2009 年 12 月 15 日作出终审判决：驳回上诉，维持原判。

【本案引用法条】

1.《中华人民共和国专利法》（2000 年修正）

第十一条第二款（略）❶

第六十三条第二款　有下列情形之一的，不视为侵犯专利权：

……

（二）在专利申请日前已经制造相同产品、使用相同方法或者已经作好制造、使用的必要准备，并且仅在原有范围内继续制造、使用的；

2.《最高人民法院关于审理专利纠纷案件适用法律问题的若干规定》（法释〔2001〕21 号）

第二十一条❷

第二十二条（略）❸

【案例分析】

本案是一个外观设计专利侵权纠纷案。

区别于发明专利和实用新型专利，外观设计专利保护的是产品的形状、图案或者其结合以及色彩与形状、图案的结合，保护范围是以表示在图片或者照片中的该产品的外观设计为准，简要说明可以用于解释图片或者照片所表示的该产品的外观设计。

在实践中判断外观设计专利是否构成侵权时，除了必要的"三性"的判断之外还要注意两个方面：（1）是否是相同或者相近似的产品；（2）在形状、图案、色彩或其组合的设计上是否相同或者相近似。

---

❶　参见本书案例 15 "'瓷砖'外观设计专利侵权纠纷案""本案引用法条"部分。

❷❸　参见本书案例 11 "'瓷瓦'实用新型专利和外观设计专利侵权纠纷案""本案引用法条"部分。

如何判断专利产品与对比产品是否为相同或者相近似呢？在《最高人民法院关于审理侵犯专利权纠纷案件应用法律若干问题的解释》（法释〔2009〕21号）第九条中对此进行了司法解释："人民法院应当根据外观设计产品的用途，认定产品种类是否相同或者相近。确定产品的用途，可以参考外观设计的简要说明、国际外观设计分类表、产品的功能以及产品销售、实际使用的情况等因素。"该法条中所提及的"国际外观设计分类表"也就是我们在外观设计专利申请中所提及的洛迦诺分类表。而分类号的确定是由国家知识产权局专利局的审查员根据外观设计专利申请文件中的简要说明所撰写的内容来判断的。在陶瓷领域，我们经常会遇到的外观设计专利分类一般在 09－01 类、01－01 类和 11－02 类，或者 25－01 类。举例而言，如果一个茶杯和一个茶壶的设计者不是同一人，但两者图案相同或者相似，且其中有一个产品已经申请了外观设计专利，那么另外一个产品就有可能涉及侵权。除非对方能够举证在该外观设计专利申请日之前，该设计已经被公开。

那么，如何判断相同或相近似的外观设计呢？

首先，对于判断的主体我国现下的司法解释为一般消费者。[1]

其次，判断的基本方法通常采用的是"综合判断"，即当两项设计的整体视觉上无差异或者无实质性差异时，认定相同或相近似。

最后，在判断外观设计"相同或实质相同"的标准上，审查指南与最高法的司法解释也有所不同。《最高人民法院关于审理侵犯专利权纠纷案件应用法律若干问题的解释》（法释〔2009〕21号）第十一条规定："人民法院认定外观设计是否相同或者近似时，应当根据授权外观设计、被诉侵权设计的设计特征，以外观设计的整体视觉效果进行综合判断。对于主要由技术功能决定的设计特征以及对整体视觉效果不产生影响的产品的材料、内部结构等特征，应当不予考虑。下列情形，通常对外观设计的整体视觉效果更具有影响：（一）产品正常使用时容易被直接观察到的部位相对于其他部位；（二）授权外观设计区别于现有设计的设计特征相对于授权外观设计的其他设计特征。被诉侵权设计与授权外观设计在整体视觉效果上无差异的，人民法院应当认定两者相同；在整体视觉效果上无实质性差异的，应当认定两者近似。"

---

[1] 《最高人民法院关于审理侵犯专利权纠纷案件应用法律若干问题的解释》（法释〔2009〕21号）第十条。

第二篇
商标权侵权纠纷

　　商标侵权是指未经商标注册人的许可，在同一种商品或者类似商品上使用与其注册商标相同或者近似的商标的行为。

　　我国《商标法》和《商标法实施条例》以及司法解释所规定的商标侵权，大多是按照商标侵权行为的内容或者类型来确定案件管辖和案件主体的。《商标法》（2019 年修正）第五十七条规定，有下列行为之一的，均属于侵犯注册商标专用权：（1）未经商标注册人的许可，在同一种商品上使用与其注册商标相同的商标的；（2）未经商标注册人的许可，在同一种商品上使用与其注册商标近似的商标，或者在类似商品上使用与其注册商标相同或者近似的商标，容易导致混淆的；（3）销售侵犯注册商标专用权的商品的；（4）伪造、擅自制造他人注册商标标识或者销售伪造、擅自制造的注册商标标识的；（5）未经商标注册人同意，更换其注册商标并将该更换商标的商品又投入市场的；（6）故意为侵犯他人商标专用权行为提供便利条件，帮助他人实施侵犯商标专用权行为的；（7）给他人的注册商标专用权造成其他损害的。

　　实践中，工商行政管理部门查处的商标侵权行为可以具体分解为以下四种：（1）在同一种商品上使用与他人注册商标相同的商标；（2）在同一种商品上使用与他人注册商标相近似的商标；（3）在类似商品上使用与注册商标相同的商标；（4）在类似商品上使用与他人注册商标相近似的商标。第一种行为是假冒行为，其余三种是仿冒行为。假冒注册商标是最严重的侵害商标专用权的行为，情节严重的，还要依法追究刑事责任。

商标侵权行为的构成要件主要包括以下四个方面：

第一，必须存在违法行为，即行为人客观上使用注册商标，既没有取得商标权利人的许可，也没有其他法律依据，其行为具有违法性。如果行为人一开始使用商标时没有取得商标注册人的授权或许可，但事后得到其许可或追认，或者是商标注册人在得知这一情况后不理不问，表示默认，则这种行为不存在违法。

第二，必须有损害结果的发生。商标权是一种无形知识产权，对其造成的损害结果既可能是有形的物质损害，也可能是无形的经济损失，或者是两者兼而有之。具体可表现为商标权利人的产品销量下降，利润减少，因制止侵权而造成生产成本增加，以及商标信誉度降低、遭到消费者投诉等。

第三，损害后果与违法行为之间具有因果关系，即损害后果是由违法行为直接造成的。这种因果关系具有多样性：有直接的因果关系，如假冒注册商标的行为；也有间接的因果关系，如为侵权行为提供仓储、运输、邮寄、隐匿等便利条件。如果损害结果是由一系列行为共同造成的，即多因一果的情形，如行为人伪造商标标识、中间人负责运输、销售商销售假冒注册商标的商品，则行为实施者均有可能成为侵权人，构成共同商标侵权。

第四，行为人主观上有过错，包括故意和过失两种。故意是指行为人主观上明知他人的商标已经核准注册自己无权使用，仍在相同或者类似商品上使用与他人注册商标相同或近似的商标；过失是指行为人在主观上应当知道他人的商标已经核准注册的情况下，仍在相同或者类似商品上使用与他人注册商标相同或相近似的商标。

明确上述情形后，我们进一步分析商标权维权主体、诉权与责任的关系。事实上，一般来说商标法所保护的商标专用权都是由主体行使的，行使不同的权利形成不同的权利主体；所规定的侵权行为都是由主体实施的，实施不同行为的主体形成不同的侵权主体。因此，从主体的角度来把据商标侵权，似乎更有利于理解主体、诉权和责任的关系。

就主体来看，在商标侵权诉讼中，有权利主体和责任主体这两个基本分类。权利主体是商标权的权利人和利害关系人，权利人通常又是商标权的原始主体，他们向国家商标局申请注册商标并获得核准注册。利害关系人通常则是继受主体，他们通过商标权的继承、转让或者许可使用等方式取得商标权中的部分或者全部权益。权利主体作为原告，应当有严格的条件，因为这不仅涉及诉权的行使问题，还涉及请求权的享有问题，也即商标权项下的权利（假如涉及获得侵权赔偿等经济利益时）由哪些主体来分享。其实权利和责任一样，其享受或者承担也应当有一定的顺序。属于第一顺序的主体，他们对于权利有同等的分配机会和同一的分配顺序。在他们没有明示放弃实体权利的时候，法院或者其他任何人不得剥夺其权利。

在商标法中，商标权经常是申请商标注册并获得批准的注册商标专用权人享有，可是在发生商标权使用许可或者商标权继承等情况下，就会出现商标权分享的问题。商标权中的一些权利甚至全部权利，可以通过合同等方式使之与商标所有人在时间与空间上相分离，进而使商标权中一部分权益转移给商标权的被许可人。商标使用许可有三种类型。第一种是独占使用许可，是指商标注册人按约定的期间、地域和方式，将该注册商标仅许可给一个被许可人使用，商标注册人依约不得使用该注册商标。第二种是排他使用许可，指商标注册人按约定的期间、地域和方式，将该注册商标仅许可一个被许可人使用，商标注册人依约可以使用该注册商标，但不得另行许可他人使用该注册商标。第三种是普通使用许可，即指注册商标人按约定的期间、地域和方式，许可他人使用其注册商标，但仍然可以自行使用该注册商标和许可他人使用该注册商标。《商标法》第三十三条规定的利害关系人，包括上列三种被许可人，另外也包括商标财产权利的合法继承人。

面对侵权纠纷问题，如何判断是否侵权？依据什么法律规范及如何有效维权？本部分依据现有法律规范，结合相关判例，对下列几类问题进行分析探究。

1. 关于侵犯注册商标权行为

侵犯注册商标权行为的认定过程，一般有以下三个基本步骤：

（1）确定注册商标专用权的权利范围。注册商标专用权的权利范围是认定商标侵权的基本依据。判断商标侵权行为所考虑的一切因素都是围绕注册商标专用权的权利范围来进行的。我国《商标法》第五十六条规定："注册商标的专用权，以核准注册的商标和核定使用的商品为限。"显然，从这条规定看，注册商标专用权的权利范围只限于核准注册的商标和该注册商标所核定使用的商品。该范围由两个方面的因素来确定，一是核准注册的商标，二是该注册商标所核定使用的商品。二者的结合，构成注册商标专用权的权利范围，也就为认定商标权侵权行为确定了与被控侵权对象进行比较的标准，以便得出是否构成侵权的结论。

（2）确定被控侵权的具体对象。被控侵权对象的确定由两个方面的因素所决定，一是被控侵权的商标，二是被控侵权的商标所使用的商品。确定被控侵权具体对象的意义，在于确定和固化被控侵权行为的载体，为下一步与商标权保护范围的比对打下坚实基础。它与确定注册商标专用权的权利范围同样重要，是认定商标侵权行为的另一比较对象。

（3）将被控侵权对象与注册商标和该注册商标所核定使用的商品进行比较，认定被控侵权的商标与注册商标是否相同或者近似，以及被控侵权商标所使用的商品与该注册商标所核定使用的商品是否属于同一种类或者相类似。通过认定侵权行为的三个基本步骤，特别是经过将被控侵权对象与注册商标和该注册商标所核定使用的商品进行比较后，就能认定是否构成商标侵权。

2. 关于注册商标和企业名称的冲突解决

注册商标和企业名称均属于标志性权利，商标标示不同商品或服务的来源，商号则标示不同的经营主体，可以认为两者在宣传商品和服务来源方面具有类似的功能。另外，还有一些经营者即使在注册企业名称时主观上没有不正当，受汉字表达的有限性影响和字号检索的地域限制，字号也有可能与他人商标构成相同或近似。这部分经营者在具体使用当中如果不规范，刻意突出与他人商标相同或者近似的企业字号，也会引起冲突。对于注册商标与企业名称之间的纠纷，人民法院应当区分不同的情形，按照诚实信用、维护公平竞争和保护在先权利等原则，依法处理。

3. 关于将他人注册商标突出他用

商标权是用以区别不同商品提供者的专有权利。其基本特征是显著性。商标作为区别标志要求具有显著性，不得过于复杂难记，应该简单明了。实践中许多人就是将一些店名装潢及门头广告作为商标申请注册，当这些店名装潢及门头广告本身表达一定思想内涵或具有美感时，就应该受到法律保护。未经许可将这些店名装潢及门头广告等申请注册为商标或作为商标突出使用时，就会造成权利的冲突。

市场竞争实际上也是知识产权的竞争。商标作为企业品牌的重要载体，蕴含着巨大的经济价值和市场潜力，更应该引起企业的重视。企业应当将商标作为战略发展的一部分，以商标来塑造核心的品牌影响力，发挥品牌的无形价值，在市场竞争中站稳脚跟。

伴随着我国陶瓷产业的迅猛发展，陶瓷产业中的商标侵权纠纷日益增多，已成为人们关注的热点之一。本部分摘选陶瓷领域 8 个商标侵权纠纷案例进行探讨与分析，以期帮助读者在实践中运用商标法维护好自己的合法权利。

案例 17
"恒盛" 商标专用权侵权纠纷案

一审原告（二审上诉人）: 福建省晋江市磁灶岭畔芳芳陶瓷厂
一审被告（二审上诉人）: 福建省南安市恒盛陶瓷建材厂
涉案商标: "恒盛" 图文商标（注册号: 632358）
案由: 商标专用权侵权纠纷

【案件摘要】

1. 一审阶段

1992 年 3 月 31 日，福建省晋江市磁灶岭畔芳芳陶瓷厂（以下简称"芳芳陶瓷厂"）向原国家工商行政管理局商标局申请"恒盛"图文组合商标（参见图 17 – 1）。并于 1993 年 2 月 28 日获准注册，核定使用商品为第 1906 类"瓷砖"。

图 17 – 1   图文商标"恒盛"（注册号: 632358）❶

随后，芳芳陶瓷厂发现福建省南安市恒盛陶瓷建材厂（以下简称"南安恒盛陶瓷厂"）在市场上销售产品，并未经许可使用了"恒盛"商标图案。1998 年 10 月 26 日，芳芳陶瓷厂以南安恒盛陶瓷厂侵犯其商标专用权为由向泉州市中级人民法院提起诉讼，请求判令南安恒盛陶瓷厂立即停止

---

❶   目前该商标的权利人是福建省晋江市华业陶瓷有限公司。

侵害，赔礼道歉，销毁已生产的成品、模具及外包装箱并赔偿经济损失，承担本案诉讼费用。

起诉后，芳芳陶瓷厂申请对南安恒盛陶瓷厂生产的瓷砖及模具、包装箱进行查封、扣押。泉州市中级人民法院于 1998 年 11 月 13 日作出（1998）泉知初字第 07 - 1 号民事裁定书，在南安恒盛陶瓷厂的厂房及仓库查封了包装箱上标有"恒盛瓷砖"字样的各色成品墙砖 7 360 箱及 43 500 个包装箱。南安恒盛陶瓷厂在其制造的瓷砖上使用由"恒盛"与图形组成的商标，在其产品的包装箱上标注其企业名称。

在审理过程中，被告南安恒盛陶瓷厂辩称：南安恒盛陶瓷厂在此之前向工商行政管理部门进行了"福建省南安市恒盛陶瓷建材厂"的企业名称登记，"恒盛"是其厂名的缩写，该厂名先于原告注册商标进行了企业名称登记，该厂在自己的产品上使用自己的厂名，不构成对原告注册商标专用权的侵犯。

泉州市中级人民法院经审理认为，南安恒盛陶瓷厂在其产品的包装箱上使用"恒盛瓷砖"字样，是对其企业名称专用权的合理行使。原告主张该行为侵犯其在后取得的注册商标专用权，理由不足。但被告在其产品上使用的未注册商标与原告经注册的"恒盛"组合商标近似，侵犯了原告的注册商标专用权，应依法承担相应的民事责任。该法院据此判决被告南安恒盛陶瓷厂立即停止对原告芳芳陶瓷厂"恒盛"注册商标专用权的侵害，并在判决生效后 10 日内在《泉州晚报》（除中缝以外版面）刊登声明，向原告赔礼道歉，消除影响；赔偿原告经济损失 5 万元；被控侵权产品与生产模具一并销毁。

2. 二审阶段

一审宣判后，芳芳陶瓷厂和南安恒盛陶瓷厂均不服一审判决，向福建省高级人民法院提起上诉。

福建省高级人民法院经审理认为，本案的焦点在于商标注册专用权与企业名称使用之间的冲突。在本案中，上诉人南安恒盛陶瓷厂的企业名称在上诉人芳芳陶瓷厂商标注册之前使用，但企业名称由行政区划、字号、行业或经营特点、组织形式构成，南安恒盛陶瓷厂在其产品的包装箱上标明其企业名称的同时，在所制造的瓷砖的包装箱上标注"恒盛瓷砖"字样，将字号突出用于表明商品名称，造成与芳芳陶瓷厂的注册商标相混淆，系对其企业名称的不合理使用致侵犯芳芳陶瓷厂的注册商标专用权。

上诉人南安恒盛陶瓷厂在其制造的瓷砖上使用的未注册图文商标中的"恒盛"与上诉人芳芳陶瓷厂注册的图文商标中的"恒盛"相同，亦构成对上诉人芳芳陶瓷厂商标专用权的侵犯。

福建省高级人民法院于 1999 年 11 月 3 日作出民事判决：原审认定事实清楚，但适用法律部分错误，应予改判。

【本案引用法条】

1.《企业名称登记管理规定》

第三条 企业名称在企业申请登记时，由企业名称的登记主管机关核定。企业名称经核准登记注册后方可使用，在规定的范围内享有专用权。

2.《国家工商行政管理局关于商品使用未注册商标时应当标明企业名称的规定》

一、商品使用未注册商标，应当在商品上和包装上标明企业名称或地址。有些在商品上不便标明的，必须在包装上标明。

3.《国家工商行政管理局关于解决商标与企业名称中若干问题的意见》

为有效执行《商标法》和企业名称登记管理的有关规定，切实保护商标专用权和企业名称权，维护公平竞争秩序和社会公共利益，现就解决商标与企业名称中的若干问题明确如下意见：

一、商标专用权和企业名称权均是经法定程序确认的权利，分别受商标法律、法规和企业名称登记管理法律、法规保护。

二、商标专用权和企业名称权的取得，应当遵循《民法通则》和《反不正当竞争法》中的诚实信用原则，不得利用他人商标或者企业名称的信誉进行不正当竞争。

三、商标是区别不同商品或者服务来源的标志，由文字、图形或者其组合构成；企业名称是区别不同市场主体的标志，由行政区划、字号、行业或者经营特点、组织形式构成，其中字号是区别不同企业的主要标志。

四、商标中的文字和企业名称中的字号相同或者近似，使他人对市场主体及其商品或者服务的来源产生混淆（包括混淆的可能性，下同），从而构成不正当竞争的，应当依法予以制止。

五、前条所指混淆主要包括：

（一）将与他人企业名称中的字号相同或者近似的文字注册为商标，

引起相关公众对企业名称所有人与商标注册人的误认或者误解的。

（二）将与他人注册商标相同或者近似的文字登记为企业名称中的字号，引起相关公众对商标注册人与企业名称所有人的误认或者误解的。

六、处理商标与企业名称的混淆，应当适用维护公平竞争和保护在先合法权利人利益的原则。

七、处理商标与企业名称混淆的案件，应当符合下列条件：

（一）商标与企业名称产生混淆，损害在先权利人的合法权益；

（二）商标已注册和企业名称已登记；

（三）自商标注册之日或者企业名称登记之日起五年内提出请求（含已提出请求但尚未处理的），但恶意注册或者恶意登记的不受此限。

八、商标注册人或者企业名称所有人认为自己的权益受到损害的，可以书面形式向国家工商行政管理局或者省级工商行政管理局投诉，并附送其权益被损害的相关证据材料。

九、商标与企业名称混淆的案件，发生在同一省级行政区域内的，由省级工商行政管理局处理；跨省级行政区域的，由国家工商行政管理局处理。

对要求保护商标专用权的案件，由省级以上工商行政管理局的企业登记部门承办；对应当变更企业名称的，承办部门会同商标管理部门根据企业名称登记管理的有关规定作出处理后，交由该企业名称核准机关执行，并报国家工商行政管理局商标局和企业注册局备案。

对要求保护企业名称权的案件，由省级以上工商行政管理局的商标管理部门承办；对应当撤销注册商标的，由承办部门提出意见后报请国家工商行政管理局商标局决定，国家工商行政管理局商标局会同企业注册部门根据《商标法》及《商标法实施细则》的有关规定予以处理。

十、违反商标管理和企业名称登记管理有关规定使用商标或者企业名称产生混淆的，由有管辖权的工商行政管理机关依法予以查处。

4.《中华人民共和国商标法》（1993 年修正）

第三条　经商标局核准注册的商标为注册商标，商标注册人享有商标专用权，受法律保护。

第三十八条　有下列行为之一的，均属侵犯注册商标专用权：

（1）未经注册商标所有人的许可，在同一种商品或者类似商品上使用与其注册商标相同或者近似的商标的；

（2）销售明知是假冒注册商标的商品的；

（3）伪造、擅自制造他人注册商标标识或者销售伪造、擅自制造的注册商标标识的；

（4）给他人的注册商标专用权造成其他损害的。

5.《中华人民共和国商标法实施细则》（1993 年修订）

第四十一条 有下列行为之一的，属于《商标法》第三十八条第（4）项所指的侵犯注册商标专用权的行为：

（1）经销明知或者应知是侵犯他人注册商标专用权商品的；

（2）在同一种或者类似商品上，将与他人注册商标相同或者近似的文字、图形作为商品名称或者商品装潢使用，并足以造成误认的；

（3）故意为侵犯他人注册商标专用权行为提供仓储、运输、邮寄、隐匿等便利条件的。

【案例分析】

企业在生产经营活动中，应当按照工商部门核准登记的、与营业执照上相同的文字，规范地使用企业名称。如果在使用企业名称时，企业故意将与他人商标相同或近似的文字放大、加粗、变形，或用醒目的颜色突出显示，或从企业名称中脱离出来使用，或使用含有这一文字的简称，使相关公众对这些文字产生深刻印象，而容易忽略企业名称中其他部分的，通常可以认为该企业对这些文字实施了用以识别商品（服务）来源的突出使用，构成侵害商标权。

在商标保护法律实践中，不少企业常常会碰到这样的情况：一些市场主体在企业名称中使用了与自己持有的注册商标（下文称在先商标或商标权）相同或近似的文字作为企业字号，有的在商品（服务）上突出使用导致相关公众混淆误认，有的虽然没有突出使用但也不同程度地造成了市场混淆，给持有在先商标的企业在产品营销和品牌推广方面带来障碍。与普通的商标侵权纠纷相比，此类案件由于涉及经行政机关核准注册的企业名称，面临企业名称权与商标权冲突，在法律规范基础、侵权情节判定、法律适用选择、价值冲突判断、法律责任承担方式等方面体现出一定程度的复杂性。面对此类问题，如何判断是否侵权？依据什么法律规范及如何有效维权？本案依据现有法律规范，结合相关判例，对此类权利冲突进行分析探究。

　　商标与企业名称冲突是指将与他人注册商标相同或近似的文字作为企业名称中的字号注册使用，使商标与企业字号发生的冲突。审理商标与企业名称冲突纠纷案件，应当遵循诚实信用、保护在先合法权益的原则。

　　对侵权人的行为造成消费者对商品或服务的来源产生误认和混淆，或者造成消费者误认为不同经营者之间具有关联关系，或者对驰名商标造成不良影响，构成不正当竞争行为的，人民法院可以判令停止使用企业名称或者对该企业名称的使用方式和范围作出限制。因侵权人主观上具有过错给权利人造成损害的，还应当判令赔偿损失。

案例 18
"景德镇"证明商标专用权侵权纠纷案

原告：江西景德镇陶瓷协会

被告：上海警松建设工程有限公司

被告：上海华城工程成套实业公司

被告：陆某、金某、许某、李某等

涉案商标：景德镇（注册号：1299950）

案由：证明商标侵权纠纷

【案件摘要】

1999 年 7 月，江西景德镇陶瓷协会（以下简称"陶瓷协会"）经原国家工商行政管理总局商标局批准注册了"景德镇"证明商标，注册号为1299950，核定类别为 2101、2103、2104 和 2105（参见图 18 - 1）。2002年 2 月，"景德镇"商标又被国家商标局批准认定为"中国驰名商标"。

图 18 - 1 证明商标"景德镇"（注册号：1299950）

2002 年 12 月 9 日，上海国融投资公司（以下简称"国融公司"）法定代表人陆某未经陶瓷协会许可，擅自以国融公司的名义，与柬埔寨 CT 海德（集团）公司签订《江西景德镇陶瓷精品展销合作协议》，又于同月31日与金某某等人签订了《江西省景德镇赴柬埔寨陶瓷精品展销协议》，并定于2003年2月18日至29日在柬埔寨进行展销。后金某某又出具委托书给被告金某，委托其在景德镇市组织参展商。随后，金某等人秘密招收参展商62人、摊位34个（被告许某、李某是其中参加展销的2名陶瓷个体业主），并收取展费30万元。

国融公司系由上海警松建设工程有限公司（以下简称"警松公司"）与上海华城工程成套实业公司（以下简称"华城公司"）共同出资开办成立，现国融公司已名存实亡，故国融公司的行为应由该二公司承担。

陶瓷协会认为，警松公司、华城公司、陆某等企业与个人的行为已严重侵犯了陶瓷协会的商标专用权，对陶瓷协会的商标信誉造成了恶劣的影响，故将各被告诉至法院，请求停止侵害、赔偿损失、赔礼道歉、恢复名誉。

被告警松公司辩称，"景德镇"虽然是一个商标，但同时又是一个地域名词，故在柬埔寨进行"景德镇陶瓷展销"不存在所谓的商标侵权，而仅仅是地域的表述。

被告陆某辩称，组织到柬埔寨进行展销，不是其个人行为，而是以国融公司的名义进行的，故责任不应由其个人承担。

被告金某辩称，在本案中，其只是作为金某某的代理人参与活动，所有依此而产生的民事法律后果应由金某某承担，故其不应作为本案的被告。

被告华城公司、许某、李某未作答辩。

在审理过程中，查明：

2001年11月21日，国融公司与上海丰寅科工贸有限公司（以下简称"丰寅公司"）签订承包协议书，将国融公司承包给丰寅公司，承包期为2年。合同签订时，双方已明确国融公司已无任何资产，且国融公司已无经营场所。

在未经国家有关部门及原告的批准许可情况下，被告陆某又多刻了一枚国融公司印章，于2002年12月9日以国融公司名义与柬埔寨CT海德有限公司签订了一份合作协议，约定展销事宜。

2002年12月13日，陆某又以国融公司的名义，在景德镇市与金某某签订协议书，由国融公司负责办理出国展销的手续；金某某负责组织参展人员和收取展费。后金某某又出具委托书给被告金某，委托其在景德镇市组织参展商。

在整个参展过程中，国融公司和 CT 海德公司及各陶瓷参展商从未征得原告陶瓷协会的许可，不仅在电视、报纸等媒体上进行景德镇陶瓷精品展销的宣传活动，而且各参展商在陶瓷产品上使用了"景德镇制"等相关字样，其中许多参展的陶瓷产品并非景德镇的陶瓷产品，而系潮州等外地的陶瓷产品。

法院经审理最后判决，被告警松公司、华城公司、许某等构成侵权，承担经济赔偿责任。

【本案引用法条】

1.《中华人民共和国商标法》（2001 年修正）

第三条 经商标局核准注册的商标为注册商标，包括商品商标、服务商标和集体商标、证明商标；商标注册人享有商标专用权，受法律保护。

本法所称集体商标，是指以团体、协会或者其他组织名义注册，供该组织成员在商事活动中使用，以表明使用者在该组织中的成员资格的标志。

本法所称证明商标，是指由对某种商品或者服务具有监督能力的组织所控制，而由该组织以外的单位或者个人使用于其商品或者服务，用以证明该商品或者服务的原产地、原料、制造方法、质量或者其他特定品质的标志。

集体商标、证明商标注册和管理的特殊事项，由国务院工商行政管理部门规定。

第五十二条 有下列行为之一的，均属侵犯注册商标专用权：

（一）未经商标注册人的许可，在同一种商品或者类似商品上使用与其注册商标相同或者近似的商标的；

（二）销售侵犯注册商标专用权的商品的；

（三）伪造、擅自制造他人注册商标标识或者销售伪造、擅自制造的注册商标标识的；

（四）未经商标注册人同意，更换其注册商标并将该更换商标的商品又投入市场的；

（五）给他人的注册商标专用权造成其他损害的。

第五十六条　侵犯商标专用权的赔偿数额，为侵权人在侵权期间因侵权所获得的利益，或者被侵权人在被侵权期间因被侵权所受到的损失，包括被侵权人为制止侵权行为所支付的合理开支。

前款所称侵权人因侵权所得利益，或者被侵权人因被侵权所受损失难以确定的，由人民法院根据侵权行为的情节判决给予五十万元以下的赔偿。

销售不知道是侵犯注册商标专用权的商品，能证明该商品是自己合法取得的并说明提供者的，不承担赔偿责任。

2.《中华人民共和国民法通则》

第四十三条　企业法人对它的法定代表人和其他工作人员的经营活动，承担民事责任。

第六十三条　公民、法人可以通过代理人实施民事法律行为。

代理人在代理权限内，以被代理人的名义实施民事法律行为。被代理人对代理人的代理行为，承担民事责任。

依照法律规定或者按照双方当事人约定，应当由本人实施的民事法律行为，不得代理。

3.《最高人民法院关于企业开办的企业被撤销或者歇业后民事责任承担问题的批复》

第一条第（三）项　企业开办的其他企业虽然领取了企业法人营业执照，但实际没有投入自有资金，或者投入的自有资金达不到《中华人民共和国企业法人登记管理条例实施细则》第十五条第（七）项或其他有关法规规定的数额，或者不具备企业法人其他条件的，应当认定其不具备法人资格，其民事责任由开办该企业的企业法人承担。

【案例分析】

"证明商标"名称源自《马德里协定》及其实施细则。"地理标志"名称源自《与贸易有关的知识产权协议》（TRIPS）。证明商标的规定适用国家很多，我国在《商标法》中明确证明商标的规定是履行《巴黎公约》、《马德里协定》和 TRIPS 的义务。我国于 1993 年修订《商标法实施细则》和 1994 年 12 月 30 日原国家工商行政管理局根据《商标法实施细则》发布

《集体商标、证明商标注册和管理办法》中首次将证明商标纳入商标法范围进行保护。

经过几年的实践，有了比较成熟的经验，有必要在商标法中明确规定。2001年12月1日实施的修正后的《商标法》第三条第一款明确规定："经商标局核准注册的商标为注册商标，包括商品商标、服务商标和集体商标、证明商标；商标注册人享有商标专用权，受法律保护。"该法第十条第二款规定县级以上行政区划的地名或者公众知晓的外国地名，不得作为商标；但是，地名具有其他含义或者作为集体商标、证明商标组成部分的除外。对证明商标的规定是修改后《商标法》中新增加的内容，《商标法》对证明商标的保护将有利于我国生产力的提高和经济秩序的规范，有利于我国国民生活水平的提高，有利于保护和发展我国的经济和传统产品，有利于提高企业集团信誉和竞争力，也与国际公约的规定相一致。

"景德镇"证明商标是景德镇社会经济发展的必然产物，它非常适应景德镇现阶段陶瓷行业的各种经济实体的蓬勃发展，陶瓷企业运用"景德镇"证明商标参与市场竞争，参与国际竞争，利用证明商标的特点，提高陶瓷产品的附加值以及质量和档次，提高企业的竞争力，意义巨大。

案例 19
"OCEANO 欧神诺及图形"商标
专用权侵权纠纷案

原告： 佛山欧神诺陶瓷有限公司
被告： 佛山市博今科技材料有限公司
涉案商标： OCEANO 欧神诺及图形（注册号：1461611）
案由： 商标专用权侵权纠纷

【案件摘要】

佛山欧神诺陶瓷有限公司（以下简称"欧神诺公司"）成立于 1998 年 8 月 18 日，是一家专业从事高档墙地砖研发、生产的现代化中外合资企业。自成立至今，公司在产品的研发、生产和销售过程中，始终把产品的质量和消费者的需求放在首位，公司的 R&D 中心在 2002 年被评为佛山市级工程技术研究开发中心，2005 年成为国内陶瓷行业首家通过的省级特种建筑陶瓷工程技术中心。作为参加单位参与了全国建筑卫生陶瓷标准化技术委员会颁布的《微晶玻璃陶瓷复合砖》行业标准的制定工作。

2000 年，欧神诺公司就其使用的"OCEANO 欧神诺及图形"这一品牌标识在第 19 类商品上注册了"OCEANO 欧神诺及图形"商标，注册号为 1461611，使用商品为第 19 类的砖、建筑用嵌砖、波形瓦、建筑用非金属砖瓦、建筑用非金属墙砖、非金属地板砖、玻璃马赛克、水磨石、瓷砖（参见图 19 - 1）。

图 19 - 1　商标"OCEANO 欧神诺及图形"（注册号：1461611）

该公司同时还申请注册了"欧神诺""OCEANO"等一系列商标。为了实施品牌战略，全面提升企业和产品核心竞争力，该公司投入巨资进行大量的广告宣传，尤其是 2002 年世界杯期间，其作为国内唯一一家陶瓷企业亮相中央电视台《我爱世界杯》栏目广告。此外，2004 年欧神诺公司企业形象广告出现在覆盖全球华语范围的凤凰卫视《时事直通车》栏目，2006 年欧神诺公司又冠名赞助华娱卫视之华娱剧场。并多次获得政府部门、行业协会及其他社会组织的各种荣誉，"OCEANO 欧神诺及图形"商标已经被相关公众广为知晓并享有较高的知名度和美誉度，第 1461611 号"OCEANO 欧神诺及图形"商标已是事实上的驰名商标。

随着"欧神诺"品牌知名度的日益提升，"欧神诺"系列商标被恶意注册及侵权现象也不断涌现。欧神诺公司在商标维权中发现，佛山市博今科技材料有限公司（以下简称"博今公司"）未经欧神诺公司许可，在生产销售以"欧神诺 OCEANO 及图形"为商标的渗花釉制品。为此，欧神诺公司向佛山市中级人民法院提起诉讼，请求判令博今公司立即停止生产销售侵权产品、赔偿损失并承担诉讼相关费用。

被告博今公司辩称：（1）博今公司使用的商标与原告欧神诺公司商标不同，原告欧神诺公司商标图案中中文"欧神诺"字样在图案的右上方，而博今公司使用的商标中"欧神诺"字样在图案的下方；（2）博今公司产品与原告欧神诺公司产品不同，博今公司产品是渗花釉，是一种陶瓷原料，渗花釉是陶瓷产品装饰色釉料的一种，属于《商标注册用商品和服务国际分类表》第 2 类商品；而原告欧神诺公司产品是陶瓷制品，为第 19 类产品，博今公司在渗花釉上使用不同于原告欧神诺公司的商标，也不会侵犯原告欧神诺公司的商标权。

在庭审过程中，被告博今公司并未向法院提交证据来支持其主张。

法院经审理发现，2007 年 2 月 1 日，被告博今公司销售了被控侵权产品"欧神诺"牌渗花釉，该被控侵权产品所使用的商标为"OCEANO"加图形及"欧神诺"中文字上下组合而成。与原告欧神诺公司主张权利的第 1461611 号商标相比较，原告欧神诺公司第 1461611 号商标属于组合商标，由英文大写字母"OCEANO"、中文繁体"歐神諾"及橄榄枝图形组成，其中橄榄枝图形位于"OCEANO"字样正下方，"歐神諾"字样位于"OCEANO"字样右侧上下排列，与"OCEANO"字样处于同一水平线。被告博今公司使用的商标同样由英文大写字母"OCEANO"、中文繁体

"歐神諾"及橄榄枝图形组成，橄榄枝图形也位于英文大写字母"OCEANO"下方，从文字的字形、读音、图形的构图看，与原告欧神诺公司商标几乎一致，唯一不同的是"歐神諾"字样位于橄榄枝正下方，但从中文文字、英文字母、图形组合后整体结构看，完全属于模仿原告商标，与原告商标构成近似。

此外，关于驰名商标的认定。佛山市中级人民法院认为，原告欧神诺公司在其产品瓷砖上所使用的第1461611号"OCEANO欧神诺及图形"注册商标使用时间已经持续多年，其产品在国内市场上占有较大份额，为产品宣传所进行的广告范围已经遍及全国，并先后多次获得了有关行政部门、行业协会的正面评价，该商标在客观上已经达到了为相关公众所广为知悉的程度，符合认定为驰名商标的条件。

2007年5月23日，佛山市中级人民法院作出民事判决，被告博今公司的行为构成驰名商标专用权侵权，承担立即停止生产、销售侵权产品并赔偿损失的法律责任。

【本案引用法条】

1.《最高人民法院关于审理商标民事纠纷案件适用法律若干问题的解释》（法释〔2002〕32号）

第一条 下列行为属于商标法第五十二条第（五）项规定的给他人注册商标专用权造成其他损害的行为：

（一）将与他人注册商标相同或者相近似的文字作为企业的字号在相同或者类似商品上突出使用，容易使相关公众产生误认的；

（二）复制、摹仿、翻译他人注册的驰名商标或其主要部分在不相同或者不相类似商品上作为商标使用，误导公众，致使该驰名商标注册人的利益可能受到损害的；

（三）将与他人注册商标相同或者相近似的文字注册为域名，并且通过该域名进行相关商品交易的电子商务，容易使相关公众产生误认的。

第二十二条 人民法院在审理商标纠纷案件中，根据当事人的请求和案件的具体情况，可以对涉及的注册商标是否驰名依法作出认定。

认定驰名商标，应当依照商标法第十四条的规定进行。

当事人对曾经被行政主管机关或者人民法院认定的驰名商标请求保护

的，对方当事人对涉及的商标驰名不持异议，人民法院不再审查。提出异议的，人民法院依照商标法第十四条的规定审查。

2.《中华人民共和国商标法》（2001 年修正）

第十四条 认定驰名商标应当考虑下列因素：

（一）相关公众对该商标的知晓程度；

（二）该商标使用的持续时间；

（三）该商标的任何宣传工作的持续时间、程度和地理范围；

（四）该商标作为驰名商标受保护的记录；

（五）该商标驰名的其他因素。

第五十二条（略）❶

3.《中华人民共和国民法通则》

第一百一十八条（略）❷

【案例分析】

通过本案让读者了解认定为驰名商标对企业的作用，具体为有权禁止其他人在一定范围的非类似商标上注册或使用其驰名商标；在具有较强显著性和较高知名度的情况下，被认定为中国驰名商标的商标权人有权禁止其他人将其作为企业名称的一部分使用；在侵权认定时，如果原告是驰名商标所有人，则行政执法或司法机关判定被告商标与其商标近似的可能性就很大；随着互联网的蓬勃发展，对驰名商标的保护已延伸到了与现实相对应的虚拟空间中。也就是说，驰名商标的权利已经扩张到了网络领域，即绝对禁止他人恶意抢注驰名商标的域名权和注册、使用与他人驰名商标相同或近似的域名。实务中企业通过司法认定驰名商标后具有以下作用：可以对抗恶意抢注；对抗不同商品的相同（似）商标影响；对于近似商标的认定更容易；在立案调查假冒商标犯罪案件时，不受立案金额的限制；防止其他公司以驰名商标为公司名称注册；在电子商务中避免域名注册问题，各个地区还会有奖励和税收优惠政策。

---

❶ 参见本书案例18 "'景德镇'证明商标专用权侵权纠纷案""本案引用法条"部分。

❷ 参见本书案例10 "'一种改进的热敏陶瓷电加热器'实用新型专利侵权纠纷案""本案引用法条"部分。

案例 20
"OCEANO 欧神诺及图形"等商标
专用权侵权纠纷案

一审被告（二审上诉人）：佛山市欧神莱陶瓷有限公司
一审原告（二审被上诉人）：佛山欧神诺陶瓷股份有限公司
涉案商标："OCEANO 欧神诺及图形"等商标
案由：商标专用权侵权纠纷

【案件摘要】

1. 一审阶段

2000 年 10 月 21 日，三水市（现为三水区）欧神诺陶瓷有限公司经原国家工商行政管理局商标局分别核准注册了第 1461609 号、第 1461610 号和第 1461611 号注册商标，核定使用的商品为第 19 类（参见表 20 - 1）。

表 20 - 1　三水区欧神诺陶瓷有限公司注册商标

序号	申请/注册号	商标	申请日期	注册公告期	核准国际分类
1	1461609	歐神諾	1999.05.28	2000.10.21	第 19 类：砖；建筑用嵌砖；波形瓦；建筑用非金属砖瓦；建筑用非金属墙砖；非金属地板砖；玻璃马赛克；水磨石；瓷砖
2	1461610	OCEANO			
3	1461611	OCEANO			

2006 年，第 1461609 号注册商标权利人核准变更为佛山欧神诺陶瓷有限公司，2006 年 1 月 7 日，第 1461610 号和第 1461611 号注册商标由佛山欧神诺陶瓷有限公司受让，后权利人于 2008 年 8 月 5 日变更为佛山欧神诺陶瓷股份有限公司（以下简称"欧神诺公司"）。该商标的续展有效期至 2020 年 10 月 20 日。

2007 年 5 月 23 日，广东省佛山市中级人民法院（2007）佛中法民知初字第 59 号民事判决书认定欧神诺公司使用在瓷砖上的第 1461611 号"OCEANO 欧神诺及图形"注册商标为驰名商标。2012 年 12 月 31 日，原国家工商行政管理总局商标局在商评驰字（2012）第 38 号通报中，认定欧神诺公司使用在商标注册用商品和服务国际分类第 19 类瓷砖商品上的"欧神诺 OCEANO 及图"注册商标为驰名商标。

2014 年 4 月，广东省著名商标评审委员会认定第 1461611 号注册商标为广东省著名商标，有效期限自 2014 年 4 月 24 日至 2017 年 4 月 23 日（第一次认定时间为 2005 年 3 月 7 日）。2005 年 9 月、2008 年 10 月，广东省质量技术监督局连续认定欧神诺牌陶瓷地砖为广东省名牌产品；2011 年 12 月，广东省名牌产品评价中心认定欧神诺 + OCEANO + 图形商标牌地砖产品为广东省名牌产品；2014 年 12 月，广东卓越质量品牌研究院认定"欧神诺"牌地砖产品为广东省名牌产品。

2014 年 12 月 4 日，欧神诺公司的委托代理人傅某向佛山市三水公证处申请证据保全。傅某通过登录 http：//www. baidu. com 和 http：//www. taobao. com，分别进入"欧神莱企业简介"页面和欧神莱淘宝店铺销售页面，获得门面照片、"欧神莱陶瓷 oceanland 及图""佛山欧神莱陶瓷"字样等，并经佛山市三水公证处公证员对上述操作行为进行公证。

2011 年 1 月 28 日，经原国家工商行政管理总局商标局核准，佛山市欧神莱陶瓷有限公司（以下简称"欧神莱公司"）注册了第 7798315 号注册商标，核定服务项目为第 35 类"进出口代理、拍卖、替他人推销、替他人采购（替其他企业购买商品或服务）"，商标注册有效期自 2011 年 1 月 28 日至 2021 年 1 月 27 日。综上，欧神莱公司抗辩其系第 7798315 号"oceanland 及图"商标注册人，不构成侵权。此外，被告欧神莱公司认为"欧神莱"来源于"oceanland"，而其法定代表人王某某于 2005 年在香港注册了 oceanland ceramics Co.，Ltd. 公司，属于合法来源。

一审佛山市禅城区人民法院经审理认为，欧神莱公司将与欧神诺公司注册商标"欧神诺"相近似的"欧神莱"作为企业字号，在相同商品上突出使用，该行为已经构成对欧神诺公司第 1461609 号、第 1461611 号注册商标专用权的侵害，应承担停止侵害和赔偿损失的民事法律责任。

2. 二审阶段

2006 年，一审被告欧神莱公司不服一审判决，向佛山市中级人民法院提起上诉。上诉理由如下：

（1）一审法院的判决超出了欧神诺公司的诉讼请求范围，属于严重越权行为，应予发回重审。

（2）一审法院遗漏了对欧神莱公司相关证据的审查和认定，导致事实认定不清，应当予以发回重审。

（3）欧神诺公司并未提出驰名商标认定的请求，驰名商标的相关规则不应在本案中予以适用。

（4）关于欧神莱公司的"欧神莱"字号与欧神诺公司注册商标是否近似的问题，一审法院作出"欧神莱"与"欧神诺"构成近似的认定前提是欧神诺公司注册商标具有显著性，但显著性在本案中并没有相关的证据支持，一审法院根据一个错误的事实作出的认定，无疑也是错误的。

（5）欧神莱公司仅在网站宣传时使用"欧神莱"商标，与欧神诺公司的注册商标既不相同也不近似，不容易导致消费者混淆，欧神莱公司不侵犯欧神诺公司的注册商标专用权。

（6）欧神莱公司在宣传时使用"欧神莱"商标不会导致消费者误认其产品为欧神诺公司的产品，一审法院的事实认定存在错误。

此外，欧神莱公司在上诉审理过程中，补充以下事实和理由：（1）欧神莱公司的企业名称是欧神莱公司法定代表人王某某在香港登记注册的公司 oceanland ceramics Co.，Ltd. 的"oceanland"的音译；（2）欧神诺公司在本案中主张权利的商标共有三个，但一审法院并未明确欧神莱公司的哪个商标标识对应侵犯了欧神诺公司的哪个商标权；（3）欧神莱公司经营了十年时间，花费了大量时间和成本去培养品牌，已形成了独立的客户群体、产品品牌、商业信誉等，没有攀附欧神诺公司商誉的必要。

被上诉人欧神诺公司认为，欧神莱公司"欧神莱"中英文商品标识，与欧神诺公司"欧神诺"中英文注册商标，两者均有"欧神""ocean"，"欧神莱""欧神诺"均为三个中文字组成，虽然一个是简体，一个繁体，但"欧神"两字的读音和字义完全相同，实质上为同一文字，"欧神莱""欧神诺"二者构成相似。欧神莱公司以文字繁简形式的不同，否定其相似性，不符合普通消费者的认知和日常生活常识。

另外，二审期间，被上诉人欧神诺公司向佛山市中级人民法院提交了《第14325810"欧神莱及图"商标不予注册的决定》，拟证明欧神莱公司使用的商标与欧神诺公司的第1461611号注册商标构成近似。

2016 年 8 月 30 日，佛山市中级人民法院经审理，最终认定上诉人欧神莱公司行为构成商标侵权，驳回上诉，维持原判。

【本案引用法条】

1.《最高人民法院关于审理商标民事纠纷案件适用法律若干问题的解释》（法释〔2002〕32 号）

第一条第（一）项（略）❶

第九条 商标法第五十二条第（一）项规定的商标相同，是指被控侵权的商标与原告的注册商标相比较，二者在视觉上基本无差别。

商标法第五十二条第（一）项规定的商标近似，是指被控侵权的商标与原告的注册商标相比较，其文字的字形、读音、含义或者图形的构图及颜色，或者其各要素组合后的整体结构相似，或者其立体形状、颜色组合近似，易使相关公众对商品的来源产生误认或者认为其来源与原告注册商标的商品有特定的联系。

第十条 人民法院依据商标法第五十二条第（一）项的规定，认定商标相同或者近似按照以下原则进行：

（一）以相关公众的一般注意力为准；

（二）既要进行对商标的整体比对，又要进行对商标主要部分的比对，比对应当在比对对象隔离的状态下分别进行；

（三）判断商标是否近似，应当考虑请求保护注册商标的显著性和知名度。

2.《中华人民共和国商标法》（2001 年修正）

第五十二条（略）❷

第五十七条 商标注册人或者利害关系人有证据证明他人正在实施或者即将实施侵犯其注册商标专用权的行为，如不及时制止，将会使其合法权益受到难以弥补的损害的，可以在起诉前向人民法院申请采取责令停止有关行为和财产保全的措施。

---

❶ 参见本书案例 19 "'OCEANO 欧神诺及图形'商标专用权侵权纠纷案（一）""本案引用法条"部分。

❷ 参见本书案例 18 "'景德镇'证明商标专用权侵权纠纷案""本案引用法条"部分。

人民法院处理前款申请，适用《中华人民共和国民事诉讼法》第九十三条至第九十六条和第九十九条的规定。

3.《中华人民共和国反不正当竞争法》（1993 年制定）

第二条 经营者在市场交易中，应当遵循自愿、平等、公平、诚实信用的原则，遵守公认的商业道德。

本法所称的不正当竞争，是指经营者违反本法规定，损害其他经营者的合法权益，扰乱社会经济秩序的行为。

本法所称的经营者，是指从事商品经营或者营利性服务（以下所称商品包括服务）的法人、其他经济组织和个人。

4.《国家工商行政管理局关于解决商标与企业名称中若干问题的意见》（1999 年）

四、商标中的文字和企业名称中的字号相同或者近似，使他人对市场主体及其商品或者服务的来源产生混淆（包括混淆的可能性，下同），从而构成不正当竞争的，应当依法予以制止。

【案例分析】

注册商标与企业名称冲突是指将与他人注册商标相同或近似的文字作为企业名称中的字号注册使用，使商标与企业字号发生的冲突。审理商标与企业名称冲突纠纷案件，应当遵循诚实信用、保护在先合法权益的原则。

企业注册商标与企业名称之间的冲突由来已久，这主要是由于商标与企业名称中的字号都天然地具有指示商品或服务的提供者来源的功能属性，但却分属于两个互不交叉的登记管理体系。对侵权人的行为造成消费者对商品或服务的来源产生误认和混淆，或者造成消费者误认为不同经营者之间具有关联关系，或者对驰名商标造成不良影响，构成不正当竞争行为的，人民法院可以判令停止使用企业名称或者对该企业名称的使用方式和范围作出限制。因侵权人主观上具有过错给权利人造成损害的，还应当判令赔偿损失。

案例 21
"新中源"系列商标专用权侵权纠纷案

原告：广东新中源陶瓷有限公司

被告：邓某某

涉案商标："新中源"商标系列（注册号：1930010、4808062、4808063、4755766）

案由：商标专用权侵权纠纷

【案件摘要】

广东新中源陶瓷有限公司（以下简称"新中源公司"）是"新中源"商标系列（注册号：1930010、4808062、4808063、4755766）的所有人（参见表21－1）。2005年6月20日，原国家工商行政管理总局商标局认定"新中源及图"注册商标为驰名商标。

表21－1　新中源商标系列

序号	申请/注册号	商标	申请日期	注册公告期	核准国际分类
1	1930010	*新中源*	2001.07.12	2002.10.14	第19类 水泥；贴面板；三合板；地板；拼花地板条；木屑板；建筑石料；花岗石；大理石；人造石；石膏板；砖；建筑用嵌砖；波形瓦；非金属砖瓦；建筑用非金属砖瓦；建筑用非金属墙砖；非金属地板砖；非金属砖地；玻璃马赛克；水磨石；瓷砖；耐火材料（熟料）；耐火砖、瓦；陶瓷窑具；沥青；铺路沥青；非金属隔板；非金属管道；建筑用非金属嵌条

续表

序号	申请/注册号	商标	申请日期	注册公告期	核准国际分类
2	4808062	新中源	2005.08.01	2009.03.21	第19类 砖；非金属砖瓦；瓷砖；非金属地板砖；建筑用非金属墙砖；波形瓦；非金属砖地；玻璃马赛克；耐火砖、瓦；建筑用陶瓷腰线
3	4808063	新中源 NEWZHONGYUAN			
4	4755766	新中源	2005.07.04	2009.04.21	第35类 商业管理和组织咨询；进出口代理；推销（替他人）；替他人作中介（替其他企业购买商品或服务）；商业场所搬迁；计算机文档管理；会计；自动售货机出租

　　邓某某未经新中源公司许可，自行制作包含"新中源"商标的店招门头广告，用于南丰县琴城千禧路口的"新中源陶瓷"店招门头中，邓某某的行为侵犯了原告的商标专用权，损害了"新中源"的品牌形象，误导消费者，破坏了新中源公司的市场销售秩序。为维护自身品牌形象和合法权益，2015年1月20日，新中源公司向抚州市中级人民法院起诉，诉求被告邓某某立即停止侵权，拆除包含"新中源"商标的店招门头广告，并登报消除影响以及赔偿经济损失。

　　被告邓某某未作答辩。

　　抚州市中级人民法院认为邓某某的行为构成商标专用权侵权，判定其承担停止侵权、消除影响及赔偿经济损失等法律责任。

【本案引用法条】

　　1.《最高人民法院关于审理商标民事纠纷案件适用法律若干问题的解释》（法释〔2002〕32号）

　　第一条第（一）项（略）❶

---

❶　参见本书案例19"'OCEANO欧神诺及图形'商标专用权侵权纠纷案（一）""本案引用法条"部分。

2.《中华人民共和国商标法》（2001 年修正）

第五十六条 （略）❶

第五十七条 （略）❷

第五十八条 为制止侵权行为，在证据可能灭失或者以后难以取得的情况下，商标注册人或者利害关系人可以在起诉前向人民法院申请保全证据。

人民法院接受申请后，必须在四十八小时内做出裁定；裁定采取保全措施的，应当立即开始执行。

3.《中华人民共和国商标法实施条例》（2014 年修正）

第七十六条 在同一种商品或者类似商品上将与他人注册商标相同或者近似的标志作为商品名称或者商品装潢使用，误导公众的，属于商标法第五十七条第二项规定的侵犯注册商标专用权的行为。

【案例分析】

本案被告使用了他人享有注册商标权的商标，这种情形通常是店名装潢及门头广告等所包含的文字、图形抄袭、模仿了他人商标的内容。根据我国《商标法》的规定，注册商标不得侵犯他人已经取得的在先知识产权。店名装潢及门头广告，若突出显示为将他人注册商标作为商家字号使用，其使用方式容易使前往购买商品或服务的一般消费者或相关公众误认为该店与注册商标所有人两者之间存在特定的商业联系，会引起一般消费者或相关公众对商品来源的混淆或误认，已经超出合理使用的界限，属于商标性的使用；被告在经营中的不当行为，有可能给原告的产品信誉、企业商誉等带来负面影响。为此，人民法院作出相应判决。

---

❶ 参见本书案例 18 "'景德镇'证明商标专用权侵权纠纷案""本案引用法条"部分。

❷ 参见本书案例 20 "'OCEANO 欧神诺及图形'商标专用权侵权纠纷案（二）""本案引用法条"部分。

案例 22
"龙珠阁"商标专用权侵权纠纷案

原告：江西省陶瓷工业公司❶
被告：胡某某
涉案商标：龙珠阁（注册号：123919）
案由：商标专用权侵权纠纷

【案件摘要】

1979 年 10 月 31 日，江西省陶瓷工业公司（以下简称"陶瓷公司"）经原工商行政管理局商标局批准注册"龙珠阁"商标（参见图 22 - 1），注册有效期 10 年，核定使用商品第 21 类，内容为"新彩、贴花瓷器"，注册号为123919，并依法续展至 2003 年 2 月 28 日❷。

图 22　涉案商标"龙珠阁"（注册号：123919）

被告胡某某未经原告许可，非法使用原告注册的"龙珠阁"商标，侵犯了原告注册商标专用权，不仅给原告造成了经济损失，而且严重损害了原告的商标信誉，故原告诉请法院判令被告胡某某停止侵权，赔偿损失 3

---

❶　现更名为"景德镇陶瓷文化旅游发展有限责任公司"。
❷　目前该商标已经经过数次续展，有效期至 2023 年 2 月 28 日。

万元。

原告陶瓷公司为证明其主张的事实，向法院递交了以下证据：（1）原工商行政管理总局商标局于 1979 年 10 月 31 日颁发的商标注册证及续展证明；（2）1998 年 5 月 26 日的《景德镇日报》，其中刊登了原告关于"龙珠阁"注册商标专用权的通告；（3）由授权厂家生产的印有"龙珠阁"商标的花纸；（4）原告生产的贴有"龙珠阁"商标的成瓷样品。

被告胡某某辩称：（1）其所使用的商标与原告在商标注册证上的商标不相一致，其所用"龙珠阁"商标上的文字是"中国景德镇"，而原告注册商标上的文字是"龙珠阁"，且其根本不知"龙珠阁"系注册商标，故其不构成侵权；（2）原告主张的索赔额过高，索赔依据不明确。被告胡某某在庭审中未提交任何证据。

经查明，1998 年 5 月 21 日，原告在《景德镇日报》上刊登通告，告知"龙珠阁"底款商标系注册商标，未经商标注册人同意，不准私自购买、使用该商标底款花纸等。同时，公告上登出了"龙珠阁"商标图样。

2000 年 2 月，被告胡某某未经原告陶瓷公司许可，私自购买上门推销的假冒"龙珠阁"底款花纸 100 张，并使用了 10 余张贴在白胎罗汉汤碗、八寸汤盘等成瓷上，其中以每只汤碗 0.4 元，每块汤盘 0.6 元的价格销往南京 200 多全。

原告陶瓷公司注册的"龙珠阁"商标，一般用于陶瓷成品的底部，故又称"龙珠阁"底款商标，商标的主要构成部分是景德镇一古建筑物"龙珠阁"的图形，在图形底部印有"龙珠阁"三个字样。假冒的"龙珠阁"商标同样为建筑物"龙珠阁"的图形，但在图形底部印有"中国景德镇"五个字样。

本案的争议焦点在于：（1）被告的行为是否构成侵权；（2）原告的索赔额是否过高。

关于焦点（1），作为商标注册人，原告陶瓷公司所有的"龙珠阁"商标已经核准注册，应受法律保护，且原告已于 1998 年 5 月 26 日在《景德镇日报》刊登了公告。被告胡某某作为在景德镇从事陶瓷生产和销售的私营业主，应当知道"龙珠阁"商标系他人注册商标。虽被告所用假冒"龙珠阁"商标中的文字与原告注册的"龙珠阁"商标中的文字不相一致，但该商标中使用了"龙珠阁"商标中的核心部分"龙珠阁"图案，该假冒"龙珠阁"商标足以使消费者认为是原告注册的"龙珠阁"商标，故被告提出其不构成侵权的理由，不能成立，法庭不予采纳。

关于焦点（2），原告陶瓷公司持有的"龙珠阁"商标，自 1979 年注册以来，在国际、国内享有一定的声誉，属于景德镇的一块"金字招牌"。原告陶瓷公司为商标信誉的建立进行了大量的投入，依本案现有的证据不能证明原告陶瓷公司的损失均由被告胡某某一人的侵权行为所致，同时由于原告在损害事实的举证上确实存在一定困难，而被告胡某某又非正式单位，难以通过对其账目进行审计来确定获利数额。故应根据案件的事实、侵权的情节、后果以及保护权利人的合法利益等酌情确定本案的赔偿数额。

综上所述，法院依照《民事诉讼法》第一百二十八条，《商标法》第三条、第三十八条第（一）项，《民法通则》第一百一十八条、第一百三十四条之规定，判决如下：（1）被告胡某某立即停止使用原告陶瓷公司"龙珠阁"底款注册商标；（2）查扣的假冒"龙珠阁"底款商标及贴有假冒"龙珠阁"商标的成瓷予以追缴销毁；（3）被告胡某某赔偿原告陶瓷公司经济损失人民币 10000 元、商标信誉损失 5000 元，共计 15000 元，限在判决生效之日起 10 日内给付；（4）被告在判决生效后 10 日内在《景德镇日报》上向原告道歉，其文字内容须经法庭审核。

案件受理费人民币 1200 元，由被告胡某某负担 1000 元，原告陶瓷公司负担 200 元。

【本案引用法条】

1.《中华人民共和国商标法》（1993 年修正）

第三条　经商标局核准注册的商标为注册商标，商标注册人享有商标专用权，受法律保护。

第三十八条第（1）项　有下列行为之一的，均属侵犯注册商标专用权：

（1）未经注册商标所有人的许可，在同一种商品或者类似商品上使用与其注册商标相同或者近似的商标的。

……

2.《中华人民共和国民事诉讼法》

第一百二十八条　合议庭组成人员确定后，应当在三日内告知当事人。

3.《中华人民共和国民法通则》

第一百一十八条 公民、法人的著作权（版权）、专利权、商标专用权、发现权、发明权和其他科技成果权受到剽窃、篡改、假冒等侵害的，有权要求停止侵害，消除影响，赔偿损失。

第一百三十四条 人民法院审理民事案件，除涉及国家秘密、个人隐私或者法律另有规定的以外，应当公开进行。

【案例分析】

商标是此企业组织所提供的商品或者服务区别于彼企业组织的标记之一。根据我国《商标法》第八条的规定，任何能够将自然人、法人或者其他组织的商品与他人的商品区别开的标志，包括文字、图形、字母、数字、三维标志、颜色组合和声音等，以及上述要素的组合，均可以作为商标申请注册。

商标也承载着一个企业组织的商誉及社会评价。消费者在提及某一商标时，直接联想到的是该商标背后企业所提供的产品或服务的质量评价，而不仅仅是商标本身，这就使得商标和其他知识产权有所不同，它无法将权利人的评价与消费者相分离。商标的存在如同双刃剑，如果商标所有权人能够保证自己商标的稳定性及其在服务或产品提供中的优良品质，那么其可以最大化地实现商标的价值；相反，如果商标所有者并不注重商标的维护，任由"搭便车"、商标淡化等现象的发生而不处理，便会形成恶性循环，最终损害的是商标权利人的利益。

传统商标法的核心在于混淆理论。这也构成了认定商标侵权的主要原则。所谓混淆的概念，在葛洪的《抱朴子·尚博》中写道，"真伪颠倒，玉石混淆"。可见，混淆的基本表现为"真伪颠倒"，也就是说公众对于商标认知产生了误判，错把李鬼当李逵。值得注意的是，由于混淆的认定是一个主观的概念，没有可以量化的标准，因此在商标侵权行为认定中所指的"混淆"不仅包括事实上的混淆，还包括"混淆的可能"。而混淆的标准应该是以普通消费者的"一般注意力"为标准，综合运用"隔离观察比较""显著部分观察比较"和"整体观察比较"的方法，同时兼顾考虑已经注册商标的显著性和知名度。

回归到本案中，陶瓷公司拥有"龙珠阁"的商标专用权，并且在持续维护其法律稳定性。被告胡某某在未获得授权或许可的前提下，使用了与"龙珠阁"图案相似的商标在其同类商品上。而将两个涉案商标进行对比后发现，"陶瓷公司注册的龙珠阁商标的主要构成部分是景德镇一古建筑物龙珠阁的图形，在图形底部印有'龙珠阁'三个字样。假冒的龙珠阁商标同样为建筑物龙珠阁的图形，但在图形底部印有'中国景德镇'五个字样"。

陶瓷公司所注册商品类别与被告胡某某所销售商品同为陶瓷产品，而在商标图案上的设计，在整体上较为相似，在隔离观察的情况下，很容易使普通消费者发生混淆。因此本案审理法院认定被告行为构成商标侵权。

案例 23
佛山东鹏陶瓷系列商标专用权侵权纠纷案

原告： 佛山东鹏洁具股份有限公司
被告： 潮州市潮安区英利宝陶瓷实业有限公司
被告： 深圳市马克保罗卫浴有限公司
被告： 苏某某
涉案商标： 东鹏（注册号：1213479）等系列商标
案由： 商标专用权侵权纠纷

【案例摘要】

原告佛山东鹏洁具股份有限公司（以下简称"东鹏公司"）成立于1995年，是专门经营洁具卫浴产品的企业，拥有多年的专业卫浴技术沉淀，集设计、研发、生产、销售和服务于一体。其经营的"东鹏"洁具类产品在市场上具有非常高的知名度。多年来原告荣获较多荣誉，如"2006年度十大卫浴品牌企业""2011年度家具企业最佳服务创新奖""中国卫浴行业最佳卫浴品牌""广东省民营科技企业"，在2013～2015年连续3年被广东省工商行政管理局授予"广东省守合同重信用企业"等荣誉奖项和称号，具有较高知名度。原告的第1213479号商标在"抽水马桶、洗脸盆、洗澡盆"等商品上自2007年以来多次被评为广东省著名商标，并于2014年被原国家工商行政管理总局商标评审委员会认定为驰名商标。原告的"东鹏"牌洁具产品获得"广东省名牌产品""全国首选洁具品牌""中国十大卫浴品牌""中国名牌产品""中国500最具价值品牌""全国节水型卫生洁具知名品牌"等众多殊荣，"东鹏"系列商标经过长期、持续、广泛的宣传和使用，具有极高的知名度和美誉度。

后东鹏公司发现，潮州市潮安区英利宝陶瓷实业有限公司（以下简称"英利宝公司"）等本案三被告未经东鹏公司许可，擅自在洁具类商品上以及宣传上使用了与原告注册商标近似的标识，在抽水马桶或坐便器的产品、外包装、合格证、宣传资料、授权书、商品介绍等处使用被控侵权标识与原告的系列商标构成相同或近似。英利宝公司是涉案侵权产品的生产制造商，其所生产的抽水马桶/坐便器、蹲便器、洗脸盆等产品在线上、线下均有销售。在线下，东鹏公司通过公证取证方式在内蒙古自治区、昆明市等地购买到由英利宝公司生产的抽水马桶/坐便器产品。在线上，由深圳市马克保罗卫浴有限公司（以下简称"马克保罗公司"）所经营的"纳佳东鹏整体卫浴"淘宝店铺、英利宝公司的代理商经营的"纳佳东鹏卫浴直销店""正品卫浴专供"淘宝店铺，均有被控侵权的抽水马桶/坐便器、蹲便器、洗脸盆等产品在大规模销售及宣传。苏某某为马克保罗公司的全资唯一股东，其实际控制企业的经营活动，实际参与策划系列侵权行为。

原告东鹏公司发现涉案侵权行为后，在佛山市珠江公证处公证员的监督下，在被告马克保罗公司所经营的"纳佳东鹏整体卫浴"淘宝平台上通过网购方式购买到涉案侵权产品，并在公证员的监督下，到佛山市禅城区石湾塘头华粤泰陶瓷物流中心自行提取安能物流编号为 220028364458 货物两件，并对所购买到的涉案侵权产品办理确认该订单的商品运单号及签收情况。公证处对上述网上订购、付款、收货、拆封、封存的整个过程办理了相关保全证据公证。

东鹏公司将上述三被告起诉至佛山市中级人民法院，请求判令各被告停止侵权，销毁侵权产品，赔礼道歉以及赔偿经济损失。

根据其诉求，东鹏公司还提供了相应证据如下：

（1）第 11 类第 1213479 号"东鹏 DONGPENG + 图形"商标等 6 项涉案商标（参见表 23 - 1）的商标注册证书，证明东鹏公司为该 6 项涉案商标的权利人，且商标权均稳定有效。

表 23 - 1 东鹏公司注册商标列表

序号	申请/注册号	商标	申请日期	注册公告期	核准国际分类
1	1213479	东鹏	1997.08.13	1998.10.07	第 1109 类 洗脸盆；浴室装置；沐浴用设备；淋浴器；澡盆；坐浴澡盆；洗澡盆；抽水马桶

续表

序号	申请/注册号	商标	申请日期	注册公告期	核准国际分类
2	1922010		2001.06.21	2003.01.28	第1108、1109类 盥洗盆（卫生设施）；进水装置；洗澡盆；坐便器；马桶座圈；小便池（卫生设施）；淋浴隔间；压力水箱；水龙头；水管龙头
3	4246680		2004.08.31	2007.01.28	第1105、1106、1108、1109、1110类 冰箱；排气风扇；水龙头；浴室装置；卫生器械和设备；坐便器；马桶座圈；卫生间用干燥器；水冲洗设备；卫生间消毒散布器
4	9427411	东鹏	2011.05.05	2012.06.21	第1109类 便桶；冲水装置；抽水马桶；水冲洗设备；澡盆；蒸汽浴装置；坐浴浴盆；沐浴用设备；盥洗池（卫生设备部件）；盥洗盆（卫生设备部件）
5	9427453	东鹏洁具	2011.05.05	2012.06.21	第1109类 便桶；冲水装置；抽水马桶；水冲洗设备；澡盆；蒸汽浴装置；坐浴浴盆；沐浴用设备；盥洗池（卫生设备部件）；盥洗盆（卫生设备部件）
6	9427442	东鹏卫浴	2011.05.05	2012.06.21	第1109类 便桶；冲水装置；抽水马桶；水冲洗设备；澡盆；蒸汽浴装置；坐浴浴盆；沐浴用设备；盥洗池（卫生设备部件）；盥洗盆（卫生设备部件）

（2）由佛山市珠江公证处公证员所出具的侵权产品公证书4份，用以证明三被告的侵权行为。

（3）被告英利宝公司和被告马克保罗公司的相关信息打印件，用以证明被告苏某某和被告英利宝公司、被告马克保罗公司之间的关系。

（4）（2017）乌证内字第9560号公证书和（2017）云昆明信证经字第

31855 号公证书，用以证明英利宝公司未经原告许可，擅自在洁具类商品上以及宣传上使用了与原告注册商标近似的标识，构成商标侵权，涉案产品销售地域广泛。

（5）被告英利宝公司生产的涉案产品在"纳佳东鹏卫浴直销店"销售、宣传的网页公证书 2 份，用以证明被告英利宝公司生产的涉案产品还通过"纳佳东鹏卫浴直销店""正品卫浴专供"网店进行线上销售，获利巨大。

（6）东鹏公司第 1213479 号"东鹏 DONGPENG 及图"商标相关资质复印件，用以证明原告东鹏公司第 1213479 号"东鹏 DONGPENG 及图"曾被认定为驰名商标、广东省著名商标，"东鹏牌"卫生陶瓷被认定为广东省名牌产品，知名度非常高；以及"东鹏"牌系列洁具产品经过长期、广泛销售，产品优质，具有较高知名度，荣获国家级、省级、市级、行业协会等各种奖项；东鹏洁具产品知名度非常高。

（7）东鹏公司与部分企业所签订的经销协议（52 份），用以证明原告东鹏牌洁具产品销售量大，销售地域广，覆盖全国，具有较高知名度。

被告英利宝公司答辩称：（1）英利宝公司没有实施任何侵犯原告注册商标专用权的行为。第一，英利宝公司对于马克保罗公司的网店不知情，没有参与其任何生产、销售行为，该网店与英利宝公司无关。第二，英利宝公司是销售瓷土、瓷泥的企业，没有能力生产、也从未生产涉案的智能马桶产品。第三，英利宝公司没有给马克保罗公司提供过任何产品。第四，马克保罗公司网店使用的品牌"纳佳东鹏"是英利宝公司的注册商标，商标注册号为 9550660，但英利宝公司从未授权马克保罗公司使用，英利宝公司对于马克保罗公司在网店上使用该商标并不知情。马克保罗公司侵犯英利宝公司的商标专用权，对原告不存在侵权。第五，马克保罗公司网店中全部产品的销量和评价都是"0"，即在 2017 年 7 月 21 日原告进行公证证据保全前，马克保罗公司没有销售涉案产品，没有任何获利。因此，英利宝公司没有实施任何侵犯原告注册商标专用权的行为。（2）原告主张英利宝公司赔偿没有任何依据。第一，英利宝公司没有实施任何侵权行为。因此原告要求英利宝公司停止侵权、赔偿损失、刊登声明没有任何依据。第二，三被告相互独立。英利宝公司和马克保罗公司不存在任何的关联关系，而且英利宝公司和马克保罗公司的负责人根本不认识，不存在原告所称的"关系紧密"。

被告英利宝公司提交了"纳佳东鹏"商标注册证复印件（参见图23-1）。

纳佳东鹏
Najia Dongpeng

图 23-1　被告英利宝所提供其第 9550660 号商标

被告苏某某、马克保罗公司辩称：（1）本案仅是被告马克保罗公司建立网店、销售产品，与被告苏某某无关。"纳佳东鹏整体卫浴"的网店是马克保罗公司设立，与苏某某无关，苏某某没有实施任何侵权行为，即本案仅是马克保罗公司建立网店、销售产品，与苏某某无关。（2）马克保罗公司在网店中使用的标识与原告的注册商标不相同也不近似。第一，马克保罗公司在网店中注明的品牌是"纳佳东鹏"，擅自使用了被告英利宝公司的注册商标，但没有侵犯原告的商标权。第二，马克保罗公司在网店使用的标识与原告的注册商标不相同也不近似。文字上，马克保罗公司使用的是"纳佳东鹏"，原告的商标是"东鹏"，两者不构成近似，而且"纳佳东鹏"也是注册商标。图形上，马克保罗公司使用的图形标识是一个飞翔的太阳，与原告的"鸟"形标识不近似。因此，马克保罗公司在网店中使用的标识与原告的注册商标不相同也不近似。（3）原告主张的赔偿没有依据。第一，被告马克保罗公司成立于2016年3月，2017年才建立了网店，从公证书的截图看，被告马克保罗公司网店中全部产品的销量和评价都是"0"，即被告马克保罗公司在2017年7月21日原告进行公证证据保全前，没有销售涉案产品。该公司只销售了原告当日下单购买的产品，没有任何获利。第二，被告马克保罗公司收到应诉材料后已关闭该网店。即使存在侵权行为，也没有对原告造成任何损失，且已不存在任何涉嫌侵权的行为，所以原告已没有必要提起本案诉讼，其主张的赔偿额也没有任何依据。第三，原告第1922010号、第4246680号商标的标识一样，也同样用在1109类似群组，应视为同一标识。另外，第9427453号商标原告放弃"洁具"的专用权，第9427442号商标原告放弃"卫浴"的专用权，所以第9427453号、第9427442号、第9427411号商标实为同一标识，也同样用在1109类似群组，即原告只有3个商标标识（并非6个），且该3个标识存在交叉组合的情况。如果认定被告构成侵权，恳请法院在计算赔偿数额时予以考虑。第四，原告要求刊登声明及其他主张也没有任何依据。（4）被告马克保罗公司、被告苏某某是独立的主体，不应承担连带责任。

被告苏某某、马克保罗公司在诉讼中提供了淘宝网搜索"纳佳东鹏整体卫浴"显示页面打印件作为证据。

法院认为本案系侵害商标权及不正当竞争纠纷案件，争议的焦点是：（1）被告是否实施了被控侵权行为；（2）被告是否构成商标侵权；（3）承担的责任。

关于焦点（1），被告马克保罗公司经营的"纳佳东鹏整体卫浴"淘宝店，在网店宣传中大量使用了太阳和鸟的图形以及东鹏洁具的组合图形，并且其销售了被控侵权产品。

庭审中，被告英利宝公司否认被控侵权产品由其生产销售，但由于被告英利宝公司为"纳佳东鹏"加拼音组合商标的注册人，被控侵权产品标注有组合标识，并写有制造商为本案被告英利宝公司以及地址和电话，同时被告英利宝公司又并未有积极进行维权行为以及本案三被告均委托了同一诉讼代理人的情况，法院对被告英利宝公司否认被控侵权产品由其生产销售的意见不予采纳，因此认定被告英利宝公司实施了被控侵权行为。

关于焦点（2），根据《商标法》第四十八条、第五十七条以及《最高人民法院关于审理商标民事纠纷案件适用法律若干问题的解释》第九条、第十条的相关规定，原告第 1213479 号、第 1922010 号、第 4246680 号、第 9427411 号、第 9427453 号、第 9427442 号注册商标均在第 11 类商品注册，核定使用范围包括抽水马桶、盥洗盆，而本案被控侵权产品为坐便器，两者属于同一种类商品。被告马克保罗公司经营的"纳佳东鹏整体卫浴"淘宝店在网站的销售页面中使用了太阳和鸟的图形以及东鹏洁具的组合图形，销售的产品中有的组合标识与原告主张权利的第 1213479 号、第 1922010 号、第 4246680 号、第 9427411 号、第 9427453 号、第 9427442 号注册商标相比，相关公众施以一般注意力极易将两者混淆，因此，法院认定被告马克保罗公司网站上使用的太阳和鸟的图形以及东鹏洁具的组合图形标识以及销售的产品中使用的组合标识与原告主张权利的涉案商标构成混淆性近似。

关于焦点（3），根据《商标法》第六十三条第一款、第三款的规定，本案原告的实际损失及各被告的违法所得均不能确定，法院考虑原告商誉的知名度，综合三被告的主观故意、侵权情节、经营规模以及被控侵权产品的销售量等因素，酌定被告的损失赔偿金额。根据《公司法》第六十三条的规定，被告苏某某系被告马克保罗公司的投资者，即一人股东，其未举证证明个人财产独立于公司财产，应当对被告马克保罗公司上述赔偿承担连带责任。根据《民法总则》第一百二十条的规定，由于被告的商标侵权主要是侵害了原告的财产权，原告没有证据证明被告的侵权行为对原告的声誉造成损害，因此赔礼道歉的诉求并不成立。

综上，法院依照《民法总则》第一百二十条，《公司法》第六十三条，《商标法》第三条第一款、第六十三条第一款和第三款以及《民事诉讼法》第六十四条的规定，判决如下：（1）被告马克保罗公司自判决生效之日立即停止在淘宝网店上使用"东鹏"字样进行宣传的行为以及停止销售侵害原告的第 1213479 号、第 1922010 号、第 4246680 号、第 9427411 号、第 9427453 号、第 9427442 号注册商标的商品的行为；（2）被告英利宝公司自判决生效之日立即停止生产、销售侵害原告的第 1213479 号、第 1922010 号、第 4246680 号、第 9427411 号、第 9427453 号、第 9427442 号注册商标的商品的行为；（3）被告马克保罗公司自判决生效之日起 10 日内赔偿原告东鹏公司经济损失 30 000 元（已包含原告东鹏公司为制止本案侵权行为而支出的合理费用）；（4）被告苏某某对上述第（3）项被告马克保罗公司的赔偿承担连带责任；（5）被告英利宝公司自判决生效之日起 10 日内赔偿原告东鹏公司经济损失 80 000 元（已包含原告东鹏公司为制止本案侵权行为而支出的合理费用）；（6）驳回原告东鹏公司其他的诉讼请求。

【本案引用法条】

1.《中华人民共和国商标法》（2013 年修正）

第三条第一款 经商标局核准注册的商标为注册商标，包括商品商标、服务商标和集体商标、证明商标；商标注册人享有商标专用权，受法律保护。

第四十八条 本法所称商标的使用，是指将商标用于商品、商品包装或者容器以及商品交易文书上，或者将商标用于广告宣传、展览以及其他商业活动中，用于识别商品来源的行为。

第五十七条 有下列行为之一的，均属侵犯注册商标专用权：

（一）未经商标注册人的许可，在同一种商品上使用与其注册商标相同的商标的；

（二）未经商标注册人的许可，在同一种商品上使用与其注册商标近似的商标，或者在类似商品上使用与其注册商标相同或者近似的商标，容易导致混淆的；

（三）销售侵犯注册商标专用权的商品的；

（四）伪造、擅自制造他人注册商标标识或者销售伪造、擅自制造的注册商标标识的；

（五）未经商标注册人同意，更换其注册商标并将该更换商标的商品又投入市场的；

（六）故意为侵犯他人商标专用权行为提供便利条件，帮助他人实施侵犯商标专用权行为的；

（七）给他人的注册商标专用权造成其他损害的。

第六十三条第一款　侵犯商标专用权的赔偿数额，按照权利人因被侵权所受到的实际损失确定；实际损失难以确定的，可以按照侵权人因侵权所获得的利益确定；权利人的损失或者侵权人获得的利益难以确定的，参照该商标许可使用费的倍数合理确定。对恶意侵犯商标专用权，情节严重的，可以在按照上述方法确定数额的一倍以上三倍以下确定赔偿数额。赔偿数额应当包括权利人为制止侵权行为所支付的合理开支。

第六十三条第三款　权利人因被侵权所受到的实际损失、侵权人因侵权所获得的利益、注册商标许可使用费难以确定的，由人民法院根据侵权行为的情节判决给予三百万元以下的赔偿。

2.《最高人民法院关于审理商标民事纠纷案件适用法律若干问题的解释》（法释〔2002〕32号）

第九条　商标法第五十二条第（一）项规定的商标相同，是指被控侵权的商标与原告的注册商标相比较，二者在视觉上基本无差别。

商标法第五十二条第（一）项规定的商标近似，是指被控侵权的商标与原告的注册商标相比较，其文字的字形、读音、含义或者图形的构图及颜色，或者其各要素组合后的整体结构相似，或者其立体形状、颜色组合近似，易使相关公众对商品的来源产生误认或者认为其来源与原告注册商标的商品有特定的联系。

第十条　人民法院依据商标法第五十二条第（一）项的规定，认定商标相同或者近似按照以下原则进行：

（一）以相关公众的一般注意力为标准；

（二）既要进行对商标的整体比对，又要进行对商标主要部分的比对，比对应当在比对对象隔离的状态下分别进行；

（三）判断商标是否近似，应当考虑请求保护注册商标的显著性和知名度。

3.《中华人民共和国公司法》（2013 年修正）❶

第六十三条　一人有限责任公司的股东不能证明公司财产独立于股东自己的财产的，应当对公司债务承担连带责任。

4.《中华人民共和国民法总则》

第一百二十条　民事权益受到侵害的，被侵权人有权请求侵权人承担侵权责任。

5.《中华人民共和国民事诉讼法》

第六十四条　当事人对自己提出的主张，有责任提供证据。

当事人及其诉讼代理人因客观原因不能自行收集的证据，或者人民法院认为审理案件需要的证据，人民法院应当调查收集。

人民法院应当按照法定程序，全面地、客观地审查核实证据。

【案例分析】

驰名商标是指经过长期使用或大量商业推广与宣传，在市场上享有很高知名度并为相关公众所熟知的商标。区别于普通商标，驰名商标拥有更高的知名度，同时也承载了对商标所有权人的商誉的高评价。由于驰名商标拥有着高知名度，因此在实践中也常出现被"搭便车"的现象。

对于驰名商标的保护，在《商标法》的基础上，最高人民法院也出台了相应的司法解释予以扩展保护。《最高人民法院关于审理涉及驰名商标保护的民事纠纷案件应用法律若干问题的解释》第九条第二款规定："足以使相关公众认为被诉商标与驰名商标具有相当程度的联系，而减弱驰名商标的显著性、贬损驰名商标的市场声誉，或者不正当利用驰名商标的市

---

❶　《中华人民共和国公司法》于 1993 年 12 月 29 日由第八届全国人民代表大会常务委员会第五次会议通过，分别在 1999 年 12 月 25 日、2004 年 8 月 28 日、2005 年 10 月 27 日、2013 年 12 月 28 日、2018 年 10 月 26 日多次修正。

场声誉的，属于商标法第十三条第二款规定的'误导公众，致使该驰名商标注册人的利益可能受到损害'。"

　　除了对于同类驰名商标的混淆之外，在实践中，企业还应关注跨类商标情形的发生。比如本案东鹏公司的商标，如果市场上存在用东鹏公司商标或类似商标为名的陶瓷体验店、陶瓷文化旅游等现象的话，这些也是对商标专用权的侵犯。

案例 24
"蒙娜丽莎 Mona Lisa" 商标侵权纠纷案

原告：广州蒙娜丽莎洁具有限公司

原告：广州蒙娜丽莎建材有限公司

被告：佛山市微笑蒙娜整体卫浴有限公司

涉案商标：蒙娜丽莎 Mona Lisa（注册号：1558842）

案由：商标侵权纠纷

【案件摘要】

原告广州蒙娜丽莎建材有限公司（以下简称"蒙娜丽莎建材"）于1999 年 12 月 28 日就"蒙娜丽莎 Mona Lisa"（参见图 24 – 1）文字向原国家工商行政管理总局商标局申请注册，于 2001 年 4 月 21 日获得核准注册，并于 2011 年 5 月 30 日对该商标进行续展。该商标的核准类别为第 1104 类和第 1109 类，即"桑拿浴设备；蒸汽浴设备；便携式土耳其浴室；蒸脸器具（蒸汽浴）；蒸汽发生器设备；淋浴用设备；煤气热水器；电热水器；淋浴隔间；浴室装置"。自该商标被获准注册后，原告及其关联公司一直将其使用在"淋浴用设备、淋浴隔间、浴室装置"等卫浴设备上。经过长期的宣传、使用和大量销售，第 1558842 号商标已经荣获"广东省名牌产品""广州市著名商标"等荣誉，因此该商标在卫浴行业已经具有较高的知名度和影响力。

图 24 – 1　涉案商标"蒙娜丽莎 Mona Lisa"（注册号：1558842）

被告佛山市微笑蒙娜整体卫浴有限公司（以下简称"微笑蒙娜"）成立于2016年6月24日，域名"mnlsita. com"的注册日期为2012年9月21日。被告在其运营的 www. mnlsita. com 网站展示并销售的多款产品上，以及在其发布的产品展示、促销用语等广告宣传中，擅自使用了与两原告注册商标"蒙娜丽莎 Mona Lisa"相同或近似的商标标识，并且使用及宣传的产品均为与两原告商标核准的"桑拿浴设备""沐浴用设备"商品类似甚至相同的产品。被告在其运营的 www. mnlsita. com 网站上所展示的"蒙娜丽莎卫浴（意大利）国际有限公司"并不存在，被告微笑蒙娜在其网站名称、网页头部、公司介绍、新闻资讯、联系信息中大量使用含有"蒙娜丽莎"字样的虚假信息进行宣传，被告微笑蒙娜对此明知，且具有傍名牌、搭便车之故意，其侵权行为明显具有恶意。

截至本案，被告已通过"www. mnlsita. com"网站对前述产品进行了大量的宣传。其所登记的企业字号完整包含了原告知名商标，并且与原告知名企业字号相似，其所登记使用的域名文字内容与原告商标英文部分构成近似，容易导致相关公众认为二者系关联企业，混淆商品来源。

2017年5月31日，原告委托广东省广州市广州公证处对被告网站"www. mnlsita. com"所发布的侵权信息进行公证。公证内容显示被告"蒙娜丽莎卫浴"网站名称、网页头部、公司介绍、新闻资讯、联系信息、产品展示、促销用语中大量使用"蒙娜丽莎"字样及蒙娜丽莎头像。

被告微笑蒙娜未经原告授权或许可，擅自在与两原告注册商标核准使用的商品相同或相类似的商品上使用了与两原告注册商标相同或相近似的商标，且侵权产品涉及种类多，侵权行为持续时间长，属严重侵犯两原告的注册商标专用权的行为。

原告广州蒙娜丽莎洁具有限公司（以下简称"蒙娜丽莎洁具"）和蒙娜丽莎建材向佛山市禅城区人民法院提起侵权诉讼，并提出诉讼请求：（1）判令被告立即停止侵害原告商标权的行为，包括但不限于未经许可在相同或类似商品上使用与原告第1558842号"蒙娜丽莎 Mona Lisa"商标相同或近似标识行为；（2）判令被告立即停止进行虚假宣传、擅自使用他人的企业名称的不正当竞争行为；（3）判令被告立即变更其企业名称，变更后的企业名称中不得与原告的商标文字内容构成相同或近似；（4）判令被告立即停止使用 www. mnlsita. com 域名，并限期变更域名登记信息，登记后的域名不得与原告商标英文部分构成相同或近似；（5）就本案赔偿两原告经济损失及维权合理开支共计人民币 30 万元；（6）本案诉讼费用由被告承担。

佛山市禅城区人民法院于 2017 年 6 月 23 日受理本案，并于同年 8 月 22 日依法组成合议庭公开进行了审理。

原告为主张其诉求，在诉讼中提供了以下证据：

（1）涉案商标注册证书及广州市著名商标荣誉证书、原告商标产品的行业排名、广东省名牌产品荣誉证书及证明，用以证明原告商标具有较高知名度和美誉度，被告侵权行为对原告商标造成严重损害。

（2）被告网站信息发布的公证书及被告企业资质和域名注册信息，用以证明被告为适格主体。

（3）商标使用许可合同和商标产品销售，用以证明涉案商标的市场品牌价值。

（4）原告在该涉案商标产品上的展会等宣传材料，用以证明该商标的知名度和影响力。

（5）（2014）粤高法民三终字第 894 号判决书、（2017）粤 0604 民初 7934 号民事调解书、（2016）浙 0110 民初 15623 号民事判决书。

原告提供上述证据用于证明：被告所使用的蒙娜丽莎画像与原告的商标构成近似；被控侵权产品"座便器、抽水马桶"与原告核定商品构成类似；原告商标具有较高知名度，且原告商标经过大量的宣传使用并被相关司法判例予以确认的事实。

对此，被告答辩称，（1）原告诉讼主体不适格。陶瓷行业内只知道佛山的广东蒙娜丽莎新型材料集团有限公司的"蒙娜丽莎"为驰名商标，被告对于原告是闻所未闻，即使侵权那也是侵犯了佛山的广东蒙娜丽莎新型材料集团有限公司的权利。（2）被告企业名称与"蒙娜丽莎"商标根本就不相同也不相近似，也没有突出使用该企业名称，而且该企业自工商登记完成后一直未使用并实际经营过，因此不构成对"蒙娜丽莎"商标的侵权。（3）原告所诉被控侵权网站自被告交了订金给网络公司做网络广告后，由于卫浴行业不景气，没有再给付过余款，被告并不知道有此网站存在，更未通过该网站销售任何商品。（4）原告商标指定使用的商品与被告被控侵权商品未构成类似商品，自然也不存在所谓侵权。被告并以北京市高级人民法院（2015）高行（知）终字第 4348 号行政判决书中"鉴于申请商标指定使用的盥洗室（抽水马桶）、坐便器商品与引证商标一核定使用的蒸汽浴设备等商品及引证商标二核定使用的水加热器（仪器）等商品，在功能、用途等方面差异较大，故上述商品未构成类似商品"为答辩理论支撑。（5）原告要求赔偿 30 万元没有事实和法律依据。被告既没有实际经营该公司，企业字号也不构成对原告的侵权，更没有销售过任何商品，原告要求赔偿 30 万元毫无道理。

被告未出庭仅出具了书面答辩，且未提供任何证据。

佛山市禅城区人民法院经审理认为，被告微笑蒙娜在网店上大量使用"蒙娜丽莎"及其英文字样，其在网站上许诺销售所展示的图片显示了其产品为"蹲便器系列""浴室柜系列""花洒系列"等，均属于同类商品。被告网站的店铺内用"蒙娜丽莎"等字样进行产品介绍，其中的被控侵权标识"蒙娜丽莎"与原告主张权利的第 1558842 号"蒙娜丽莎 Mona Lisa"注册商标相比，两者读音、含义一致，虽然前者后面还有蒙娜丽莎的英文，但对于使用汉字的中国人而言，两者无实质性区别，相关公众施以一般注意力极易将两者混淆，构成混淆性近似。根据《商标法》第四十八条和第五十七条的规定，以及《最高人民法院关于审理商标民事纠纷案件适用法律若干问题的解释》第九条、第十条的规定，被告的行为已经构成了商标侵权，侵犯了原告的第 1558842 号商标权。

同时被告在网站上也显示了蒙娜丽莎中英文及其画像，以及简介中介绍该公司具备设计、生产上述产品的能力，在公司新闻宣传中使用的字号为"蒙娜丽莎卫浴国际集团有限公司"。经查询，该公司未经注册，被告属于虚假宣传，在字号中包括了原告的注册商标中文，且与原告的企业名称构成近似。根据《反不正当竞争法》第二条第一款、第九条第一款的规定，被告的宣传容易使相关公众误以为其与原告存在某种联系，容易使相关公众对产品来源造成混淆和误认，违反公平诚实信用和公平竞争原则，已经构成了不正当竞争。

有关赔偿额度的问题，根据《商标法》第六十三条第一款、第三款，以及《最高人民法院关于审理不正当竞争民事案件应用法律若干问题的解释》第十七条的规定，佛山市禅城区人民法院兼顾原告所提供证据及维权难度酌情作出了判决。

综上，依据《商标法》第三条第一款、第五十七条、第六十三条第一款和第三款，《反不正当竞争法》第二条第一款、第九条、第二十条，《最高人民法院关于审理商标民事纠纷案件适用法律若干问题的解释》第九条、第十条、第十六条,《最高人民法院关于审理注册商标、企业名称与在先权利冲突的民事纠纷案件若干问题的规定》第四条,《民事诉讼法》第六十四条第一款、第一百四十四条的规定,佛山市禅城区人民法院作出缺席判决如下:

(1)被告微笑蒙娜自判决生效之日立即停止其网页上使用"蒙娜丽莎"文字侵害原告商标权行为;

(2)被告微笑蒙娜自判决生效之日立即停止其网页上虚假宣传的不正当竞争行为,并规范使用企业名称;

(3)被告微笑蒙娜自判决生效之日起10日内赔偿原告蒙娜丽莎洁具、蒙娜丽莎建材为制止本案侵权行为而支出的合理费用6300元;

(4)驳回原告蒙娜丽莎洁具、蒙娜丽莎建材的其他诉讼请求。

如果被告微笑蒙娜未按判决指定的期间履行给付金钱义务,应当依照《民事诉讼法》第二百五十三条之规定,加倍支付迟延履行期间的债务利息。

案件受理费5800元,由被告微笑蒙娜负担2800元,原告蒙娜丽莎洁具、蒙娜丽莎建材负担3000元。

【本案引用法条】

1.《中华人民共和国商标法》(2013年修正)

第四十八条 本法所称商标的使用,是指将商标用于商品、商品包装或者容器以及商品交易文书上,或者将商标用于广告宣传、展览以及其他商业活动中,用于识别商品来源的行为。

第五十七条 有下列行为之一的,均属侵犯注册商标专用权:

(一)未经商标注册人的许可,在同一种商品上使用与其注册商标相同的商标的;

(二)未经商标注册人的许可,在同一种商品上使用与其注册商标近似的商标,或者在类似商品上使用与其注册商标相同或者近似的商标,容易导致混淆的;

(三)销售侵犯注册商标专用权的商品的;

(四)伪造、擅自制造他人注册商标标识或者销售伪造、擅自制造的注册商标标识的;

（五）未经商标注册人同意，更换其注册商标并将该更换商标的商品又投入市场的；

（六）故意为侵犯他人商标专用权行为提供便利条件，帮助他人实施侵犯商标专用权行为的；

（七）给他人的注册商标专用权造成其他损害的。

2.《最高人民法院关于审理商标民事纠纷案件适用法律若干问题的解释》（法释〔2002〕32号）

第九条　商标法第五十二条第（一）项规定的商标相同，是指被控侵权的商标与原告的注册商标相比较，二者在视觉上基本无差别。

商标法第五十二条第（一）项规定的商标近似，是指被控侵权的商标与原告的注册商标相比较，其文字的字形、读音、含义或者图形的构图及颜色，或者其各要素组合后的整体结构相似，或者其立体形状、颜色组合近似，易使相关公众对商品的来源产生误认或者认为其来源与原告注册商标的商品有特定的联系。

第十条　人民法院依据商标法第五十二条第（一）项的规定，认定商标相同或者近似按照以下原则进行：

（一）以相关公众的一般注意力为标准；

（二）既要进行对商标的整体比对，又要进行对商标主要部分的比对，比对应当在比对对象隔离的状态下分别进行；

（三）判断商标是否近似，应当考虑请求保护注册商标的显著性和知名度。

第十六条　侵权人因侵权所获得的利益或者被侵权人因被侵权所受到的损失均难以确定的，人民法院可以根据当事人的请求或者依职权适用商标法第五十六条第二款的规定确定赔偿数额。

人民法院在确定赔偿数额时，应当考虑侵权行为的性质、期间、后果，商标的声誉，商标使用许可费的数额，商标使用许可的种类、时间、范围及制止侵权行为的合理开支等因素综合确定。

当事人按照本条第一款的规定就赔偿数额达成协议的，应当准许。

第十七条　商标法第五十六条第一款规定的制止侵权行为所支付的合理开支，包括权利人或者委托代理人对侵权行为进行调查、取证的合理费用。

3.《中华人民共和国反不正当竞争法》（1993 年制定）❶

第二条　经营者在市场交易中，应当遵循自愿、平等、公平、诚实信用的原则，遵守公认的商业道德。

第九条　经营者不得利用广告或者其他方法，对商品的质量、制作成分、性能、用途、生产者、有效期限、产地等作引人误解的虚假宣传。

第二十条　经营者违反本法规定，给被侵害的经营者造成损害的，应当承担损害赔偿责任，被侵害的经营者的损失难以计算的，赔偿额为侵权人在侵权期间因侵权所获得的利润；并应当承担被侵害的经营者因调查该经营者侵害其合法权益的不正当竞争行为所支付的合理费用。

4.《中华人民共和国民事诉讼法》（2017 年修正）

第六十四条　当事人对自己提出的主张，有责任提供证据。

第一百四十四条　被告经传票传唤，无正当理由拒不到庭的，或者未经法庭许可中途退庭的，可以缺席判决。

【案例分析】

在商标侵权方面，本案与其他商标侵权纠纷并无太大的差异，但是在侵权行为表现上则值得关注。信息时代的到来打开了企业自身宣传的多重模式，网络的出现也降低了企业宣传的成本，提升了宣传的效率。但另一方面，潘多拉的魔盒也随之被打开。宣传的多途径在某种程度上来讲也为潜在的侵权行为人提供了"搭便车"的温床。在信息涌现的时代，消费者并不一定有足够的判断力去分析信息的真实性，而维护难度的提升，对于权利人而言也是一个挑战。

本案被告是通过网络的方式，通过域名的混淆和网站图标的混淆搭了原告的便车。除此之外，在实践中，潜在的"搭便车"现象不仅可能存在于商品商标和网站中，还可能存在于微信公众号、企业 App 等新媒体平台。这也是值得陶瓷企业所关注的。

---

❶　《中华人民共和国反不正当竞争法》于 1993 年 9 月 2 日经由第八届全国人民代表大会常务委员会第三次会议通过，后于 2017 年 11 月 4 日第十二届全国人民代表大会常务委员会第三十次会议修订。由于本案开庭时间为 2017 年 8 月 22 日，故此处引用的法条为 1993 年制定版本。

第三篇
著作权侵权纠纷

著作权侵权，是指侵犯著作权及其相关衍生权利的行为，具体表现为未经著作权人或者相关权利人许可，擅自实施其受著作权保护的客体（包括作品、表演、录音录像制品或者广播电视节目等），法律另有规定的除外。

从实施侵权行为的方式上来看，著作权侵权分为直接侵权和间接侵权。所谓"直接侵权"是指他人在未经过著作权人许可和缺乏法律依据的情况下实施受著作权专有权利控制的行为；而著作权的"间接侵权"则是指教唆、引诱他人实施著作权侵权行为，或在知晓他人侵权行为的情况下，对该侵权行为提供实质性帮助的行为。从一般侵权行为理论上来看，著作权侵权行为具有以下四个行为特征：（1）侵权对象的特殊性；（2）行为的违法性；（3）行为的作为性；（4）行为的多样性。其中侵权对象的多样性是由于《著作权法》所保护的著作权不仅包括人身权利、财产权利，还包括邻接权。因此，著作权侵权行为所涉及的对象也包括这三个方面的权利。而侵权行为的作为性主要表现为对于侵权结果的积极主动的追求。一般的侵权行为既包括积极主动地促成侵权结果的发生，也包括消极放任侵权结果的出现。而著作权侵权行为除了《著作权法》第四十七条第（七）项规定的"使用他人作品，应当支付报酬而未支付"属于消极的不作为侵权，其余侵权行为均是积极作为的。我国《著作权法》第四十七条、第四十八条规定的侵权行为有 19 种，其中有 11 种行为仅需要承担停止侵权、消除影响、赔礼道歉、赔偿损失等民事责任，而另外 8 种侵权行为不仅给权利人造成了损失，同时还可能损害公共利益，因此还可能需要承担行政责任，如果情节严重构成犯罪的则还需要承担刑事责任。

在司法实践中，认定著作权侵权主要是基于两个判断原则，即"思想表达二分法"原则和"接触 + 实质相似"原则。前者的判断标准是"著作权保护延及表达，而不延及思想、过程、操作方法或数学概念本身"。例如，瓷板画设计者引入了十二生肖的概念画了一套十二生肖群贺寿的瓷板，并不等于其他瓷板画设计者不能用十二生肖的创意理念，具体还要看设计本身是否构成实质相似。于是这里便引入了第二个判断原则。目前的司法实践中并没有对著作权领域的"实质部分"进行可量化的判断标准，但是我们可以参考外观设计专利侵权判断实质相似的标准，即一般消费者的常识。值得注意的是，接触原则是一个非常重要的判断标准，在著名的琼瑶诉于正著作权侵权案中，影视作品《梅花烙》当年的播出及重播次数和红火程度构成了于正对该作品的"接触"要素的判断要素。

著作权侵权行为发生后，权利人可以通过协商、调解、仲裁或者诉讼等方式解决。而在现实生活中，比较常见的解决方式是侵权诉讼。值得注意的是，根据我国《民法总则》的规定，著作权侵权的诉讼时效为 3 年，自著作权人知道或者应当知道侵权行为之日起计算。但是自权利受到损害之日起超过 20 年的，人民法院不予保护；有特殊情况的，人民法院可以根据权利人的申请决定延长。

本部分摘选陶瓷领域的 8 个著作权侵权纠纷案例进行探讨与分析，帮助读者从纠纷案例中对《著作权法》作更深入的了解。

案例 25
"牡丹系列"著作权侵权纠纷案

一审原告（二审被上诉人、再审被申请人）：福建省德化县宝源陶瓷研究所

一审原告（二审被上诉人、再审被申请人）：郑某某

一审被告（二审上诉人、再审申请人）：洛阳盛世牡丹瓷文化艺术有限公司

一审被告（二审上诉人、再审申请人）：洛阳牡丹瓷股份有限公司

一审被告（二审上诉人、再审申请人）：李某某

一审被告（二审上诉人）：陈某玉

一审被告（二审上诉人）：陈某华

一审被告（二审上诉人）：孙某某

【案件摘要】

1. 一审阶段

福建省德化县宝源陶瓷研究所（以下简称"宝源研究所"）所长郑某某为福建工艺美术大师、福建陶瓷艺术大师，其所创作的"牡丹系列""牡丹系列二"以及"16 寸实心黑牡丹"等作品（参见图 25 - 1），深受业界好评，并刊登在2005 年 6 月出版发行的《中国瓷都德化陶瓷精品（一）》一书上。在"牡丹系列"出版之前，郑某某对其创作作品在版权局进行了著作权登记。

图 25 - 1 涉案著作权作品

李某某所经营的洛阳牡丹瓷股份有限公司（以下简称"牡丹瓷公司"）、洛阳盛世牡丹瓷文化艺术有限公司（以下简称"盛世公司"）与宝

源研究所为合作关系，且曾向郑某某定作过"牡丹系列"的产品。

2013 年以来，郑某某发现，其创作的牡丹系列瓷花陶瓷作品，在市场上被大量仿制出售。经调查发现，李某某赶在郑某某之前，就对牡丹系列装饰摆件申请了外观专利，还对两个牡丹花样的镂空捏瓷系列申请了著作权登记。涉案外观设计专利参见表 25 – 1。

表 25 –1　李某某所申请的牡丹图案的外观设计专利列表

序号	权利人	专利号	申请日	专利名称	专利主视图
1	李某某	201030550048.2	2010.10.04	装饰摆件 （牡丹 A – 01）	
2	李某某	201030550067.5	2010.10.04	装饰摆件 （牡丹 A – 02）	
3	李某某	201030550095.7	2010.10.04	装饰摆件 （牡丹 A – 03）	
4	李某某	201030550077.9	2010.10.04	装饰摆件 （牡丹 A – 04）	
5	李某某	201030550080.0	2010.10.04	装饰摆件 （牡丹 A – 05）	

陈某玉等 3 人原为宝源研究所员工，陈某玉等人离职后，李某某开始向他们发出订单，生产涉案产品。随后，郑某某以侵犯其著作权为由将李某某以及生产陶瓷品的盛世公司、牡丹瓷公司三方告上了法庭，要求立刻停止生产带有牡丹瓷美术作品的陶瓷品，并且赔偿侵权造成的经济损失。

在审理过程中，李某某答辩称，其所申请外观设计专利作品与郑某某所创作"牡丹系列"不存在实质相似，具备新颖性，且其申请外观设计专利的时间早于郑某某版权登记时间，故未构成侵权。另外，李某某提出其与郑某某之间存在合作协议，郑某某所创作作品，李某某及其所经营公司同样享有知识产权，且郑某某已领取了合作分红，并举出《合作合同》作为证据。

对此，郑某某提出其在 2005 年 6 月出版发行的《中国瓷都德化陶瓷精品（一）》一书以及结合宝源研究所与郑某某参加中国（天津）工艺美术精品博览会的书面及视听材料等一系列证据，证明其创作作品完成时间早于李某某的外观设计专利申请时间。

2010 年 4 月，李某某向郑某某订货包括 16 寸白底洛阳红、16 寸白底二乔、16 寸白底赵粉在内的产品共计 437 件。审理过程中，李某某对该事实不予否认。

经审理，一审法院认为，被诉侵权作品与涉案牡丹瓷花作品构成实质近似，即便李某某申请了著作权登记，又申请了外观设计专利权，因宝源研究所、郑某某涉案作品的完成时间早于李某某申请著作权登记及申请外观设计专利的时间，其著作权属于在先取得的合法权利，故认定盛世公司、牡丹瓷公司、李某某及陈某玉、陈某华、孙某某生产、销售被诉侵权产品侵犯了郑某某对其创作作品所享有的著作权。

2. 二审阶段

李某某及其所经营的盛世公司和牡丹瓷公司不服一审判决，向福建省高级人民法院提出上诉。二审法院经审理后，作出（2014）闽民终字第406 号民事判决，维持原判。

3. 再审阶段

李某某及其所经营的盛世公司和牡丹瓷公司不服一审和二审判决，向最高人民法院提起再审申请。2014 年 12 月 22 日，最高人民法院依法组成合议庭对本案进行了审查。

盛世公司、牡丹瓷公司、李某某申请再审称：（1）二审法院存在程序错误。李某某向二审法院申请调查取证，二审法院虽然走访了福建省版权局，但未调取郑某某著作权登记的申请材料，宝源研究所与郑某某申报作品完成时间与实际完成时间不符。此外，本案一审、二审法院对李某某明确表示不予质证的证据作为认定事实的依据，一审法院对宝源研究所及郑某某在超过举证期限的第二次开庭时提交的实物证据予以认定，均违反了程序法的规定。（2）二审法院对《合作合同》未予认定，违背基本事实，违反法律规定。《合作合同》系原件，合同内容未违反国家法律和行政法规的强制性规定，是李某某与郑某某的真实意思表示，为有效合同，对双方当事人具有约束力。郑某某的收条表明郑某某已以货款的形式收到分红款，合同到期结束，双方已全面履行合同；李某某在发给郑某某的电子邮件中载明了其构思、指导并附有新产品照片；快递运单能证明李某某依照合同约定向郑某某提供牡丹摄影集等指导材料；李某某的合作伙伴葛某的证言及身份证复印件能证明其到宝源研究所指导。（3）被诉侵权作品与宝源研究所、郑某某的作品存在显著差异，不构成实质近似。二审法院在李某某提交的原国家知识产权局专利复审委员会（以下简称"专利复审委员会"）的审查决定书为新产生的证据后未对该证据进行评述错误。根据专利复审委员会的审查决定以及庭审比对，被诉侵权作品与本案权利作品具有实质区别。德化瓷器并非郑某某一家，李某某作为牡丹瓷的创始人，拥有高级工艺美术师等深厚的牡丹文化背景。本案牡丹瓷作品是李某某设计、构思、指导，相关知识产权应由李某某享有。综上，请求撤销一审、二审判决，改判驳回宝源研究所、郑某某的诉讼请求。

本案的焦点在于：（1）一审、二审法院是否存在程序错误；（2）郑某某与李某某签订的《合作合同》是否实际履行；（3）盛世公司、牡丹瓷公司、李某某是否侵害宝源研究所及郑某某享有的著作权。

关于焦点（1），盛世公司、牡丹瓷公司、李某某申请调取的证据为郑某某向福建省版权局申请涉案作品著作权的登记档案，拟证明郑某某申报涉案作品的完成时间与实际完成时间不符。而二审法院是根据 2005 年 6 月出版发行的刊载了郑某某所创作的牡丹瓷花美术作品的《中国瓷都德化陶瓷精品（一）》一书，结合宝源研究所与郑某某参加中国（天津）工艺美术精品博览会的书面及视听材料等一系列证据，最后确定郑某某完成"黑牡丹""洛阳红"及"二乔"等多幅涉案牡丹系列瓷花作品的完成时间。但由于我国著作权登记制度只对申请材料进行形式审查，并不具有排他性，因此最高人民法院认为二审法院未予调取不存在程序错误。

另外，作为认定案件事实依据的证据必须经过当事人质证，但并不要求双方当事人均确认该证据的证明力。本案中，盛世公司、牡丹瓷公司、李某某确认李某某针对相关证据明确表示不予质证。因此，盛世公司、牡丹瓷公司、李某某主张一审、二审法院认定事实的主要证据未经质证缺乏事实依据，法院不予采信。

关于一审法院确认宝源研究所、郑某某在第二次开庭时提交的实物证据超过举证期限是否属于程序违法的问题。根据我国《民事诉讼法》第六十五条第二款的规定，当事人在举证期限内提供证据确有困难的，可以申请延长举证期限。当事人逾期提供的证据，人民法院并非一律不予采纳，可以区别情形予以处理，因此一审法院不属于程序违法。

关于焦点（2），李某某所提供证据未能证明其与郑某某及宝源研究所之间存在合作关系。根据一审法院查明的事实，2010 年 4 月，李某某向郑某某订货包括 16 寸白底洛阳红、16 寸白底二乔、16 寸白底赵粉在内的产品共计 437 件，可以确认李某某与郑某某之间还存在买卖合同关系。故依据《合作合同》确定李某某享有涉案牡丹瓷花作品有关知识产权的主张缺乏事实依据，最高人民法院不予支持。

关于焦点（3），宝源研究所、郑某某的涉案牡丹瓷花作品系以美术作品的形式对牡丹形象在陶瓷上的再创作，刻画出立体生动的牡丹造型，具有独创性。判断作品是否构成侵权，应当从被诉侵权作品的作者是否"接触"过要求保护的权利人作品、被诉侵权作品与权利人的作品之间是否构成"实质相似"两个方面进行判断。首先，关于被诉侵权作品的作者是否"接触"过宝源研究所、郑某某要求保护的作品的问题，李某某在 2010 年 10 月 4 日申请外观设计专利权之前，曾于 2010 年 4 月向宝源研究所、郑某某订购涉案牡丹瓷花产品 437 件，且接受李某某委托生产被诉侵权产品的陈某玉、陈某华、孙某某曾于 2008 年至 2010 年在宝源研究所、郑某某处工作，可以证明李某某及被诉侵权作品的生产者接触过宝源研究所、郑某某要求保护的涉案牡丹瓷花作品。其次，关于被诉侵权作品与宝源研究所、郑某某要求保护的涉案作品是否构成实质近似的问题，通过比对，被诉侵权作品与宝源研究所、郑某某的涉案作品采用相同的表现手法、相同的设计元素，二者虽存在细微差别，但无论从整体还是从局部进行比对，作品的整体形态和表现方式相近似，给人以相似的视觉感受和欣赏体验，故一审、二审法院认定二者构成实质近似并无不当。

综上，盛世公司、牡丹瓷公司、李某某的再审申请不符合《民事诉讼法》第二百条第（二）项规定的情形。依照《民事诉讼法》第二百〇四条第一款之规定，最高人民法院裁定驳回盛世公司、牡丹瓷公司、李某某的再审申请。

【本案引用法条】

《中华人民共和国民事诉讼法》（2012 年修正）

第六十五条第二款 人民法院根据当事人的主张和案件审理情况，确定当事人应当提供的证据及其期限。当事人在该期限内提供证据确有困难的，可以向人民法院申请延长期限，人民法院根据当事人的申请适当延长。当事人逾期提供证据的，人民法院应当责令其说明理由；拒不说明理由或者理由不成立的，人民法院根据不同情形可以不予采纳该证据，或者采纳该证据但予以训诫、罚款。

第二百条 当事人的申请符合下列情形之一的，人民法院应当再审：

......

（二）原判决、裁定认定的基本事实缺乏证据证明的；

......

（四）原判决、裁定认定事实的主要证据未经质证的；

（五）对审理案件需要的主要证据，当事人因客观原因不能自行收集，书面申请人民法院调查收集，人民法院未调查收集的。

......

第二百〇四条 人民法院应当自收到再审申请书之日起三个月内审查，符合本法规定的，裁定再审；不符合本法规定的，裁定驳回申请。有特殊情况需要延长的，由本院院长批准。

【案例分析】

本案是一起著作权和外观设计专利权的纠纷案。关于著作权和外观设计专利权究竟采取何种保护方式更有利于陶瓷设计者的权利保护一直是陶瓷从业者所关注的问题。本案通过一审、二审和最高人民法院的再审，在对权利人的权利维护方面进行了较为通透的讨论，相对比较典型。在本案中，经过最高人民法院的再审后著作权人的权利得到了维护，但并不等于在实践中，著作权比外观设计专利权更有利于陶瓷从业者的权利维护。

将本案的案情抽丝剥茧后来看，郑某某是"牡丹系列"作品的著作权人，其作品在进行著作权登记之前，已经在《中国瓷都德化陶瓷精品（一）》一书发表了。也就是说，在进行著作权登记之前，"牡丹系列"已经被发表了，其作品的完成时间应该是早于著作权登记的，而出版物所证明的时间可以排除著作权登记的时间。在我国，著作权登记只是进行形式审查，并不具有绝对的排他效力。而李某某及其所经营的公司与郑某某的宝源研究所有业务往来，并曾经在其研究所定制了一批牡丹图样的产品。从另一个角度来理解，就是李某某及其所经营的公司有机会"接触"到郑某某的牡丹作品设计。如果李某某的牡丹系列外观设计专利与郑某某的"牡丹系列"作品构成相似，那么郑某某牡丹作品的发表就直接影响了李某某牡丹系列外观设计专利的新颖性，而新颖性被破坏的直接法律后果就是外观设计专利无效。

在实践中，为保护陶瓷设计创意，设计者往往会在著作权保护和外观设计专利保护两者之间选择其一。著作权和外观设计专利权在我国都是只进行形式审查。相比较而言，著作权的获取方式容易、获取周期短，但是法律稳定性较弱，而且作品完成时间较难界定，优点是保护期限长；而外观设计专利权确权周期较长、法律稳定性较强，保护时间从申请日起算，保护期限是 10 年，权利到期后进入公有领域。

对于陶瓷企业而言，由于陶瓷产品本身的市场周期就较短，更新换代速度较快，因此著作权保护周期长的优势就显得十分鸡肋。相反，将面向市场的陶瓷设计产品通过外观设计专利申请的方式进行保护，同样可以确定完成的时间节点。当作为企业产品设计在经过市场检验及消费者的选择后，可以考虑将作为企业特色或企业代表形象的设计产品通过产品图案注册商标等方式来进行保护。如果考虑成本因素在内，可以对具有代表性的主要设计产品申请外观设计专利保护，而对于相类似风格的产品进行著作权登记作为补充。

案例 26
"平方陶瓷" 著作权侵权纠纷案

原告： 佛山市海洋创意广告有限公司
被告： 佛山市新美工贸有限公司
涉案商标： 平方陶瓷 SQUARE 及图
案由： 商标权及著作权侵权纠纷

【案件摘要】

自 2003 年起，佛山市海洋创意广告有限公司（以下简称"海洋广告公司"）承担被告佛山市新美工贸有限公司（以下简称"新美公司"）陶瓷产品宣传广告图册的制作委托业务。2003 年 4 月，新美公司口头委托海洋广告公司以"平方陶瓷"为名称设计商标。同年 5 月，海洋广告公司向新美公司展示了自己的商标设计稿，未收到回复。

2003 年 8 月 9 日，新美公司向原国家工商行政管理总局商标局申请注册"平方陶瓷 SQUARE 及图"商标（参见图 26-1），并于 2005 年 7 月 28 日进行初审公告，同年 10 月 28 日获得商标核准，核准类别为 1906 类，即"建筑用陶瓷腰线；瓷片；砖；建筑用非金属砖瓦；建筑用非金属墙砖；非金属地板砖；玻璃马赛克；瓷砖；建筑用嵌砖；非金属砖瓦"。

图 26-1 涉案商标"平方陶瓷 SQUARE 及图"（注册号：3680728）

2004 年 9 月，新美公司接到了佛山市平方陶瓷有限公司（以下简称"平方陶瓷公司"）的设计商标和 VI 系统的委托。海洋广告公司将包括曾向新美公司展示的商标设计稿在内的两个设计稿交给平方陶瓷公司挑选。最终海洋广告公司为新美公司设计的商标被平方陶瓷公司采用。同时，平方陶瓷公司委托海洋广告公司替自己申请注册该商标。此时，海洋广告公司发现新美公司的注册商标"平方陶瓷 SQUARE 及图"与自己准备注册的商标标识仅在图案下方使用的中文字体上存在差异，遂将新美公司诉至法院，请求认定"平方陶瓷 SQUARE 及图"商标无效，并提供了作品的具体创作人员和创作过程等相关证据。被告新美公司在庭审答辩过程中提供了涉案商标标识打印图为证。

广东省佛山市禅城区人民法院经审理认为，原告举证证明作品的具体创作人员和创作过程，清晰地反映涉案作品的创作思路，而被告仅凭一份涉案标识打印图，无法证明涉案作品是自身创作的结果。据此，法院认定原告对涉案商标标识拥有著作权，依法作出判决，判定海洋广告公司对"平方陶瓷 SQUARE 及图"商标标识享有著作权。

【本案引用法条】

1.《中华人民共和国著作权法》（2001 年修正）

第二条第一款 中国公民、法人或者其他组织的作品，不论是否发表，依照本法享有著作权。

第十七条 受委托创作的作品，著作权的归属由委托人和受托人通过合同约定。合同未作明确约定或者没有订立合同的，著作权属于受托人。

2.《中华人民共和国商标法》（2001 年修正）

第三十一条 申请商标注册不得损害他人现有的在先权利，也不得以不正当手段抢先注册他人已经使用并有一定影响的商标。

【案例分析】

本案涉及著作权和商标权冲突问题。

本案是一件较为常见的著作权作为商标权的在先权利从而与商标权发

生冲突的纠纷案件。在实践中也是发生较为频繁的，尤其是在陶瓷行业。由于大多陶瓷设计者的保密意识较低，因此在产品设计过程中未予以足够的保密，在作品完成后也未及时通过进行著作权登记或者申请外观设计专利保护等手段对自己的创作作品进行法律保护，以至于被抄袭甚至抢先面市。

在陶瓷领域的知识产权侵权纠纷类型中，常见的有专利权之间的侵权纠纷、商标权之间的侵权纠纷、著作权之间的侵权纠纷。而本案是依据我国知识产权相关法律中有关"在先权利冲突"的规定以著作权否定商标权有效性的案件，也较为典型。

本案中，海洋广告公司接受新美公司的口头委托进行商标设计，是否采用也未被通知。后新美公司用海洋广告公司的设计图案进行了商标注册。而海洋广告公司在未收到新美公司通知前提下默认设计未被采用，在随后的平方陶瓷商标设计中采用了类似设计，并在商标注册过程中发现了新美公司的著作权侵权行为，故以在先权利冲突为由维护其著作权权益。

本案涉及三个知识点，第一个是我国法律对于著作权法律效力的规定，第二个是在先权利冲突，第三个是著作权委托事项下的权利归属。

关于著作权法效力的问题，根据我国《著作权法》的规定，著作权自作者完成作品之日起生效。在本案中海洋广告公司接受新美公司委托完成商标图案设计之日，该商标设计的著作权已经生效。我国有著作权登记制度，但是著作权登记制度并不影响著作权的生效。也就是说，即便作品未进行著作权登记，著作权也是有的，只是在诉讼纠纷中对于作品完成时间较难界定而已。如果有较强的证据能够证明该作品的完成时间早于著作权登记时间，则完成时间界定则以前者为主。本书案例25 "'牡丹系列'著作权侵权纠纷案"中有所提及，在此不再赘述。

关于在先冲突的问题，本案发生的年份较早，在1993年修正的《商标法》里并未明确商标不予注册的相对理由，而只是简单地概括为"以欺骗手段或者其他不正当手段取得注册的，由商标局撤销该注册商标"。而在2013年最新修正的《商标法》的第九条至第十二条则对商标不予注册的绝对情形和相对情形进行了规定，其中第九条规定："申请注册的商标，应当有显著特征，便于识别，并不得与他人在先取得的合法权利相冲突。"

所谓商标权的在先权利冲突是指在商标注册申请人提出商标申请之前，他人已经取得著作权、外观设计专利权和企业名称等权益。如果擅自将他人的美术作品或已经授权的外观设计作为商标图案或者形状，或将他人具有一定影响力的企业名称作为商标文字，那么该商标一经使用即可能侵犯他人的在先权益，因此不应获得注册。❶

关于委托事项下的著作权归属问题，根据我国《著作权法》（2013年修正）第十七条的规定，"受委托创作的作品，著作权的归属由委托人和受托人通过合同约定。合同未作明确约定或者没有订立合同的，著作权属于受托人"。本案中，海洋广告公司与新美公司之间的商标设计的委托仅为口头委托。这在实践中是应当注意的，万一发生了纠纷，口头的说辞都很难被证明，比较容易陷入"公说公有理、婆说婆有理"的"罗生门困境"中。而在签订了委托合同的前提下，也应注意有关权利归属的问题。如果未对著作权的权利归属进行约定，那么按照法律规定，著作权归接受委托的人所有。在本案中，如果海洋广告公司和新美公司签订了委托合同但是未规定著作权权利归属，那么商标图案的著作权归海洋广告公司所有。

---

❶　王迁. 知识产权法教程 [M]. 5 版. 北京：中国人民大学出版社，2016：448.

案例 27
"春江花月夜" 瓷板画、"茶梅" 花瓶等著作权侵权纠纷案

原告：张某某
被告：北京蕴玉宝桢商贸有限公司
被告：景德镇市艺术瓷厂
被告：北京工艺进出口有限责任公司
案由：著作权侵权纠纷

【案件摘要】

国家工艺美术大师张某某为瓷板画"春江花月夜"的作者。张某某诉称，景德镇市艺术瓷厂（以下简称"艺术瓷厂"）在贴有其照片的证书上盖了公章（非原件）；北京蕴玉宝桢商贸有限公司（以下简称"商贸公司"）未获得其授权，在该公司商场销售假冒原告署名的"春江花月夜"2.6 尺瓷板画一块，售价为 4.6 万元，销售假冒原告署名的"茶梅"200件花瓶一个，售价为 4.6 万元；北京工艺进出口有限责任公司（以下简称"工艺公司"）与商贸公司为联营关系，故应承担连带侵权责任。原告张某某以著作权侵权为由将上述三家企业起诉至法院，要求赔偿经济及名誉损失，并赔礼道歉、消除影响。

在审理过程中，被告艺术瓷厂对证书盖章一事予以否认。被告商贸公司提出涉案作品为交换所得，不存在销售行为。被告工艺公司提出与商贸公司合作联营的是该公司下属懋隆分公司，否认联营关系，认为自身被告主体不适格。

涉案作品经景德镇市人民检察院景检技鉴字（2002）第 14 号笔迹检验鉴定书作出结论，即送检的"春江花月夜"瓷板和"茶梅"花瓶陶瓷作品上署名"××"的签名笔迹与张某某的样本笔迹不是同一人所留。

法院经审理发现并认定：（1）被告商贸公司的宣传册上标有假冒张某某署名的"茶梅"花瓶。此外，被告商贸公司对2件假冒工艺品商品标价签，该标签注明：张某某国家工艺美术大师，瓷板画2.6尺，产地景德镇，售价4.6万元；粉彩瓶200件，产地景德镇，售价4.6万元，编号分别为9270、9218，北京市物价检查所监制SS-7。此外，根据商贸公司所从事的经营项目，尤其是在商场货架上摆放了该两件工艺品，并标有商品标价，显然是销售行为。（2）被告工艺公司的下属懋隆分公司与商贸公司共同合作经营，构成共同侵权。由于懋隆分公司不具有企业法人资格，因此应由工艺公司承担民事责任。（3）对于证书盖章一事，由于原告不能提供证书原件，无法对证书上的公章鉴定真伪，不能肯定该公章是艺术瓷厂所盖，故该主张证据不足，不予采纳。

综上，法院最终判决：（1）商贸公司在《北京日报》上以书面形式公开向原告张某某道歉；（2）被告商贸公司和工艺公司赔偿原告张某某经济损失人民币20万元、商业声誉损失人民币30万元、合计开支人民币19 146元，共计519 146元，其中，商贸公司承担70%赔偿责任，工艺公司承担30%赔偿责任，并承担连带清偿责任；（3）驳回原告张某某对艺术瓷厂的诉讼请求。

【本案引用法条】

1.《中华人民共和国公司法》（2004年修正）

第十三条 公司可以设立分公司，分公司不具有企业法人资格，其民事责任由公司承担。

公司可以设立子公司，子公司具有企业法人资格，依法独立承担民事责任。

2.《中华人民共和国著作权法》（2001年修正）

第十条 著作权包括下列人身权和财产权：

（一）发表权，即决定作品是否公之于众的权利；

（二）署名权，即表明作者身份，在作品上署名的权利；

（三）修改权，即修改或者授权他人修改作品的权利；

（四）保护作品完整权，即保护作品不受歪曲、篡改的权利；

（五）复制权，即以印刷、复印、拓印、录音、录像、翻录、翻拍等方式将作品制作一份或者多份的权利；

（六）发行权，即以出售或者赠与方式向公众提供作品的原件或者复制件的权利；

（七）出租权，即有偿许可他人临时使用电影作品和以类似摄制电影的方法创作的作品、计算机软件的权利，计算机软件不是出租的主要标的的除外；

（八）展览权，即公开陈列美术作品、摄影作品的原件或者复制件的权利；

（九）表演权，即公开表演作品，以及用各种手段公开播送作品的表演的权利；

（十）放映权，即通过放映机、幻灯机等技术设备公开再现美术、摄影、电影和以类似摄制电影的方法创作的作品等的权利；

（十一）广播权，即以无线方式公开广播或者传播作品，以有线传播或者转播的方式向公众传播广播的作品，以及通过扩音器或者其他传送符号、声音、图像的类似工具向公众传播广播的作品的权利；

（十二）信息网络传播权，即以有线或者无线方式向公众提供作品，使公众可以在其个人选定的时间和地点获得作品的权利；

（十三）摄制权，即以摄制电影或者以类似摄制电影的方法将作品固定在载体上的权利；

（十四）改编权，即改变作品，创作出具有独创性的新作品的权利；

（十五）翻译权，即将作品从一种语言文字转换成另一种语言文字的权利；

（十六）汇编权，即将作品或者作品的片段通过选择或者编排，汇集成新作品的权利；

（十七）应当由著作权人享有的其他权利。

著作权人可以许可他人行使前款第（五）项至第（十七）项规定的权利，并依照约定或者本法有关规定获得报酬。

著作权人可以全部或者部分转让本条第一款第（五）项至第（十七）项规定的权利，并依照约定或者本法有关规定获得报酬。

第十一条　著作权属于作者，本法另有规定的除外。

创作作品的公民是作者。

由法人或者其他组织主持，代表法人或者其他组织意志创作，并由法人或者其他组织承担责任的作品，法人或者其他组织视为作者。

如无相反证明，在作品上署名的公民、法人或者其他组织为作者。

第四十七条　有下列侵权行为的，应当根据情况，承担停止侵害、消除影响、赔礼道歉、赔偿损失等民事责任；同时损害公共利益的，可以由著作权行政管理部门责令停止侵权行为，没收违法所得，没收、销毁侵权复制品，并可处以罚款；情节严重的，著作权行政管理部门还可以没收主要用于制作侵权复制品的材料、工具、设备等；构成犯罪的，依法追究刑事责任：

（一）未经著作权人许可，复制、发行、表演、放映、广播、汇编、通过信息网络向公众传播其作品的，本法另有规定的除外；

（二）出版他人享有专有出版权的图书的；

（三）未经表演者许可，复制、发行录有其表演的录音录像制品，或者通过信息网络向公众传播其表演的，本法另有规定的除外；

（四）未经录音录像制作者许可，复制、发行、通过信息网络向公众传播其制作的录音录像制品的，本法另有规定的除外；

（五）未经许可，播放或者复制广播、电视的，本法另有规定的除外；

（六）未经著作权人或者与著作权有关的权利人许可，故意避开或者破坏权利人为其作品、录音录像制品等采取的保护著作权或者与著作权有关的权利的技术措施的，法律、行政法规另有规定的除外；

（七）未经著作权人或者与著作权有关的权利人许可，故意删除或者改变作品、录音录像制品等的权利管理电子信息的，法律、行政法规另有规定的除外；

（八）制作、出售假冒他人署名的作品的。

第四十八条　侵犯著作权或者与著作权有关的权利的，侵权人应当按照权利人的实际损失给予赔偿；实际损失难以计算的，可以按照侵权人的违法所得给予赔偿。赔偿数额还应当包括权利人为制止侵权行为所支付的合理开支。

权利人的实际损失或者侵权人的违法所得不能确定的，由人民法院根据侵权行为的情节，判决给予五十万元以下的赔偿。

3.《中华人民共和国民法通则》

第一百二十条　公民的姓名权、肖像权、名誉权、荣誉权受到侵害的，有权要求停止侵害，恢复名誉，消除影响，赔礼道歉，并可以要求赔偿损失。

法人的名称权、名誉权、荣誉权受到侵害的，适用前款规定。

【案例分析】

1. 著作人身权之署名权

根据《著作权法》（2001 年修正）第二章第十条的规定，著作权的内容包括发表权、署名权、修改权、保护作品完整权、复制权、发行权、出租权、展览权、表演权、放映权、广播权、信息网络传播权、摄制权、改编权、翻译权、汇编权和其他权利。

著作权所包含的内容是指著作权人依法所享有的法律所保护的专有权利的总和，包括人身权部分和财产权部分。其中著作人身权指的是蕴含在作品中的作者的独特的人格利益，❶ 因此不可转让、继承或者受遗赠，具体指发表权、署名权、修改权和保护作品完整权。本案例中主要涉及的是作者的署名权。著作权财产权是蕴含在作品中的财产利益，指的是《著作权法》第十条第（五）项至第（十七）项的内容，权利人可以依法或者依约对其著作财产权的全部或者部分内容进行转让，并获得报酬。

署名权是指，作者有权在其作品上对其作者身份进行标识、注明的权利，是著作人身权的核心权利。作者在其作品上进行署名的权利，不仅包括署真名、署笔名，也包括不署名的权利。署名权是人身权的一种，它所蕴含的是作者与其作品之间的一种"血缘般"的联系。因此，作为人身权的核心权利，署名权不能放弃。换句话说，署名权不因作者的放弃而消失。侵犯作者署名权的行为有很多种。实践中常见的侵犯署名权的行为有：（1）未经合作作者许可，将与他人合作创作的作品当作自己单独创作的作品发表的；（2）没有参加创作，为谋取个人名利，在他人作品上署名的；（3）制作、出售假冒他人署名的作品的。在本案例中，被告商贸公司的宣传册上印有署名为张某某的"茶梅"花瓶的行为，以及在商场货架上摆放涉案工艺品的行为，就属于上述第三种侵权行为的外在表现。

值得注意的是，作品的署名权不仅仅局限于原作品本身，还包括其衍生作品。比如在本案例中，如果艺术瓷厂觉得原告的瓷板画十分具有艺术美感，欲将其做成马克杯，印在杯身上，那么对于马克杯杯身上的这幅

---

❶ 王迁. 知识产权法教程［M］. 5 版. 北京：中国人民大学出版社，2017：106.

画，原告也是拥有署名权的。生活中常见的"本剧根据某某某小说改编"也是著作权中作者行使署名权的表现。

在我国，除了前文所提到的《著作权法》第十条之外，《著作权法》第十一条、第十五条、第十六条、第二十条、第二十一条、第二十八条、第四十六条和第四十七条，以及《著作权法实施条例》（2013 年修订）第十三条和第十五条都对作者的署名权进行了相应规定。

2. 共同侵权

本案被告有三方，分别为艺术瓷厂、商贸公司和工艺公司。其中，商贸公司和工艺公司在著作权侵权中分别承担着不同的角色，起到不同的作用。这就涉及"共同侵权"的问题。

所谓共同侵权是指加害人为二人或二人以上共同侵害他人合法民事权益造成损害，加害人应当承担连带责任的侵权行为。从概念出发可以得出：（1）共同侵权的主体在数量方面，一定是两个或两个以上，可以是自然人，也可以是法人或其他组织；（2）在行为方面，表现为"共同施害"行为；（3）在责任承担方面，共同侵权的加害人须承担连带责任，也就是说，一个都跑不了，都必须承担责任。

在主观上，共同侵权人是否需要达成一致，且彼此之间有意思联络呢？共同侵权人是否需要知道彼此的存在以及其行为的侵害性？结合本案例，商贸公司和工艺公司是否知道彼此的存在，以及本案例所涉及的标的物"春江花月夜"瓷板画和"茶梅"花瓶为侵权物呢？

根据《最高人民法院关于审理人身损害赔偿案件适用法律若干问题的解释》的规定，共同侵权行为是指数行为人基于共同的主观过错，侵害他人权益造成损害的行为，或者数行为人虽然没有共同的主观过错，但是数行为在同一损害过程中直接结合，造成不可分割的侵害后果的行为。

在本案例中，艺术瓷厂、商贸公司和工艺公司只要行为相互联系，在侵权致人损害方面构成一个行为主体，即构成共同侵权。在责任承担方面，商贸公司和工艺公司都须就其行为承担法律不利后果。

案例 28
"益寿年丰"瓷板画著作权、名誉权侵权纠纷案

原告（被反诉人）： 余某松
被告（反诉人）： 余某平
案由： 著作权、名誉权侵权纠纷

【案件摘要】

2002年2月，余某平瓷器店"得艺轩"开张，其好友师某某将自己收藏多年的已故陶瓷艺术家余某青的作品挂于该店中央支撑门面。该作品为"益寿年丰"题材瓷板画，规格为2.6尺，上题：为庆祝中国共产党伟大的四十周年纪念而作。落款：1960年8月余某青特绘于景德镇陶瓷学院。

2002年11月27日，余某松带外地朋友参观陶瓷大世界，在"得艺轩"发现其父亲余某青的作品悬挂于店堂中央，因该作品不像其父亲画风，其认为该作品是赝品，并假意问价，被告要价5万元。

随后，余某松将余某平诉至法院，称余某平在其店中销售假冒原告父亲余某青"益寿年丰"题材的瓷板画，侵犯了原告已故父亲余某青的著作权，诉请停止侵权、赔礼道歉、消除影响并赔偿损失。

余某平答辩称：（1）该瓷板画为其好友师某某收藏所有，被告无权销售，该作品悬挂店堂中央用于支撑门面供人欣赏，被告未标价作为商品销售；（2）该作品经鉴定确为余某青的作品，并非赝品。

2003年2月18日，经原被告双方同意，景德镇市文物鉴定小组作出以下结论：（1）该作品不属传世文物；（2）该作品绘制于1960年，为陶瓷学院教授余某青作品；（3）该作品手法娴熟，笔力刚劲，画面除有少部分疵点外，不失为一件上乘之作，作为社会主义建设特定时期的作品，具有较高的艺术欣赏和保存价值。

　　同年 7 月 7 日，余某平提出反诉称：被反诉人余某松无端指认存放在反诉人店中央的一幅 2.6 尺的瓷板画是赝品，严重影响了反诉人的正常营业，致使反诉人直接经济损失数万元，同时该行为侵害了反诉人的名誉权，诉请赔偿经济损失及精神损失赔偿费。

　　本案争议焦点为：（1）该作品是否属销售商品；（2）该作品是否属赝品；（3）被反诉人是否构成名誉侵权；（4）赔偿金额如何确定。

　　法院经审理后认为，关于焦点（1），争议作品"益寿年丰"瓷板画悬挂于被告商店内，并未标注"非卖品"，且经原告询价被告提出了 5 万元的要价，应视为销售商品。

　　关于焦点（2），司法鉴定机构是经过原被告双方同意的，在程序上是合法的，且鉴定人均有鉴定从业资格，因此法院对争议作品的司法鉴定结论予以认可。

　　关于焦点（3），被反诉人（原告）是依法行使自己正当的诉讼权利，主观上并没有恶意侮辱的故意，不能认定为名誉侵权。

　　关于焦点（4），由于争议作品为原创作品，故应当为其过错承担过错责任，应依法赔偿被告为诉讼所遭受的损失。

　　综上，法院最终判决驳回原告请求，并赔偿余某平经济损失 2000 元。

【本案引用法条】

　　1.《最高人民法院关于民事诉讼证据的若干规定》（法释〔2001〕33 号）

　　第七十一条　人民法院委托鉴定部门作出的鉴定结论，当事人没有足以反驳的相反证据和理由的，可以认定其证明力。

　　第七十二条　一方当事人提出的证据，另一方当事人认可或者提出的相反证据不足以反驳的，人民法院可以确认其证明力。

　　一方当事人提出的证据，另一方当事人有异议并提出反驳证据，对方当事人对反驳证据认可的，可以确认反驳证据的证明力。

　　2.《中华人民共和国著作权法》（2001 年修正）

　　第九条　著作权人包括：

　　（一）作者；

　　（二）其他依照本法享有著作权的公民、法人或者其他组织。

第十九条　著作权属于公民的，公民死亡后，其本法第十条第一款第
（五）项至第（十七）项规定的权利在本法规定的保护期内，依照继承法
的规定转移。

著作权属于法人或者其他组织的，法人或者其他组织变更、终止后，
其本法第十条第一款第（五）项至第（十七）项规定的权利在本法规定的
保护期内，由承受其权利义务的法人或者其他组织享有；没有承受其权利
义务的法人或者其他组织的，由国家享有。

【案例分析】

本案涉及著作人身权中的名誉权侵权。

在本案中，反诉人余某平提出的诉由是侵犯名誉权。《著作权法》第
十条中并未规定有名誉权，但作为《著作权法》上位法的《民法总则》，
在其第五章"民事权利"中第一百一十条对名誉权作了相关规定。《民法
总则》第一百一十条规定："自然人享有生命权、身体权、健康权、姓名
权、肖像权、名誉权、荣誉权、隐私权、婚姻自主权等权利。法人、非法
人组织享有名称权、名誉权、荣誉权等权利。"那么，在实践中，自然人
或法人当然也可以以名誉权侵权为诉由维护其权益。

名誉权，是指特定的民事主体享有的要求社会对其给予公正的社会评
价和排除他人以任何方式损害其获得的公正社会评价的权利。对于自然人
来讲，就是我们通常说的"名声"；对于法人而言，就是商誉。对法人名
誉权的侵权行为表现在两个方面：（1）在任何新闻报道、图书杂志在对法
人进行报道评论时，必须真实，与事实相符；（2）任何人不得捏造事实，
散布与法人真实状况不符的消息，败坏其名誉。在这里注意，关键词是
"与真实情况不符"。本案中，余某平挂在商店中的"益寿年丰"瓷板画为
正品，但是被余某松指责为赝品，并以著作权侵权为由诉至法院，对余某
平的商店而言，造成了商誉上的伤害。

目前在我国，除了《民法总则》对名誉权作了相关规定外，1993 年，
最高人民法院还公布了《关于审理名誉权案件若干问题的解答》，对名誉
权纠纷案件提供了司法解释的依据。

案例 29
"人之初"陶瓷美术作品
著作权侵权纠纷案

一审被告（二审上诉人）：佛山市禅城区奥艺谷美术陶瓷厂

一审原告（二审被上诉人）：林某某

一审被告（二审上诉人）：邓某

案由：著作权侵权纠纷

【案件摘要】

1. 一审阶段

1998 年 10 月 1 日，林某某完成名为"人之初"的陶瓷美术作品后，向广东省版权局申请作品登记，广东省版权局于 2001 年 6 月 28 日予以登记，并于 2001 年 7 月 3 日向林某某颁发了作登字 19 - 2001 - F - 530 号作品登记证。该作品的主要表现形式为，一位古代年轻母亲头上盘髻插花，穿有襕边纹饰的裙装，以背带负其幼子，右手执书，左手托子，右脚前迈，面带微笑，徐步前行，其幼子则左手伸前，面带笑容。

佛山市禅城区奥艺谷美术陶瓷厂（以下简称"奥艺谷厂"）属邓某投资开办的独资企业，生产过被控产品。林某某发现了该生产行为后，向一审法院起诉并申请证据保全。一审法院受理后，于 2004 年 6 月 23 日采取证据保全措施，于奥艺谷厂扣押了"人之初"陶塑美术作品一件，并对邓某进行了调查及制作了调查笔录一份。

从"人之初"陶塑来看，其通过人物的服饰、动作、神态及整体造型表现了一位古代年轻母亲对幼儿的循循教导。虽然其母亲脸部的五官特征、服饰中的襕边纹饰、人物的手掌部动作均为陶塑作品的惯常表现手法，但在构成一件陶塑的众多元素的判断、选择上，仍体现了作者独特的创作。被控产品的主要表现形式为，一位古代年轻母亲头上盘髻插花，穿有襕边纹饰的裙装，以背带负其幼子，左手执书，右手托子，右脚前迈，面带微笑，徐步前行，其幼子则左手伸前，面带笑容。这些表现形式除"左手执书、右手托子"与"人之初"作品的"右手执书，左手托子"不同外，其他均一致。

邓某答辩称，称"人之初"产品是奥艺谷厂于2001年从外面买了版权回来做的，但未能举证证实。庭审中，邓某又称"人之初"产品为其独立创作，但其创作思路及创作过程并无直接证据如创作原稿等证实。

一审法院最终判决邓某及奥艺谷厂侵犯了林某某的著作权，应承担相应的民事责任，即应停止侵权行为、赔礼道歉并赔偿损失。

2. 二审阶段

邓某、奥艺谷厂不服上述判决，向广东省高级人民法院上诉，请求撤销原审判决，驳回林某某的全部诉讼请求，林某某承担一审、二审全部诉讼费用。

后经广东省高级人民法院调解，双方当事人达成和解。

【本案引用法条】

1.《中华人民共和国民法通则》

第一百〇六条 公民、法人违反合同或者不履行其他义务的，应当承担民事责任。

公民、法人由于过错侵害国家的、集体的财产，侵害他人财产、人身的，应当承担民事责任。

第一百〇八条 债务应当清偿。暂时无力偿还的，经债权人同意或者人民法院裁决，可以由债务人分期偿还。有能力偿还拒不偿还的，由人民法院判决强制偿还。

第一百一十八条（略）❶

第一百三十四条（略）❷

---

❶ 参见本书案例10"'一种改进的热敏陶瓷电加热器'实用新型专利侵权纠纷案""本案引用法条"部分。

❷ 参见本书案例1"'防火隔热卷帘用耐火纤维复合卷帘及其应用'发明专利侵权纠纷案""本案引用法条"部分。

2.《中华人民共和国著作权法》（2001 年修正）

第二条 中国公民、法人或者其他组织的作品，不论是否发表，依照本法享有著作权。

外国人、无国籍人的作品根据其作者所属国或者经常居住地国同中国签订的协议或者共同参加的国际条约享有的著作权，受本法保护。

外国人、无国籍人的作品首先在中国境内出版的，依照本法享有著作权。

未与中国签订协议或者共同参加国际条约的国家的作者以及无国籍人的作品首次在中国参加的国际条约的成员国出版的，或者在成员国和非成员国同时出版的，受本法保护。

第三条 本法所称的作品，包括以下列形式创作的文学、艺术和自然科学、社会科学、工程技术等作品：

（一）文字作品；

（二）口述作品；

（三）音乐、戏剧、曲艺、舞蹈、杂技艺术作品；

（四）美术、建筑作品；

（五）摄影作品；

（六）电影作品和以类似摄制电影的方法创作的作品；

（七）工程设计图、产品设计图、地图、示意图等图形作品和模型作品；

（八）计算机软件；

（九）法律、行政法规规定的其他作品。

第四十六条 有下列侵权行为的，应当根据情况，承担停止侵害、消除影响、赔礼道歉、赔偿损失等民事责任：

（一）未经著作权人许可，发表其作品的；

（二）未经合作作者许可，将与他人合作创作的作品当作自己单独创作的作品发表的；

（三）没有参加创作，为谋取个人名利，在他人作品上署名的；

（四）歪曲、篡改他人作品的；

（五）剽窃他人作品的；

（六）未经著作权人许可，以展览、摄制电影和以类似摄制电影的方法使用作品，或者以改编、翻译、注释等方式使用作品的，本法另有规定的除外；

（七）使用他人作品，应当支付报酬而未支付的；

（八）未经电影作品和以类似摄制电影的方法创作的作品、计算机软件、录音录像制品的著作权人或者与著作权有关的权利人许可，出租其作品或者录音录像制品的，本法另有规定的除外；

（九）未经出版者许可，使用其出版的图书、期刊的版式设计的；

（十）未经表演者许可，从现场直播或者公开传送其现场表演，或者录制其表演的；

（十一）其他侵犯著作权以及与著作权有关的权益的行为。

第四十七条 （略）❶

第四十八条 （略）❷

3.**《最高人民法院关于审理著作权民事纠纷案件适用法律若干问题的解释》（法释〔2002〕31 号）**

第七条 当事人提供的涉及著作权的底稿、原件、合法出版物、著作权登记证书、认证机构出具的证明、取得权利的合同等，可以作为证据。

在作品或者制品上署名的自然人、法人或者其他组织视为著作权、与著作权有关权益的权利人，但有相反证明的除外。

第二十五条 权利人的实际损失或者侵权人的违法所得无法确定的，人民法院根据当事人的请求或者依职权适用著作权法第四十八条第二款的规定确定赔偿数额。

人民法院在确定赔偿数额时，应当考虑作品类型、合理使用费、侵权行为性质、后果等情节综合确定。

当事人按照本条第一款的规定就赔偿数额达成协议的，应当准许。

【案例分析】

本案例涉及作品的"独创性"判断。

在前文专利侵权纠纷部分，我们提到了专利的"三性"，而在著作权概念中，著作权所保护的"作品"需要具备哪些特性呢？

---

❶❷　参见本书案例27 "'春江花月夜'瓷板画、'茶梅'花瓶等著作权侵权纠纷案" "本案引用法条"部分。

我国《著作权法实施条例》（2013 年修订）第二条规定，著作权法所称作品，是指文学、艺术和科学领域内具有独创性并能以某种有形形式复制的智力成果。"独创性"顾名思义，我们可以从"独"和"创"两个方面来理解独创性的概念。

所谓"独"，即是独立，独立创作，源于本人。什么是"独立创作"？第一，作品是作者从无到有创作出来的，有点类似于我们在前文所提到的"新颖性"；第二，在已有作品基础上进行再创作并由此创造出来的与原作品之间存在着可以被明显识别的差异，也属于"独立创作"。比如说，一位雕塑家在《断臂维纳斯》这件作品设计的基础上进行再创作，给维纳斯加了一个剪刀手，或者是做成了比心的手势，那么一般而言，进行再次创作的作品由于与原作品有着显而易见的区别，它的独创性也是被认可的。很显然，一般消费者不会将比心手势的维纳斯和收藏在法国巴黎卢浮宫的《断臂维纳斯》混淆，误认为是同一时期的作品的。在这里，我们可以看出，著作权中所谓的"独创性"与专利权中所谓的"新颖性"是有差别的。而"源于本人"是指作品是由作者（不限于一人）本身所独立完成的，并不是抄袭的。

所谓"创"，即是创造。著作权中所提及的"创造性"对应智力创造的作品，不同于专利权中的"创造性"，著作权中的"独创性"的创造不需要具有进步性，也不需要较现有作品有所提升与改进，它只要是作者智力创造的成果，都属于法律所保护的具有独创性的载体。这里值得一提的是"额头流汗"原则（sweat of the brow，或称辛勤原则、额头出汗原则）。

什么是"额头流汗"原则呢？举个例子，将单位所有员工的电话号码收集整理出来，制作成电话簿。那么这个电话簿是作品吗？受著作权保护吗？答案显然是否定的。为什么？因为它不具有创造性。作品的独创性并不是根据是否付出劳动，以及劳动量的大小来判断的。

独创性是判断著作权侵权的一个非常重要的标准。在著作权侵权判定中，实践中我们所通用的判断方式为"接触＋实质性相似"，而独创性则是用来判断"实质性相似"的。

案例 30
"新四军原七位师长画像"
瓷壁画著作权纠纷案

原告：周某某
被告：新四军纪念馆
涉案作品："新四军原七位师长画像"瓷壁画
案由：著作权侵权纠纷

【案件摘要】

1. 一审阶段

1988 年 1 月 26 日，新四军纪念馆委托周某某为其创作一幅内容为"新四军原七位师长画像"的瓷壁画作品，欲设置在新四军重建军部旧址——泰山庙大殿西山墙。双方口头约定：只给材料费，不计报酬。

同年 9 月 7 日，周某某通过工笔画的表现形式，完成了题为"将星云集、共缚天狼"的 360 毫米×192 毫米的作品画稿，上画新四军原七位师长人像，背景为新四军千军万马前进，落款为"振威敬制"。作品创作过程中，新四军纪念馆提供了部分资料、照片等素材，并对该画的画意与风格作了指导并进行了审稿。在作品创作过程中，新四军纪念馆为周某某报销了画稿的材料费。

新四军纪念馆接受画稿后，于 1991 年 9 月 16 日委托钟某某将此画稿复制成陶瓷壁画。1992 年 4 月 28 日、5 月 24 日，周某某受新四军纪念馆委托去景德镇审稿。周某某发现复制的陶瓷壁画背景被修改，署名为"钟某某、周某某合作"，即向新四军纪念馆提出书面反对意见。由于钟某某坚持认为将工笔画烧制成瓷画是一种再创作，故新四军纪念馆对周某某的反对意见未予采纳。

1992 年 10 月 16 日，陶瓷壁画烧成后，被装贴在新四军重建军部旧址泰山庙大殿西山墙壁上。

1993年3月25日，周某某以新四军纪念馆未经其同意，擅自将该画作品作了修改，并至今不给付报酬为理由，向盐城市城区人民法院起诉，要求确认其著作权，由新四军纪念馆给付酬金，赔偿侵权行为所造成的损失。

新四军纪念馆辩称：该馆在委托时已言明报酬只是意思而已；该馆提供了有关资料，该画的创作思想和具体构思是该馆提出的，该画的著作权应属该馆；请求驳回原告的诉讼请求。

盐城市城区人民法院经审理认为，周某某受新四军纪念馆委托绘制壁画，双方没有就著作权的归属问题订立合同，著作权应属周某某所有。周某某要求给付一定的酬金是有道理的，应予支持。1993年12月22日，盐城市城区人民法院依据《著作权法》第二条、第九条、第十条、第十一条、第十七条、第四十五条之规定作出判决：双方争议的壁画著作权归周某某所有；新四军纪念馆须支付作品创作酬金及赔礼道歉。

2. 二审阶段

新四军纪念馆不服一审判决，向盐城市中级人民法院提起上诉。新四军纪念馆在上诉审理过程中辩称：（1）争议壁画属违法产物。该壁画装贴在新四军重建军部旧址上，是对旧址原貌的一种歪曲，损害了旧址的意义和文物价值，致使旧址未被评上省级文物保护单位，这个行为是违反《文物保护法》的。根据《著作权法》第四条关于"著作权人行使著作权，不得违反宪法和法律，不得损害公共利益"的规定，这个违法产物不存在著作权的问题。（2）委托周某某创作时双方有约定，不给付报酬，现判给付报酬不当。（3）该作品是该馆委托周某某创作的宣传作品，定稿权在该馆，故对画的部分改动不属侵权行为。新四军纪念馆据此请求二审法院依法改判。

1994年6月8日，盐城市中级人民法院主持调解，双方就著作权归属、作品创作酬金、诉讼相关费用的支付等事项达成协议。

【本案引用法条】

《中华人民共和国著作权法》（1990年制定）

第二条　中国公民、法人或者非法人单位的作品，不论是否发表，依照本法享有著作权。

第九条 著作权人包括：

（一）作者；

（二）其他依照本法享有著作权的公民、法人或者非法人单位。

第十条 著作权包括下列人身权和财产权：

（一）发表权，即决定作品是否公之于众的权利；

（二）署名权，即表明作者身份，在作品上署名的权利；

（三）修改权，即修改或者授权他人修改作品的权利；

（四）保护作品完整权，即保护作品不受歪曲、篡改的权利；

（五）使用权和获得报酬权，即以复制、表演、播放、展览、发行、摄制电影、电视、录像或者改编、翻译、注释、编辑等方式使用作品的权利；以及许可他人以上述方式使用作品，并由此获得报酬的权利。

第十一条 著作权属于作者，本法另有规定的除外。

创作作品的公民是作者。

由法人或者非法人单位主持，代表法人或者非法人单位意志创作，并由法人或者非法人单位承担责任的作品，法人或者非法人单位视为作者。

如无相反证明，在作品上署名的公民、法人或者非法人单位为作者。

第十七条 受委托创作的作品，著作权的归属由委托人和受托人通过合同约定。合同未作明确约定或者没有订立合同的，著作权属于受托人。

第四十五条 有下列侵权行为的，应当根据情况，承担停止侵害、消除影响、公开赔礼道歉、赔偿损失等民事责任：

（一）未经著作权人许可，发表其作品的；

（二）未经合作作者许可，将与他人合作创作的作品当作自己单独创作的作品发表的；

（三）没有参加创作，为谋取个人名利，在他人作品上署名的；

（四）歪曲、篡改他人作品的；

（五）未经著作权人许可，以表演、播放、展览、发行、摄制电影、电视、录像或者改编、翻译、注释、编辑等方式使用作品的，本法另有规定的除外；

（六）使用他人作品，未按照规定支付报酬的；

（七）未经表演者许可，从现场直播其表演的；

（八）其他侵犯著作权以及与著作权有关的权益的行为。

【案例分析】

　　关于委托作品的著作权归属问题，根据《著作权法》（2010 年修正）第十七条的规定，"受委托创作的作品，著作权的归属由委托人和受托人通过合同约定。合同未作明确约定或者没有订立合同的，著作权属于受托人。"在本案中，新四军纪念馆委托周某进行壁画的创作，因是口头约定，且未对权属进行约定，所以按照该条款，著作权归周某某所有。

　　《著作权法》中的委托行为所对应的并不是《合同法》中的委托合同。合同法中所讲的"委托合同"又称委任合同，是指委托人和受托人约定，由受托人处理委托事务的合同。而著作权法中所讲的"委托"其实是委托创作作品，"创作作品"本身的行为与合同法中委托处理的事务行为并不相同。相比较而言，《著作权法》中所提到的委托创作约定，更适合于《合同法》中的"承揽合同"。我国《合同法》第二百五十一条规定："承揽合同是承揽人按照定作人的要求完成工作，交付工作成果，定作人给付报酬的合同。承揽包括加工、定作、修理、复制、测试、检验等工作。"该条款中第二款的"定作"自然也就包括了委托创作。

　　除了委托作品的权属争议之外，本案还有一个争议点，即受新四军纪念馆委托进行陶瓷壁画烧制的钟某某是否对该壁画拥有署名权？

　　要理解这个争议点，我们需要先确定钟某某根据周某创作的作品所烧制而成的陶瓷壁画是否属于著作权法上的作品的概念。在本书前文，我们已讲过著作权法上所讲的"作品"需要具有独创性，也就是"独" + "创"的结合。钟某某烧制的陶瓷壁画自然是独立完成的，这个毋庸置疑。而产生争议点的是该烧制的陶瓷壁画是否具有创造性。本案中，钟某某根据周某所创作的作品进行了载体的变更，然后根据烧制的需要进行了细节的变化。而这种细节变化并不能将两幅作品，即周某某的创作作品和钟某烧制的陶瓷壁画区别开来。且钟某某所烧制的陶瓷壁画与其说是智力创作，其实更为接近于经验化的创作，因此在独创性上是有所不足的。既然该烧制作品已经不属于著作权法上的"作品"的概念了，那么自然钟某某也就不对其享有署名权了。

案例 31
"虫花杯盘组系列"陶瓷美术作品等
著作权侵权纠纷案

原告：海畅实业有限公司
被告：战某
被告：香港苏太经贸发展有限公司
被告：潮州市田中信发彩瓷厂
案由：著作权侵权纠纷及不正当竞争纠纷

【案件摘要】

2003年，海畅实业有限公司（以下简称"海畅公司"）股东之一陈立恒与他人在中国景德镇创立"景德镇海畅法蓝瓷有限公司"（以下简称"法蓝瓷公司"），生产"法蓝瓷"系列工艺美术陶瓷。

2004年2月19日，海畅公司委托法蓝瓷公司对其独立设计创作的"虫花杯盘组系列"陶瓷美术作品在江西省版权局进行了著作权登记。登记证号为14－2004－F－031。

2005年7月22日，法蓝瓷公司根据海畅公司委托又对"撒哈拉系列"陶瓷作品、"百花系列"陶瓷作品、"热带海洋组合系列一"陶瓷作品、"热带海洋系列组合二"陶瓷作品在江西省版权局进行了著作权登记。登记证号分别为14－2005－F－066、14－2005－F－071、14－2005－F－151、14－2005－F－152。

2006年7月7日，海畅公司对"罂粟花系列一"陶瓷作品、"罂粟花系列二"在江西省版权局进行了著作权登记。登记证号分别为14－2006－F－069、14－2006－F－073。江西省版权局对上述七个系列作品均在其网站上发布了公告。法蓝瓷公司也在其网站上发布了著作权登记的公告信息并附有图片。

　　2005 年 10 月，潮州市田中信发彩瓷厂（以下简称"彩瓷厂"）开始生产并销售与原告登记作品相同或近似的涉案系列作品。

　　2006 年 4 月 27 日，彩瓷厂与香港苏太经贸发展有限公司（以下简称"苏太公司"）签订合同，销售涉案的陶瓷制品给苏太公司。尔后，苏太公司在 2006 年 8 月 5 日又与战某签订了销售合同，将从彩瓷厂购进的货物，加价卖给战某。战某购进后，在自己经销的陶瓷店公开销售。6 月，海畅公司在江西省景德镇市金昌利陶瓷大市场内的被告战某店内发现低价销售原告享有著作权的陶瓷制品。

　　随后，海畅公司以侵犯著作权为由将战某、苏太公司和彩瓷厂起诉至法院，诉请三被告停止侵权，并公开在全国性报纸上和销售境外的国家、地区刊登致歉启事向原告赔礼道歉，并共同赔偿经济损失及承担相关诉讼费用。

　　被告战某辩称：被告从未生产、制作被原告指控涉嫌侵权的陶瓷制品，也没有委托他人加工制作涉嫌侵权的陶瓷产品。所谓侵权的陶瓷产品，均是从苏太公司购买，有合法来源，其行为不构成对原告著作权的侵犯。其销售的陶瓷产品也未低价销售，不构成不正当竞争。战某同时向法院提供其与苏太公司的购买合同的相关材料为证。

　　被告苏太公司辩称：产品购买途径来源于彩瓷厂，且其不明知彩瓷厂所售的陶瓷产品是侵权产品。该公司同时向法院提供与彩瓷厂之间的采购合同为证。

　　彩瓷厂辩称：原告是将公知领域文化知识占有为自己的权利，不享有著作权。该厂向法院提交如下证据：（1）《RÖRSTRAND 瓷器：新艺术杰作》，证明原告的所谓独创性是来源于该书中的介绍。原告将公知领域的文化知识归为其著作权不合法，被告没有侵犯原告著作权。（2）《世界设计大师图典》明世宁《学古画技解密》《绘画设计》《花卉图典》《花韵》，证明四本书中均有原告所主张的是其著作权的作品，认为原告陶瓷制品没有独创性，不享有著作权。

　　本案争议焦点是：（1）原告海畅公司对其涉诉的作品是否享有著作权；（2）彩瓷厂是否构成对原告著作权的侵犯和不正当竞争，战某、苏太公司所销售的产品是否构成对原告著作权的侵犯；（3）如构成侵权，赔偿数额、合理开支如何确认，三被告如何承担责任。

　　关于焦点（1），法院认为，原告海畅公司作品以线条、色彩或其他方式构成的有审美意义的平面或者立体的造型艺术属于我国《著作权法》所保护的美术作品范畴。原告利用造型、色彩、工艺、搭配组合、修饰等设计元素独立设计的工艺美术陶瓷，从其艺术造型、结构及色彩等外在形态看，均具有较强的艺术性和独创性，表现出了集实用性与艺术性、中西方文化相交融的现代美感，符合我国《著作权法》所确定的著作权美术作品定义，故原告应享有著作权。我国台湾地区已加入了世贸组织，且签订了《与贸易有关的知识产权协议》，根据该协议有关规定，台湾地区企业在中国大陆境内应享有同等权利。

关于焦点（2），法院认为，被告彩瓷厂未经原告许可，擅自仿冒生产并销售原告享有著作权的陶瓷制品，侵害了原告的著作权；被告战某、苏太公司虽主观上没有恶意，但起了扩散传播作用，客观上也构成了侵权。上述三被告虽主、客观侵权原因不一样，但构成了共同侵权，应各自分别承担停止侵害、赔礼道歉、赔偿经济损失的民事责任。

关于焦点（3），法院认为，鉴于三被告共同侵害了原告的著作权，给原告造成了一定的经济损失。应分别承担民事责任。本案中，被告彩瓷厂明知原告享有著作权而违反诚实信用和公认的商业道德准则，公然对原告作品进行抄袭后复制或实质复制生产、销售，主观上具有损害竞争对手、谋取不正当利益的故意，其行为侵犯了原告的著作权，应依法承担本案的主要民事责任。被告战某、苏太公司因客观上侵害了原告的著作权，应承担停止侵害的民事责任。原告要求三被告停止侵害、赔礼道歉并赔偿经济损失的诉讼请求，理由正当，应予支持。原告海畅公司为制止侵权所支付的合理开支也应由三被告承担。

【本案引用法条】

《中华人民共和国著作权法》（2001 年修正）
第三条第一款第（四）项、第四十六条（略）❶
第十条（略）❷

---

❶ 参见本书案例29 "'人之初'陶瓷美术作品著作权侵权纠纷案""本案引用法条"部分。
❷ 参见本书案例27 "'春江花月夜'瓷板画、'茶梅'花瓶等著作权侵权纠纷案""本案引用法条"部分。

【案例分析】

本案涉及著作财产权之复制权与发行权。

我国《著作权法》（2001 年修正）第十条规定了著作权的内容，其中第（一）至（四）项是著作权的人身权部分，而第（五）至（十七）项是著作权的财产权部分。

著作财产权其实质是一种经济权利，它能够给权利人带来一定的经济利益或经济回报。根据《著作权法》（2001 年修正）第十条的列举，著作财产权具体包括：复制权、发行权、出租权、展览权、表演权、放映权、广播权、信息网络传播权、摄制权、改编权、翻译权、汇编权以及其他由著作权人享有的财产性权利，本案所涉及的财产权种类为复制权和发行权。

复制权，是指以印刷、复印、拓印、录音、录像、翻录、翻拍等方式将作品制作一份或者多份的权利。❶ 构成复制行为，需要满足两个条件。首先，复制行为是以有形物体为载体。如果说有人看到一幅工艺大师的画，觉得很好看，并且把它深刻地印在了脑海之中。这种行为显然是不构成著作权法上所讲的"复制行为"的，也不会构成对复制权的侵害。其次，该复制行为所形成的侵权产品须在一个有形的状态上保持较长或较为稳定的状态。比如说，我们常常看到社会新闻中，有人用会消失字迹的笔来写借条。那么如果他用这种笔来复制一篇文章或者一幅画，那么也不认为发生了我们在著作权法中所说的"复制行为"。

我们在生活中还经常遇到一种情况：同样两个产品，一个是正版的，另一个是盗版的，并且盗版作品的表象特征特别明显，换句话说，就是仿冒得特别明显，一看就是盗版的。比如《捉妖记》中的胡巴，这个形象深入人心，有的商家把胡巴印刷在茶具或者咖啡具上，为了区别影视剧中的胡巴，还给胡巴加了个尾巴。消费者能够明确区分出该商品图案中的胡巴是非授权的，也就是盗版的。那么商家的这种行为是否构成了复制权侵权呢？答案是肯定的。因为复制权侵权的构成，并不以复制作品本身的准确性或者说精确性为判断标准。不论是高仿还是低仿，只要存在我国《著作

---

❶ 《中华人民共和国著作权法》（2001 年修正）第十条第（五）项。

权法》第十条第（五）项所提及的行为，就构成复制权侵权。

在本案例中除了复制权侵权之外，还涉及著作财产权的另外一项内容，即发行权。根据我国《著作权法》第十条第（六）项的规定，发行权，即以出售或者赠与方式向公众提供作品的原件或者复制件的权利。

我们在生活中所提及的发行，一般是指出版发行。比如书籍发行、CD发行。这与《著作权法》上的"发行"的概念有所不同，后者的概念更为广泛，只要是向不特定公众提供复制作品，就都是发行行为，并不局限于出版社的发行，也不受出版号等的约束。比如将某陶瓷美术大师的作品进行复制后销售，这种行为就构成了著作权法上的发行权侵权。

随着网络时代的来临，发行的行为不再局限于实体空间中，将他人的作品进行复制后放在网络上的行为也可能会构成发行权侵权。比如前段文字中，我们所举例的将某陶瓷美术大师的作品复制后并未在市场上进行交易，而是放在自己的公众号或社交网站上以提升点击率，则可能会涉及发行权侵权。此时在判断是否构成发行权侵权时，就要看是否有法定抗辩事由的出现。比如某公众号写了一篇陶瓷作品鉴赏的文章，出于内容的需要引用了该陶瓷美术大师的作品，并标明了出处，那么在这种情况下，是不构成发行权侵权的。

案例 32
"长江系列茶、咖具陶瓷外观美术作品" 著作权侵权纠纷案

一审被告（二审上诉人）：淄博双凤陶瓷有限公司
一审原告（二审被上诉人）：淄博华光瓷业有限公司
案由：著作权侵权纠纷

【案件摘要】

1. 一审阶段

山东淄博华光陶瓷股份有限公司于 1996 年自行设计制作作品"长江系列茶、咖具陶瓷外观"，并将长江系列茶、咖具陶瓷外观设计图纸具体实现，生产出实物产品，于 2007 年 4 月 30 日在山东省版权局进行了登记，取得了相应著作权登记证书。

与此同时，淄博华光瓷业有限公司（以下简称"华光瓷业"）在市面上发现淄博双凤陶瓷有限公司（以下简称"双凤陶瓷"）在其营业场所销售相似产品，相关产品与长江系列茶、咖具陶瓷外观相同，仅颜色及大小比例不同。华光瓷业认为双凤陶瓷侵犯其著作权，即向一审法院提起诉讼。

2008 年 1 月 30 日，华光瓷业的工作人员在双凤陶瓷营业场所内购买陶瓷产品 1 套，鲁中公证处对全程进行了摄像，并出具了公证书 1 份。

庭审中，双凤陶瓷辩称系代理他人销售，但未提供证据予以证明。该公司也未举证证明其复制行为得到了华光瓷业合法授权。

最终一审法院判决被告双凤陶瓷行为构成侵权，应停止生产、销售与华光瓷业长江系列茶、咖具陶瓷外观相同或近似的产品；双凤陶瓷销毁在全国范围内正在销售和库存的所有涉案侵权产品，同时赔偿原告华光瓷业经济损失及诉讼相关费用。

2. 二审阶段

双凤陶瓷不服一审判决，提出上诉，认为一审法院认定其侵犯其著作权中的复制权、发行权没有依据。

二审中，华光瓷业补充提供山东省版权局出具的与原件核对无异的涉案美术作品著作权登记备案照片及实物产品，证实华光瓷业享有涉案"长江系列茶、咖具陶瓷外观美术作品"的著作权。且经对比，华光瓷业享有著作权的美术作品为白色实物产品，包括茶具和咖具，整套产品线条流畅，晶莹剔透。被控侵权产品为红色茶具产品，与华光瓷业享有著作权的涉案美术作品中的茶具相比，两者颜色、尺寸虽然不同，但整体外观形状、线条勾勒及细节处理基本相同，构成对华光瓷业享有著作权的涉案美术作品中"茶具"的复制。双凤陶瓷未经华光瓷业许可，将其复制的华光瓷业享有著作权的涉案美术作品，以生产、销售的形式对外复制发行，侵犯了华光瓷业依法享有的涉案美术作品著作权。二审法院认定上诉人双凤陶瓷行为构成对著作权中的复制权和发行权的侵犯，最终驳回上诉，维持原判。

【本案引用法条】

1.《最高人民法院关于审理著作权民事纠纷案件适用法律若干问题的解释》（法释〔2002〕31 号）

第七条、第二十五条（略）❶

第二十一条　计算机软件用户未经许可或者超过许可范围商业使用计算机软件的，依据著作权法第四十七条第（一）项、《计算机软件保护条例》第二十四条第（一）项的规定承担民事责任。

第二十六条　著作权法第四十八条第一款规定的制止侵权行为所支付的合理开支，包括权利人或者委托代理人对侵权行为进行调查、取证的合理费用。

人民法院根据当事人的诉讼请求和具体案情，可以将符合国家有关部门规定的律师费用计算在赔偿范围内。

2.《中华人民共和国著作权法》（2001 年修正）

第三条（略）❷

---

❶❷　参见本书案例 29 "'人之初'陶瓷美术作品著作权侵权纠纷案""本案引用法条"部分。

第九条（略）❶

第十条、第四十七条、第四十八条（略）❷

【案例分析】

著作权法上"作品"，通常是指《著作权法实施条例》（2013年修订）第二条的概念，即"指文学、艺术和科学领域内具有独创性并能以某种有形形式复制的智力成果"。在陶瓷产业领域，我们常见的瓷板画、水彩画等就是著作权法所保护的作品。从概念出发，我们可以对"作品"提出以下三个特征：（1）作品一定是人类的智力成果；（2）作品是具有独创性的；（3）可以以某种形式复制。

（1）作品一定是人类的智力成果

在人工智能技术快速发展的今天，通过人工智能技术所完成的作品是否是著作权法意义上的"作品"呢？或者问，由人工智能技术完成的智力成果是否能够受到著作权法的保护？比如通过人工智能技术来分析哪种茶具或者餐具图案受到市场消费者喜欢，然后通过人工智能操作生产出潜在畅销品。在目前的司法实践中，这样设计完成出来的作品是不受著作权法保护的，同样也不受专利法的保护。

（2）作品是具有独创性的

独创性是判断著作权侵权的一个非常重要的标准，即作品是由作者独立从无到有创作完成的，或者在原作品基础上进行再创作，并且与原作品有着可明显识别的差异。

（3）作品可以以某种形式复制

这里所说的复制，是指作品能够重现，它既不是强调一模一样的重现，也不是强调必须在同一物质载体上进行重现。如果强调著作权法所保护的作品中的可复制性必须是一模一样，那么很多作品将不再受到著作权法保护，比如哈尔滨的冰雕、手工陶瓷摆件。而著作权法中对作品所强调

---

❶　参见本书案例28"'益寿年丰'瓷板画著作权、名誉权侵权纠纷案""本案引用法条"部分。

❷　参见本书案例27"'春江花月夜'瓷板画、'茶梅'花瓶等著作权侵权纠纷案""本案引用法条"部分。

的可复制性也不必然需要在同一物质载体上进行重现。举例来说，一位陶瓷美术大师在瓷板上所创作的美术作品，那么他将该美术作品在纸上进行了重现，显然承载该美术作品的物质载体有所不同，一个是瓷板，另一个是纸张。那么后面在纸上所重现的作品是否受到著作权法的保护呢？很显然，它也是著作权法所保护的作品。

根据我国《著作权法》（2010 年修订）第三条规定，《著作权法》所称的作品包括以下列形式创作的文学、艺术和自然科学、社会科学、工程技术等作品：①文字作品；②口述作品；③音乐、戏剧、曲艺、舞蹈、杂技艺术作品；④美术、建筑作品；⑤摄影作品；⑥电影和以类似摄制电影的方法创作的作品；⑦工程设计图、产品设计图、地图、示意图等图形作品和模型作品；⑧计算机软件；⑨法律、行政法规规定的其他作品。

本案例中所涉及的就是我们在陶瓷行业中所常见的美术作品。根据我国《著作权法实施条例》（2013 年修订）第四条第（八）项的定义，美术作品是指绘画、书法、雕塑等以线条、色彩或者其他方式构成的有审美意义的平面或者立体的造型艺术作品。

在思考美术作品的侵权纠纷认定的时候，我们不妨对前文所述的专利权和商标权的侵权纠纷认定作一次回顾。

在专利权的侵权纠纷认定中，首先我们要确立的是专利权人的主体资格是否适格，以及专利权是否是有效存在的，判断标准为"三性"；其次确定专利权的保护范围，发明专利权或实用新型专利权的保护范围是以权利要求书记载内容为主，而外观设计专利的保护范围是以六面视图及简要说明所记载内容为主；再次确定侵权人的行为，是否存在合理使用等情形的出现；最后进行侵权及责任承担认定。

在商标权的侵权纠纷认定中，首先确定的是商标权是否有效存在；其次确定的是商标权的保护范围，以商标注册所在类别为判断标准；再次就是侵权人侵权行为的判断；最后是责任认定及承担。

著作权的侵权纠纷认定也是从这四个方面去判断：首先是著作权是否有效，其次是著作权的保护范围，再次是侵权人的行为判断，最后是责任承担。这也是我们在知识产权侵权纠纷认定中所需要考量的四个方面。我们以本案为例从这个四个方面进行分析。

在本案中，山东淄博华光陶瓷股份有限公司于 2007 年 4 月 30 日在山东省版权局就其作品"长江系列茶、咖具陶瓷外观美术作品"进行了登记，并取得了相应的著作权登记证书，所以其美术作品的著作权是有效的。

在二审判决中，法院认定："华光瓷业享有著作权的美术作品为白色实物产品，包括茶具和咖具，整套产品线条流畅、晶莹剔透。被控侵权产品与其相比，两者颜色、尺寸虽然不同，但整体外观形状、线条勾勒及细节处理基本相同，构成对华光瓷业享有著作权的涉案美术作品中'茶具'的复制。"这是对美术作品保护范围的认定。而侵权人双凤公司的侵权行为表现为对该美术作品未经许可的复制、生产及销售，对应侵犯的是该美术作品的复制权和发行权。最终侵权方双凤公司的行为被法院认定构成著作权侵权，承担停止生产、销毁已有侵权产品及赔偿经济损失的法律责任。

第四篇
行政诉讼纠纷

行政诉讼是指行政相对人与行政主体在行政法律关系中发生争议后，依法向人民法院提起诉讼，人民法院依法定程序审查行政主体行政行为的合法性，并判断行政相对人的主张是否有法律和事实依据，然后作出裁判的一种活动。[1] 虽与民事诉讼、刑事诉讼同为司法诉讼活动，但行政诉讼活动有所不同，在诉讼主体方面表现出其特殊性。具体表现为：行政诉讼的原告只能是行政相对人，而行政诉讼的被告也只能是作出行政行为的行政机关（包括法律、法规、规章授权的组织）。

在知识产权行政诉讼中，原告一般为专利权、商标权等知识产权权利人，而被告则一般为知识产权行政管理机关。诉讼的主要内容包括：①对于在专利或者商标申请过程中作出的决定不服的；②对于强制许可的决定以及有关使用费的裁决不服的；③代理人对于有关代理工作的处罚不服的；④对于专利或商标行政机关作出的行政行为不服的；⑤对于专利复审机关作出的复审决定不服的；⑥对于专利复审机关作出的无效或者部分无

[1] 姜明安. 行政法与行政诉讼法［M］. 6 版. 北京：北京大学出版社，高等教育出版社，2016：399.

效的决定不服的；⑦对于专利行政管理部门或者商标行政管理部门作出的行政决定不服的；⑧因各级行政机关人员徇私舞弊、严重失职的行为引起的纠纷；⑨对上述部门作出的其他行政决定不服的。

在司法实践中，较为常见的知识产权行政诉讼主要集中在无效案件的处理上。以专利无效诉讼为例，诉讼的原告为专利权权利人，而被告为专利复审机关。权利人或请求人在收到专利复审机关的无效决定后，若不服可以在收到通知之后的 3 个月内向法院提起行政诉讼。法院受理后，应当通知无效宣告请求程序的对方当事人作为第三人参加诉讼。

根据《最高人民法院知识产权案件年度报告（2018）》，2018 年最高人民法院知识产权庭总共受理行政案件 641 件，其中专利行政案件 120 件，商标行政案件 507 件，其他行政案件 14 件。

本部分案例选取了陶瓷领域的 4 个专利行政纠纷案和 1 个商标纠纷案进行探讨与分析，帮助读者从诉讼案例中加深对专利和商标行政纠纷的理解。

案例 33
"全耐火纤维复合防火隔热卷帘"
实用新型专利无效行政纠纷案

原告： 北京新辰陶瓷纤维制品公司
被告： 原国家知识产权局专利复审委员会
第三人： 北京英特莱特种纺织品有限公司
涉案专利： 全耐火纤维复合防火隔热卷帘（专利号：ZL00234256.1）
案由： 专利无效纠纷

【案件摘要】

2001 年 3 月 14 日，"全耐火纤维复合防火隔热卷帘"（参见图 33 - 1）技术经国家知识产权局专利局审查通过，获得实用新型专利授权，专利号为 002342561，专利权人为刘某某，该专利申请日为 2000 年 4 月 28 日。后该专利权利人发生变更，变更为北京英特莱特种纺织品有限公司（以下简称"英特莱公司"）。

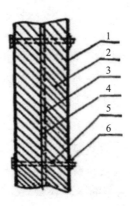

图 33 - 1 实用新型专利"全耐火纤维复合防火隔热卷帘"说明书附图

该专利授权公告所记载权利要求书内容如下：

1. 一种全耐火纤维复合防火隔热卷帘，其特征在于包括耐火纤维布、耐火纤维毯、耐高温不锈钢丝、铝箔、连接螺钉和薄钢带，其中，耐火纤维毯夹在二层耐火纤维布中间，在耐火纤维毯中放置耐高温不锈钢丝和铝箔，薄钢带在耐火纤维布的外部，通过连接螺钉将薄钢带、耐火纤维布、耐火纤维毯、耐高温不锈钢丝和铝箔连接在一起。

2. 如权利要求 1 所述的全耐火纤维复合防火隔热卷帘，其特征在于包括耐火纤维布、耐火纤维毯、耐高温不锈钢丝、贴铝箔的耐火纤维布、连接螺钉和薄钢带，其中，耐高温不锈钢丝在耐火纤维毯的中间，耐火纤维毯的二边分别是耐火纤维布和贴铝箔的耐火纤维布，通过连接螺钉将薄钢带、耐火纤维布、耐火纤维毯、耐高温不锈钢丝和贴铝箔的耐火纤维布连接在一起。

3. 如权利要求 2 所述的全耐火纤维复合防火隔热卷帘，其特征在于可以二层或多层卷帘合在一起，内侧是贴铝箔的耐火纤维布。

4. 如权利要求 1 所述的全耐火纤维复合防火隔热卷帘，其特征在于卷帘表面可以加一层具有装饰作用的薄型耐火纤维布或阻燃布。

5. 如权利要求 1 所述的全耐火纤维复合防火隔热卷帘，其特征在于卷帘可以分段搭接组装而成。

6. 如权利要求 1 所述的全耐火纤维复合防火隔热卷帘，其特征在于铝箔可以贴在耐火纤维布、耐火纤维毯上，也可以单独夹在帘芯中。

7. 如权利要求 1 所述的全耐火纤维复合防火隔热卷帘，其特征在于在耐火纤维布、耐火纤维毯上还可以有一层防火涂料。

8. 如权利要求 1 所述的全耐火纤维复合防火隔热卷帘，其特征在于耐火纤维布、耐火纤维毯通过耐高温缝纫线或耐高温不锈钢丝缝合，也可以用耐火纤维纱线缝合。

9. 如权利要求 1 所述的全耐火纤维复合防火隔热卷帘，其特征在于在卷帘中等间距植入耐高温不锈钢丝、耐高温不锈钢丝绳或耐高温不锈钢薄带，卷帘表面与耐高温不锈钢丝、耐高温不锈钢丝绳或耐高温不锈钢薄带垂直方向等距或非等距加上若干根小薄钢带。

10. 如权利要求 1 所述的全耐火纤维复合防火隔热卷帘，其特征在于耐火纤维布、耐火纤维毯由碳纤维、硅酸铝纤维、膨体或普通玻璃纤维、高硅氧纤维、莫来石纤维、氧化铝纤维、氧化锆纤维、硅酸钙纤维、矿棉纯纺或混纺制成，可以单独使用一种，也可以混合使用。

2002 年 6 月 18 日，本案原告北京新辰陶瓷纤维制品公司（以下简称"新辰公司"）向原国家知识产权局专利复审委员会（以下简称"专利复审委员会"）提出无效宣告请求，其理由是涉案专利权利要求 1～10 均不具备新颖性、创造性、实用性，不符合专利法第二十二条第二至四款的规定；说明书公开不充分，不符合《专利法》第二十六条第三款的规定；权利要求 2、3 不清楚简要，不符合《专利法实施细则》第二十二条第一款的规定。其提交的证据内容如表 33－1 所示。

表 33－1　本案原告新辰公司所提证据清单

序号	证据内容
1	93243368.5 号实用新型专利说明书，申请日为 1993 年 11 月 2 日，公告日为 1994 年 9 月 7 日
2	90219671.5 号实用新型专利申请说明书，申请日为 1990 年 11 月 27 日，公告日为 1991 年 7 月 24 日
3	93210326.X 号实用新型专利说明书，申请日为 1993 年 4 月 24 日，公告日为 1994 年 6 月 15 日
4	日本特开平 9－268852 公开特许公报原文，申请日为 1996 年 3 月 28 日，公开日为 1997 年 10 月 14 日
5	94200240.7 号实用新型专利说明书，申请日为 1994 年 1 月 8 日，公告日为 1994 年 11 月 9 日
6	CN87201024U 号实用新型专利申请说明书，申请日为 1987 年 1 月 24 日，公告日为 1988 年 2 月 3 日
7	99223683.5 号实用新型专利说明书，申请日为 1999 年 5 月 4 日，公开日为 2000 年 3 月 15 日
8	（1）长沙峰达消防设备安装实业有限公司关于"无机软质防火卷帘通用技术条件"的企业标准复印件，其发布日为 1999 年 8 月 15 日，实施日为 1999 年 11 月 6 日； （2）国家固定灭火系统和耐火构件质量监督检验中心出具的第 J99546 号检验报告复印件，签发日期为 1999 年 11 月 22 日

经双方质证答辩，专利复审委员会于 2003 年 3 月 27 日作出第 4983 号无效宣告请求审查决定，维持 00234256.1 号实用新型专利权有效。

随后，新辰公司于法定期限内向北京市第一中级人民法院提起诉讼。

2003 年 7 月 2 日，北京市第一中级人民法院受理了该诉讼，并通知第 4983 号决定的相对方英特莱公司参与本案诉讼，于同年 11 月 12 日公开开庭进行了审理。

经审理，北京市第一中级人民法院认为，本案焦点主要集中在三个方面：

（1）涉案专利"全耐火纤维复合防火隔热卷帘"（专利号为 002342561）所记载的权利要求 1 和权利要求 2 是否存在矛盾，且能否破坏该专利权的效力；

（2）新辰公司提交专利复审委员会的证据 3、5、6 是否为公知技术，以及是否对涉案专利技术方案给予了技术启示；

（3）新辰公司提交专利复审委员会的证据 1 分别与证据 2、7、8 结合后，能否破坏涉案专利权利要求 1 的创造性。

针对焦点（1），原告新辰公司认为"权利要求 2 对权利要求 1 的许多特征进行了重复限定，权利要求 1 与权利要求 2 之间相矛盾"。专利复审委员会合议组审理后认为，"重复限定问题应属于专利申请文件撰写方面的问题，其本身并非无效宣告的理由，且本领域普通技术人员不会因为其重复限定的特征而认为权利要求 2 的技术方案不清楚"；而对原告新辰公司提出的"权利要求 1 与权利要求 2 之间相矛盾"的问题，第三人即专利权人英特莱公司认为原告所称权利要求 1 和权利要求 2 之间"矛盾"是根本不存在的。因为权利要求 1 使用的是上位概念"中"，权利要求 2 使用的是下位概念，进一步限定了"钢丝"在毯的"中间"，而"铝箔"和纤维布一起位于毯的"表面"，正好是对权利要求 1 位置关系的进一步限定。因此，权利要求 1 和权利要求 2 的关系符合《专利法实施细则》和审查指南的要求。合议组也认为，"耐火纤维毯夹在二层耐火纤维布中间，在耐火纤维毯中放置耐高温不锈钢丝和铝箔"与"耐火纤维毯的两边分别是耐火纤维布和贴铝箔的耐火纤维布"两个技术特征似乎相矛盾的问题，本领域普通技术人员应该能理解到权利要求 2 所保护的技术方案就是用权利要求 2 限定部分的技术特征"耐火纤维毯的两边分别是耐火纤维布和贴铝箔的耐火纤维布"这一铝箔设置方式代替权利要求 1 特征部分的技术特征

"耐火纤维毯夹在二层耐火纤维布中间，在耐火纤维毯中放置耐高温不锈钢丝和铝箔"的铝箔设置方式，不至于无所适从。

法院经审理后认为，虽然涉案专利的权利要求 1 和权利要求 2 在撰写表达上存在不够严谨之处，但就一般人的认识和理解而言，权利要求 1 所述和权利要求 2 所述是不矛盾的，属于同一技术方案。其撰写中的欠缺，尚不足以影响到对本案技术方案实质性的理解和判断。

针对焦点（2），有关新辰公司所提出的证据 3、5、6 是否为公知常识，是否对涉案专利技术方案给出了技术启示的问题，专利复审委员会所组成的合议组认为新辰公司所提供的三项证据并不能证明其该技术中铝箔的使用在本领域为公知常识，因此不能破坏涉案专利的创造性。

对此，北京市第一中级人民法院认为证据 3、5、6 在发明目的、解决的技术问题、技术方案、技术效果与涉案专利均有所不同。此外，虽然"铝箔"材料具有保温、隔热的功能系公知常识，但是不能以此证明在该专利中使用铝箔材料的技术方案为公知常识。

而有关于技术启示，首先，涉案专利与对比专利是否是相同或相近技术领域，以国际专利分类表为判断依据。原告新辰公司在无效请求宣告程序中的证据所涉及的分类是"E04C 2/26"，涉及"由两种或几种材料组成的材料"，具体为"一种阻热隔音夹层"；而涉案专利的主分类是"E06B 5/16"、从属分类是"E06B 9/08"，涉及"防火门或类似闭合装置"，具体为"一种防火隔热卷帘"，不属于同一技术领域。其次，涉案专利的从属分类为"E06B 9/08"，涉及的是"可卷式闭合装置"，而原告所提供证据的分类是"E06B 9/24"，涉及的是"供防光，尤其是防阳光的屏帘或其他构造"，可见两者完全不同，且两者所涉及的产品差别很大，原告所提供证据不可能给本领域的技术人员以技术启示。而且涉案专利与对比专利所解决的问题不同，对比专利解决的是"防阳光"的问题，涉案专利解决的是"防火隔热"问题，就是普通人员也知道"防阳光"和"防火隔热"是完全不同的。关于焦点（2），北京市第一中级人民法院对于原告所提出观点不予采信。

针对焦点（3），专利复审委员会所组成的合议组认为证据 1 结合证据 2 或者证据 7 均不能破坏涉案专利权利要求 1 的创造性，即权利要求 1 符合《专利法》第二十二条第三款有关创造性的规定；权利要求 2~10 均为权利要求 1 的从属权利要求，在其引用的权利要求 1 具备创造性的情形下，权利要求 2~10 也具备创造性。

对此，北京市第一中级人民法院认为涉案专利权利要求 1 中记载有"铝箔"以及由耐火纤维毯、耐火纤维布、铝箔等组成的层状结构的区别特征。而证据 1 和证据 2 结合、证据 1 和证据 7 结合，均没有公开记载上述技术特征。该专利的这些区别特征相对于证据 1 与证据 2 或者证据 7 结合，是具备创造性的，因此对于原告的请求不予支持。

此外，原告新辰公司还质疑该专利技术的实用性，认为该专利申请文件所记载的全耐火纤维复合防火隔热卷帘，鉴于其"全耐火"的特性，其中的耐火纤维布的组成成分中应当不含有任何有机成分。如果含有有机成分，则不可能为"全耐火"，因为有机成分是可燃的。但是，如果不含有有机成分，那么耐火纤维布无法织成。因此对于本领域的技术人员来讲，根本无法制造该耐火纤维布，也就根本无法制成该全耐火纤维复合防火隔热卷帘。因此该专利所要求保护产品无法制造，不符合《专利法》第二十二条第四款有关实用性的规定。但专利复审委员会则认为，"全耐火"虽然出现在该专利的权利要求书和说明书中，但是并没有被具体定义为不含有任何有机成分，同时不含任何有机成分的耐火纤维布并非不能织成，因此关于"全耐火"的特性使得无法制成该专利的全耐火纤维复合防火隔热卷帘的主张不能成立。

原告新辰公司提出该专利的目的在于提供一种全耐火纤维复合防火隔热卷帘，而根据说明书所记载的技术方案，并不能达到"全耐火"作用，认为专利权人在专利文件中可能存在未充分公开的技术。对此，专利复审委员会认为该专利说明书对该实用新型的记载是清楚、完整的，本领域技术人员根据该说明书所记载的内容能够实现该专利，因此原告的主张没有任何事实和法律依据。

综上，2004 年 3 月 10 日，北京市第一中级人民法院作出（2003）一中行初字第 495 号行政判决书：维持专利复审委员会第 4983 号无效宣告请求审查决定。

【本案引用法条】

1.《中华人民共和国专利法实施细则》（2002 年修订）

第二十条 权利要求书应当说明发明或者实用新型的技术特征，清楚、简要地表述请求保护的范围。

权利要求书有几项权利要求的，应当用阿拉伯数字顺序编号。

权利要求书中使用的科技术语应当与说明书中使用的科技术语一致，可以有化学式或者数学式，但是不得有插图。除绝对必要的外，不得使用"如说明书……部分所述"或者"如图……所示"的用语。

权利要求中的技术特征可以引用说明书附图中相应的标记，该标记应当放在相应的技术特征后并置于括号内，便于理解权利要求。附图标记不得解释为对权利要求的限制。

2.《中华人民共和国专利法》（2000 年修正）

第二十二条　授予专利权的发明和实用新型，应当具备新颖性、创造性和实用性。

新颖性，是指在申请日以前没有同样的发明或者实用新型在国内外出版物上公开发表过、在国内公开使用过或者以其他方式为公众所知，也没有同样的发明或者实用新型由他人向国务院专利行政部门提出过申请并且记载在申请日以后公布的专利申请文件中。

创造性，是指同申请日以前已有的技术相比，该发明有突出的实质性特点和显著的进步，该实用新型有实质性特点和进步。

实用性，是指该发明或者实用新型能够制造或者使用，并且能够产生积极效果。

第二十六条　申请发明或者实用新型专利的，应当提交请求书、说明书及其摘要和权利要求书等文件。

请求书应当写明发明或者实用新型的名称，发明人或者设计人的姓名，申请人姓名或者名称、地址，以及其他事项。

说明书应当对发明或者实用新型作出清楚、完整的说明，以所属技术领域的技术人员能够实现为准；必要的时候，应当有附图。摘要应当简要说明发明或者实用新型的技术要点。

权利要求书应当以说明书为依据，说明要求专利保护的范围。

3.《中华人民共和国行政诉讼法》（1989 年制定）❶

第五十四条　人民法院经过审理，根据不同情况，分别作出以下

---

❶ 《中国人民共和国行政诉讼法》于1989年4月4日由第七届全国人民代表大会第二次会议通过，其间分别于2014年11月1日和2017年6月27日经过两次修改。现行适用的是2017年由第十二届全国人民代表大会常务委员会第二十八次会议通过修正的第二次修正版本。本案例诉讼判决时间在2004年，故引用的是1989年制定版本，下同。

判决：

（一）具体行政行为证据确凿，适用法律、法规正确，符合法定程序的，判决维持。

······

【案例分析】

本案例是一起专利行政纠纷案。所谓的专利行政纠纷是指当事人对专利行政机关所作出的决定不服而引起的争议。而专利行政机关是指专利行政部门、专利复审机关及管理专利工作的部门。专利行政纠纷一般包括：（1）专利申请人对专利行政部门在专利申请过程中作出的决定不服引起的纠纷；（2）专利权人对专利行政部门作出的强制许可的决定以及有关使用费的裁决不服引起的纠纷；（3）专利代理机构和专利代理人对专利行政部门作出的有关代理工作的处罚不服引起的纠纷；（4）单位或者个人认为专利行政部门的行政行为侵犯了其合法权益引起的纠纷；（5）对专利复审委员会作出的复审决定不服引起的纠纷；（6）对专利复审委员会作出的关于发明专利权无效、部分无效或维持专利权有效的决定不服引起的纠纷；（7）对专利管理机关的行政决定不服引起的纠纷；（8）对各级专利行政机关工作人员徇私舞弊、严重失职的行为引起的纠纷。

本案例属于第（5）类，即对专利复审委员会作出的复审决定不服引起的纠纷。不同于传统的行政诉讼活动，在专利行政诉讼中，尤其是专利无效纠纷行政诉讼案件中，受理法院在北京知识产权法院成立之前为北京市第一中级人民法院，之后为北京知识产权法院，上诉法院通常为北京高级人民法院。

此外，传统的政诉讼活动除了基本主体之外，还有一个行政诉讼第三人。所谓行政诉讼第三人是指同提起诉讼的行政行为有利害关系的，为了维护自己合法权益而参加诉讼的个人或者组织。❶ 根据我国《行政诉讼法》第二十九条第一款的规定，行政诉讼第三人一般而言具有以下特征：（1）行政诉讼中的第三人是除原告、被告之外的行政法律关系的主体；

---

❶ 姜明安. 行政法与行政诉讼法［M］. 6 版. 北京：北京大学出版社，高等教育出版社，2016：454.

（2）行政诉讼第三人参加诉讼，必须是在诉讼开始之后和审结之前；
（3）行政诉讼第三人参加诉讼的方式有两种，即主动申请出参加诉讼和由
人民法院依职权通知其参加诉讼。这一特征在我国《最高人民法院关于执
行〈行政诉讼法〉若干问题的解释》（法释〔2000〕8 号）第二十三条、
第二十四条中作了进一步规定，如果行政机关的同一行政行为涉及两个以
上的利害关系人，其中一部分利害关系人对行政行为不服提起诉讼的，人
民法院应当通知没有起诉的其他利害关系人作为第三人参加诉讼。

　　在专利权无效行政诉讼纠纷中，法院通常会追加一个利害关系人，即
专利无效宣告程序的对方当事人为第三人，这是一个非常重要也是非常特
别的程序安排。这一方面因为专利无效宣告程序的对方当事人同时也是专
利权无效宣告程序的利害关系人，另一方面也是因为行政诉讼的判决会直
接影响到专利无效宣告程序的对方当事人的利益。

　　就本案例而言，专利行政纠纷的本质其实是专利授权确权行政纠纷
案，争议的焦点问题仍然集中在专利权的新颖性和创造性的评价上，而未
涉及程序问题。这也是目前我国专利行政纠纷在司法实践中的现实。

　　本案中，在判断发明或实用新型专利的创造性时，原告提出了一个概
念：技术启示。技术启示是判断发明或者实用新型专利是否具有创新性的
重要标准。

　　在《专利审查指南 2010》中判断"判断要求保护的发明对本领域的技
术人员来说是否显而易见"方面，写明："从最接近的现有技术和发明实
际解决的技术问题出发，判断要求保护的发明对本领域的技术人员来说是
否显而易见。判断过程中，要确定的是现有技术整体上是否存在某种技术
启示，即现有技术中是否给出将上述区别特征应用到该最接近的现有技术
以解决其存在的技术问题（发明实际解决的技术问题）的启示，这种启示
会使本领域的技术人员在面对所述技术问题时，有动机改进该最接近的现
有技术并获得要求保护的发明。如果现有技术存在这种技术启示，则发明
是显而易见的，不具有突出的实质性特点。"❶ 为了在实践活动中更方便判
断技术启示情况的存在，《专利审查指南 2010》还列举了三种被认为是有
技术启示的情况：（1）所述区别特征为公知常识，例如，本领域中解决该

---

❶ 国家知识产权局. 专利审查指南 2010 ［M］. 北京：知识产权出版社，2010：第二部分第
四章第 3 节.

重新确定的技术问题的惯用手段，或教科书或者工具书等中披露的解决该重新确定的技术问题的技术手段；（2）所述区别特征为与最接近的现有技术相关的技术手段，例如，同一份对比文件其他部分披露的技术手段，该技术手段在该其他部分所起的作用与该区别特征在要求保护的发明中为解决该重新确定的技术问题所起的作用相同；（3）所述区别特征为另一份对比文件中披露的相关技术手段，该技术手段在该对比文件中所起的作用与该区别特征在要求保护的发明中为解决该重新确定的技术问题所起的作用相同。

在侵权纠纷诉讼中，判断是否存在技术启示的主体则是本领域的普通技术人员。需注意的是，所谓的普通技术人员只要是在该领域内通晓基本的技术知识与技能即可，没有职称或水平认证证书等要求。

案例 34
"圆筒高、低水箱洁具"发明专利
无效行政纠纷案

原告： 佛山石湾鹰牌陶瓷有限公司
被告： 原国家知识产权局专利复审委员会
第三人： 蔡某某
涉案专利： 圆筒高、低水箱洁具（专利号：ZL95103333.6）
案由： 专利无效行政纠纷

【案件摘要】

1995 年 4 月 8 日，蔡某某就技术"圆筒高、低水箱洁具"向国家知识产权局专利局提出发明专利申请，并于 2001 年 12 月 5 日获得授权公告，专利号为 ZL95103333.6。该发明专利所记载的权利要求书内容如下：

1. 本发明是一种由圆筒、出水口、自动钩、浮球阀和开关组成的卫生器具冲洗设备，其特征是在薄壁圆筒 4 外表面对称地挑出带导向孔的定位片 5；在圆筒下端开口处粘嵌一道橡胶密封圈 11；在圆筒上端设溢水口 15。

2. 按照权利要求 1 所述的圆筒高、低水箱洁具，其特征是在溢水口中心处制作提拉链（索）固定点，并外引提拉链（索）与提拉链杆 2 相接。

3. 按照权利要求 1 所述的圆筒高、低水箱洁具，其特征是浮球阀 13 上的浮球杠杆 14 可转动角度为 40 至 50 度。

4. 按照权利要求 1 所述的圆筒高、低水箱清具，其特征是出水口 8 具有水平上端面，且对称地置两根垂直金属导向杆 6，并在导向杆上设自动钩 9。

5. 按照权利要求 4 所述的圆筒高、低水箱洁具，其特征是自动钩可固定起限位作用。

该专利的说明书内容节选如下：

本发明的内容可分为两部分：

一、冲洗过程

当用手扳、揿压或拉动（高位水箱为向下拉动开关绳）手动开关 1 时，提拉链杆 2 向上转动，并通过安装在其端部的提拉链（索）3 将圆筒 4 向上拉起，圆筒 4 在定位片 5 的限位作用下沿导向杆 6 垂直向上滑动，止水密封破坏，水箱 7 内的贮水流向出水口 8 冲洗便器。

当定位片 5 在向上滑动中碰撞自动钩 9 时，即被自动钩 9 扣住而停止滑动。

若平时将自动钩 9 上方与钩身成 90 度角的水平杆 10 压下并作固定，则自动钩 9 仅起限制圆筒 4 向上滑动的作用；在冲洗过程中，随着作用在手动开关 1 上人力的消失，圆筒 4 即在其自身重力的作用下沿导向杆 6 垂直下滑，由其下端的橡胶密封圈 11 将出水口 8 封闭，结束冲洗。这就相当于可以用手动开关 1 任意地控制冲洗便器的水量，如一次将低水箱 7 内贮水全部放完需时5 秒。

二、贮水过程

在冲洗过程中，随着水箱 7 内水位下降，浮球 12 也随之下降，浮球阀 13 开启进水；当浮球杠杆 14 在自身及浮球 12 重力作用压下自动钩水平杆 10 时，自动钩 9 即与定位片 5 脱离，同时圆筒 4 在自身重力的作用下沿导向杆 6 垂直下落，由其下端的橡胶密封圈 11 将出水口 8 封闭，冲洗过程结束。随着水箱 7 内水位上升，作用在圆筒 4 下部水的压强逐渐增加，直至浮球阀 13 关闭。

圆筒 4 的重力和作用在其上水压的垂直向下分力，全部传递给橡胶密封圈 11，使其形成线压力压紧出水口 8 的水平面形成密封。由于橡胶密封圈 11 的截面直径在 3.5 毫米左右，其上部圆筒 4 刚性很大，因此在出水密封处各点的刚度和应力均相等，再由于有定位片 5 和导向杆 6 的限位作用，出水口密封处的位置偏移值很小，因此出水口密封处的工作可靠性很高。

若水箱 7 内的水位超过溢水口 15 时，则超量的水经溢水口

15 流入圆筒 4，再经出水口 8 流入便器。

在上述部件中，筒塞和出水口可用塑料 ABS 或聚甲醛制造，自动钩可用尼龙 1010 制造，导向杆可用普通黄铜制造，橡胶密封圈可用丁基橡胶外覆一层聚四氟乙烯塑料制造。

圆筒、定位片和溢水口为一单体部件，橡胶密封圈用柔性有机硅密封胶嵌固，使其维修更换方便。导向杆丝接在出水口水平板的铜嵌固件中；手动开关采用现今通用的揿压式、扳手式和拉索式均可；进水浮球阀采用浮球杠杆可转动角为 40 至 50 度、进水部位设有消音装置即可。

2004 年 1 月 19 日，佛山石湾鹰牌陶瓷有限公司（以下简称"鹰牌公司"）以涉案专利不符合《专利法》第二十六条第三款、第四款的规定且不具备新颖性、创造性为由向国家知识产权局专利复审委员会（以下简称"专利复审委员会"）提出无效宣告请求，并提供了相关证据（参见表 34 - 1）。

表 34 - 1　本案原告鹰牌公司所提证据清单

序号	证据内容	专利文献摘要
1	申请号为 CN85109178 的发明专利申请公开说明书，公开日是 1987 年 7 月 8 日	一个冲洗水箱包括一个冲洗装置，装在蓄水的水箱中。该装置包括一根空心管和由该管上所带的密封件。该管可以在水箱中的开和关位置之间移动，在此位置内，密封件分别对水箱的出水口进行开和关。一个带有浮漂的浮漂杆。浮漂杆绕水箱进水阀上的控制杆枢轴转动。在该管上有一个与浮漂杆啮合的止动器，当冲水结束时，止动器向下拉浮漂杆，从而带动控制杆使进水阀打开，让更多的水流入水箱中。当水箱再将水蓄满时，浮漂杆从止动器上脱开，使进水阀再次关闭。
2	申请号为 CN92214331.5 的实用新型专利申请说明书，公告日是 1992 年 11 月 25 日	废水新水混合双水位自流式卫生水箱是用于坐式和蹲式便器冲洗的节水卫生设备，由带废水进口（14）的贮水箱（3）、双压密闭低水位进水阀（1）、大溢流孔速闭式冲水阀（11）及盖形盒（12）组成。新自来水和废水混合贮存使用。进水阀（1）控制新水最高水位（13）在水箱容积的 1/2 左右，溢水管（10）限制水箱最高水位（9）。盖形盒（12）可盛卫生用品。废水完全自流，废水不足时则用新水，使用中只需按冲水手柄（8）控制冲水量，可不耗或少耗新水。

序号	证据内容	专利文献摘要
3	申请号为 CN91216569.3 的实用新型专利申请说明书，公告日是 1992 年 2 月 19 日	本实用新型提供一种方便节水水箱，它是由箱体、注水装置和一套由阀体、滑动阀、代卡舌的浮子、溢水管、滑轮、拉绳等组成的放水装置所构成，代卡舌的浮子可控制滑动阀关闭放水孔的时机。具有可控制放水量（节水）缩短拉阀绳时间（方便）等优点。用于厕所冲便水箱。

经双方质证答辩，专利复审委员会于 2005 年 5 月 12 日作出第 7138 号无效宣告请求决定书，宣告涉案专利（专利号：ZL95103333.6；发明名称：圆筒高、低水箱洁具）权利要求 2 无效，在权利要求 1 和 3~6 的基础上维持该专利权继续有效。

随后，鹰牌公司于法定期限内向北京市第一中级人民法院提起诉讼。

2006 年 1 月 16 日，北京市第一中级人民法院受理了该诉讼，并通知第 7138 号决定的相对方蔡某某参与本案诉讼，同年 2 月 21 日对本案公开开庭进行了审理。

经审理，北京市第一中级人民法院认为，本案焦点主要集中在两个方面：

（1）涉案专利是否符合《专利法》第二十六条第三款的规定，即是否对发明作出清楚、完整的说明；

（2）涉案专利是否符合《专利法》第二十二条第三款的规定，即是否具备创造性。

关于焦点（1）即涉案专利的是否对发明作出清楚、完整的说明的争论，原告鹰牌公司认为，涉案专利发明目的之一是"克服现有技术冲洗水量不能实现随意控制的缺点"。而涉案专利公开的权利说明书并没有对实现该目的的手段作出具体、清楚、完整的说明，而仅仅依靠操作过程实施，即通过手作用在手动开关（按钮）时间的长短来达到随意控制冲水量的目的。对此，专利复审委员会合议组认为，涉案专利权利说明书中描述"若平时将自动钩 9 上方与钩身成 90 度角的水平杆 10 压下并作固定，如一次将低水箱 7 内贮水全部放完需时 5 秒"，已经说明了用手动开关 1 可以任意控制冲洗便器的水量，因此该专利说明书公开的内容能够实现随意控制水量，能够实现该实用新型的发明目的。

　　另外，原告鹰牌公司还提出，关于自动钩与导向杆如何套装等技术，涉案专利说明书没有公开自动钩与导向杆如何套装、自动钩的结构、自动钩与定位片如何啮合、弹簧的位置、水平杆与自动钩如何连接等，使得本领域技术人员在阅读了该专利说明书后，不经过创造性的劳动无法再现该专利的技术方案。对此，合议组认为，尽管该专利说明书中没有具体描述自动钩与定位杆是如何套装的，也没有描述自动钩与定位片是如何啮合的，但自动钩与定位杆（导向杆）的套装及自动钩与定位片的啮合，属于本领域的公知技术，本领域的技术人员可以采用多种方案来实现套装与啮合，因此本领域的技术人员根据本领域的公知技术在不付出创造性劳动的情况下，完全可以实现自动钩与定位杆（导向杆）的套装，以及自动钩与定位片的啮合。

　　针对上述焦点（1）的举证及论述，北京市第一中级人民法院认为：首先，涉案专利说明书已经清楚地载明可以用手动开关任意控制冲洗的水量，本领域普通技术人员根据说明书的记载可以实现随意控制水量的目的；其次，虽然该专利说明书没有具体描述自动钩与定位杆是如何套装的，也没有具体描述自动钩与定位片是如何啮合的，但本领域普通技术人员根据本领域的公知常识，可以容易实现自动钩与定位杆（导向杆）的套装。最后，涉案专利说明书已经载明，当定位片在向上滑动中碰撞自动钩时，即被自动钩扣住而停止滑动。本领域普通技术人员根据该记载，在不付出创造性劳动的情况下，完全可以根据惯用技术手段实现自动钩与定位片的啮合。因此，该专利说明书已对涉案发明作出清楚、完整的说明本领域的技术人员在说明书公开的基础上完全能够实现该专利的技术，该专利符合《专利法》第二十六条第三款的规定。因此，对于原告提出的该诉求，该院不予支持。

　　关于焦点（2）即涉案专利是否具备创造性的争论，鹰牌公司提出对比专利"冲洗水箱"（申请号：CN85109178），对比专利公开的专利说明书载明：

　　　　在水箱底部的中心位置处有一个出口配件，出口配件上的螺纹联接管从水箱底部上的中心孔内伸出。出口配件包括一个装在水箱底部上具有中心孔的底法兰盘和用来支撑上法兰盘并具有间隙的直立边。上法兰盘有一个中心孔，用来安装一根空心管，空心管的下端装有一个橡胶密封件。空心管可以在上法兰盘的导向孔中自由地滑动，在使用中，出水管连到细纹联接管上。空心管的内部与出水管的内部相通，从而也与使用水箱的便池相通。

一个倒置碗状的浮漂与空心管形成十分紧密过盈配合，然而按要求它可以随空心管上下移动。固定在空心管的上端是一个挡圈，它有朝下延伸的凸缘。穿过空心管的壁上形成一个孔，正好在挡圈上面。

绕控制杆的末端枢轴上自由地转动的是一根普通 L 形的杆，它有一个伸出的钩状的挂钩。圆形浮漂固定在 L 形杆的末端上。当水箱充满水时，浮漂悬浮在水的表面上，并对控制杆施加向上的压力，以便维持进水阀在其关闭状态，即浮漂协助阀体内的弹簧使阀门关闭。

当冲洗开始时，朝上提拉把手，使橡胶密封件从底法兰盘上移开，这时水迅速流出水箱。随着水箱中水位下降，浮漂在重力作用下降落，直到挂钩靠到空心管上的挡圈下面为止。

鹰牌公司认为，对比专利是装在水箱底部的法兰盘有一个中心孔，用来安装空心管，空心管在法兰盘的导向孔中自由地滑动，是一种轴与孔的导向配合，法兰上下盘和直立边确保导向机构不会偏移。而涉案专利采用的"该筒沿二根垂直设置的导向杆作上下移动"的结构与对比专利公开的圆筒在孔中移动是惯用手段的替换，本领域的技术人员无须付出创造性的劳动就可以实现，因此不具备创造性。

专利复审委员会合议组认为，经将涉案专利与对比专利进行比对可知，尽管两者在结束冲洗过程中均依靠的是失去浮力的原理，但两者所采用的具体结构完全不同。前者借助于自动钩水平杆、自动钩、定位片使圆筒回落，而后者是在失去浮力后其空心管直接回落；前者在圆筒的提升、下降过程中依靠导向杆的作用不产生水平位移，依靠定位片与自动钩的啮合对圆筒进行限位，而后者在空心管的提升、下降过程中依靠上法兰盘的导向孔上下移动，并且也没有能够对空心管进行限位的部件。两者的主要区别在于权利要求 1 的以下技术特征在证据 2－1 中没有公开：①圆筒下部水平伸出的定位片；②二根垂直对称固定于出水口水平法兰盘的导向杆；③在一根导向杆中上部套装自动钩。由此可见，两者的具体结构不同，其具体的工作方式也不相同。证据 2－2、2－3 均没有公开上述的区别技术特征，对上述的区别技术特征也没有给出技术启示，并且证据 2－1、2－2、

2－3 所要解决的技术问题与本专利所要解决的技术问题均不相同，这些证据也未提出或者建议过本专利所要解决的技术问题，因此，本领域的技术人员在证据 2－1、2－2、2－3 的基础上无法得出涉案专利权利要求 1 限定的技术方案，并且该技术方案具有不漏水、低噪声、操作简便省力等有益效果，可见权利要求 1 具备创造性，符合《专利法》第二十二条第三款的规定。由于权利要求 1 具有创造性，其从属权利要求3～6 也具备创造性。综上，专利复审委员会作出第 7138 号决定，宣告该专利权利要求 2 无效，在权利要求 1 和 3～6 的基础上维持该专利权继续有效。

针对焦点（2），北京市第一中级人民法院认为，涉案专利与对比专利的主要区别在于后者没有前者公开权利要求 1 的上文所述的 3 个技术特征：证据 2－2、2－3 均没有公开上述的区别技术特征，对上述的区别技术特征也没有给出技术启示，因此，本领域的技术人员在证据 2－1、2－2、2－3 的基础上无法得出权利要求 1 限定的技术方案，并且该技术方案使得其中的圆筒位移小并导致涉案专利的洁具具有密封严、不漏水等有益效果，故权利要求 1 具备创造性，符合《专利法》第二十二条第三款的规定。由于权利要求 1 具备创造性，其直接或间接从属于权利要求 1 的权利要求 3～6 也具备创造性。

综上，2006 年 11 月 15 日，北京市第一中级人民法院作出（2006）一中行初字第 194 号行政判决：驳回原告鹰牌公司的诉讼请求。

【本案引用法条】

1.《中华人民共和国专利法》（2000 年修正）

第二十二条第三款（略），第二十六条第三款、第四款（略）❶

2.《最高人民法院关于执行〈中华人民共和国行政诉讼法〉若干问题的解释》（法释〔2000〕8 号）❷

第五十六条　有下列情形之一的，人民法院应当判决驳回原告的诉讼

---

❶ 参见本书案例33 "'全耐火纤维复合防火隔热卷帘'实用新型专利无效行政纠纷案""本案引用法条"部分。

❷ 本司法解释已于 2018 年被《最高人民法院关于适用〈中华人民共和国行政诉讼法〉的解释》（法释〔2018〕1 号）废止。

请求：

（一）起诉被告不作为理由不能成立的；

（二）被诉具体行政行为合法但存在合理性问题的；

（三）被诉具体行政行为合法，但因法律、政策变化需要变更或者废止的；

（四）其他应当判决驳回诉讼请求的情形。

【案例分析】

本案所涉及的专利是一项产品专利。对于产品专利来说，"应当尽量避免使用功能或者效果特征来限定发明。只有在某一技术特征无法用结构特征来限定，或者技术特征用结构特征限定不如用功能或效果特征来限定更为恰当，而且该功能或者效果能通过说明书中规定的实验或者操作或者所属技术领域的惯用手段直接和肯定地验证的情况下，使用功能或者效果特征来限定发明才可能是允许的。"❶ "如果要求保护的发明或者实用新型与对比文件的区别仅仅是所属技术领域的惯用手段的直接置换，则该发明或者实用新型不具备新颖性。例如，对比文件公开了采用螺钉固定的装置，而要求保护的发明或者实用新型仅将该装置的螺钉固定方式改换为螺栓固定方式，则该发明或者实用新型不具备新颖性。"❷ 因而在向专利复审委员会提出专利无效请求的时候，原告鹰牌公司认为涉案专利与对比专利的结构仅仅是"惯用手段的替换"。

在侵权纠纷诉讼中，要用"惯用手段的直接置换"来质疑专利的新颖性可以从 4 个方面去考虑。首先，有待置换的两种技术手段所要解决的技术问题是相同的；其次，有待置换的两种技术手段均应属于本领域解决相应问题的惯常采用手段，即本领域中熟知的、广泛使用的技术手段；再次，有待置换的两种技术手段是可以直接置换的；最后，置换前后的技术方案所实现的整体技术效果应保持不变。

---

❶ 国家知识产权局. 专利审查指南 2010 ［M］. 北京：知识产权出版社，2010：第二部分第三章第 3.2.1 节.

❷ 国家知识产权局. 专利审查指南 2010 ［M］. 北京：知识产权出版社，2010：第二部分第三章第 3.2.3 节.

案例 35
"罗普斯金 LPSJ 及图"商标
无效行政纠纷案

原告： 江苏苏州罗普斯金铝业有限公司

被告： 原国家工商行政管理总局商标评审委员会

第三人： 福建省晋江市内坑社仔顺兴陶瓷建材厂

涉案商标： 羅普斯金 LPSK（注册号：696666）

案由： 商标无效行政纠纷

【案件摘要】

罗普斯金股份有限公司于 1993 年 3 月 26 日提出商标"羅普斯金 LPSK"（引证商标，参见图 35 – 1）注册申请，并于 1994 年 7 月 7 日获得核准，注册号为 696666，核定使用在第 6 类，即"铝花格网、金属建筑材料、金属门窗、普通金属及其合金"。

图 35 – 1　涉案引证商标（第 696666 号"羅普斯金 LPSK"）

1999 年江苏苏州罗普斯金铝业有限公司（以下简称"苏州罗普斯金公司"）与罗普斯金股份有限公司签订关于引证商标的《商标使用许可合同》，2003 年 7 月 7 日引证商标经核准转让给原告。该商标经续展在有效期内。

2000 年 7 月 17 日，顺兴陶瓷建材厂申请注册第 1644219 号"罗普斯金 LPSJ 及图"商标（被异议商标），核定使用商品为第 19 类，即"地板、陶土（原材料）、石膏、建筑玻璃、瓷砖、陶瓷窑具、非金属地板、水泥、涂层（建筑材料）、石料黏合剂"。该商标图案如图 35 - 2 所示。

图 35 - 2 被异议商标（第 1644219 号"罗普斯金 LPSJ 及图"）

该商标经原国家工商行政管理总局商标局（以下简称"商标局"）初步审定并刊登在第 790 期《商标公告》上。

随后，本案原告苏州罗普斯金公司对第 1644219 号商标提出异议，商标局受理该申请并作出（2005）商标异字第 00051 号《"罗普斯金 LPSJ 及图"商标异议裁定书》，认为苏州罗普斯金公司所提异议理由不成立，第 1644219 号商标予以核准注册。苏州罗普斯金公司不服该裁定，向原国家工商行政管理局商标评审委员会（以下简称"商标评审委员会"）提出复审请求，并提供了相关证据。

苏州罗普斯金公司的理由如下：

（1）被异议商标属对罗普斯金公司驰名的引证商标的复制和抄袭。

（2）被异议商标与涉案商标（引证商标）构成近似商标。被异议商标与引证商标使用在极为接近的商品上。被异议商标的注册和使用势必造成消费者的混淆误认，给罗普斯金公司的合法权益造成损害。

（3）顺兴陶瓷建材厂申请被异议商标有搭便车的恶意，违反诚实信用原则，构成不正当竞争行为。

在复审过程中，对于苏州罗普斯金公司所提供的证据及理由，商标评审委员会未采信。

2007 年 6 月 13 日，苏州罗普斯金公司对商标评审委员会作出的商评字（2007）第 2572 号《关于第 1644219 号"罗普斯金 LPSJ 及图"商标异议复审裁定书》（以下简称"第 2572 号裁定"）不服，于法定期限内向北京市第一中级人民法院提起诉讼。

2007 年 7 月 16 日，北京市第一中级人民法院受理了本案，依法组成合议庭并通知顺兴陶瓷建材厂作为本案第三人参加诉讼，并于 2007 年 9 月

19 日公开开庭审理了本案。

本案的焦点在于：（1）被异议商标与涉案商标（引证商标）使用在极为接近的产品上，构成近似商标，易造成消费者混淆；（2）引证商标具有一定的市场影响力，而异议商标是否存在搭便车行为，是否构成不正当竞争。

关于焦点（1），商标复审委员会及北京市第一中级人民法院均认为原告苏州罗普斯金公司并未举证证明顺兴陶瓷建材厂采取了何种不正当的手段申请注册被异议商标，其未证明顺兴建材陶瓷厂对其引证商标应属明知，关于引证商标中的"罗普斯金"具有独创性也仅限于其陈述，且引证商标所核定使用的第 6 类金属建筑材料等商品与被异议商标使用的第 19 类地板、瓷砖等商品属于不同的类别，在生产部门、销售对象等方面均存在差别，不属于类似商品，故而并不会造成消费者混淆。

关于焦点（2），原告苏州罗普斯金公司为证明其商标驰名程度及市场影响力，提供证据如下：

①1994 年 11 月 30 日，原告与北京亚合开发中心签订《合作意向书》及《合作经营协议》，约定北京亚合开发中心作为苏州罗普斯金公司在北京区域的特约经销商，并将苏州罗普斯金公司的样品在北京建材经贸大厦亚合展厅进行陈列。1995 年 4 月，双方再次签订《经销协议》，约定北京亚合开发中心作为罗普斯金公司北京地区总代理。

②1994 年 12 月 14 日，原告与安徽省蚌埠市金门实业有限公司签订《合作经营协议》，约定后者作为原告在蚌埠市的经销商。

③1994 年 12 月 17 日，原告与北京圣泉贸易公司签订《合作经营协议》，约定后者为原告在北京市的特约经销商。

④1997 年 7 月 30 日，原告与《装饰装修天地》杂志社签订广告合同，在该杂志封底刊登 1 次广告。

⑤1998 年 10 月 29 日，原告与上海黄页电信广告公司签订合同，委托后者在 1998 年《上海黄页》发布广告。

⑥1997 年 12 月 17 日，原告（甲方）与北京中视达企业咨询服务有限责任公司南京办事处（乙方）签订协议，乙方为甲方录制信息在中央电视台《供求热线》播出，元旦前播出 2 次。

⑦原告另与相关单位签订合同，在《香港建筑指南中国版》1998 版、《江苏省城市商贸地图》、《中国建筑材料及设备索引》（2000—2001）及

（2001—2002）刊登产品或公司广告。

⑧浙江省温州市鹿城区工商行政管理局于 1997 年 10 月 8 日作出温鹿工商商广处字（1997）第 102 号处罚决定书，对制售假冒"罗普斯金"防盗门的行为给以处罚。

⑨1999 年 7 月 21 日，《人民日报》江南市场版刊登题为《罗普斯金：一流品牌一流产品》的文章，对罗普斯金公司及其"LPSK"系列产品进行了介绍。

对此，商标复审委员会及北京市第一中级人民法院均认为原告苏州罗普斯金公司自 1994 年获得引证商标注册后，通过发展特约经销商的方式在北京、安徽等地销售其产品，亦在相关媒体上进行了一些宣传。但原告仅仅提交了相关的合同，无法证明实际的履行情况，比如产品的销售量等，而其所作宣传推广在时间的持续、地域范围及影响力方面均存在局限，且并非全部用于宣传其引证商标，地方工商部门的行政保护也是基于使用在相同类别的产品。原告在商标异议复审阶段所提交的证据尚不足以证明其引证商标在被异议商标申请注册前已经为相关公众广泛知晓，成为驰名商标。

综上，2007 年 9 月 20 日，北京市第一中级人民法院作出（2007）一中行初字第 974 号行政判决：维持被告商标评审委员会商评字（2007）第 2572 号《关于第 1644219 号"罗普斯金 LPSJ 及图"商标异议复审裁定书》。

【本案引用法条】

1.《中华人民共和国商标法》（2001 年修正）

第十条　下列标志不得作为商标使用：

（一）同中华人民共和国的国家名称、国旗、国徽、军旗、勋章相同或者近似的，以及同中央国家机关所在地特定地点的名称或者标志性建筑物的名称、图形相同的；

（二）同外国的国家名称、国旗、国徽、军旗相同或者近似的，但该国政府同意的除外；

（三）同政府间国际组织的名称、旗帜、徽记相同或者近似的，但经该组织同意或者不易误导公众的除外；

（四）与表明实施控制、予以保证的官方标志、检验印记相同或者近似的，但经授权的除外；

（五）同"红十字""红新月"的名称、标志相同或者近似的；

（六）带有民族歧视性的；

（七）夸大宣传并带有欺骗性的；

（八）有害于社会主义道德风尚或者有其他不良影响的。

县级以上行政区划的地名或者公众知晓的外国地名，不得作为商标。但是，地名具有其他含义或者作为集体商标、证明商标组成部分的除外；已经注册的使用地名的商标继续有效。

第十三条第二款　就不相同或者不相类似商品申请注册的商标是复制、摹仿或者翻译他人已经在中国注册的驰名商标，误导公众，致使该驰名商标注册人的利益可能受到损害的，不予注册并禁止使用。

第十四条　认定驰名商标应当考虑下列因素：

（一）相关公众对该商标的知晓程度；

（二）该商标使用的持续时间；

（三）该商标的任何宣传工作的持续时间、程度和地理范围；

（四）该商标作为驰名商标受保护的记录；

（五）该商标驰名的其他因素。

第二十八条　申请注册的商标，凡不符合本法有关规定或者同他人在同一种商品或者类似商品上已经注册的或者初步审定的商标相同或者近似的，由商标局驳回申请，不予公告。

第三十一条　申请商标注册不得损害他人现有的在先权利，也不得以不正当手段抢先注册他人已经使用并有一定影响的商标。

第三十三条　对初步审定、予以公告的商标提出异议的，商标局应当听取异议人和被异议人陈述事实和理由，经调查核实后，做出裁定。当事人不服的，可以自收到通知之日起十五日内向商标评审委员会申请复审，由商标评审委员会做出裁定，并书面通知异议人和被异议人。

当事人对商标评审委员会的裁定不服的，可以自收到通知之日起三十日内向人民法院起诉。人民法院应当通知商标复审程序的对方当事人作为第三人参加诉讼。

第三十四条　当事人在法定期限内对商标局做出的裁定不申请复审或者对商标评审委员会做出的裁定不向人民法院起诉的，裁定生效。

经裁定异议不能成立的，予以核准注册，发给商标注册证，并予公告；经裁定异议成立的，不予核准注册。

经裁定异议不能成立而核准注册的，商标注册申请人取得商标专用权的时间自初审公告三个月期满之日起计算。

第四十一条第一款　已经注册的商标，违反本法第十条、第十一条、第十二条规定的，或者是以欺骗手段或者其他不正当手段取得注册的，由商标局撤销该注册商标；其他单位或者个人可以请求商标评审委员会裁定撤销该注册商标。

2.《中华人民共和国民法通则》

第四条　民事活动应当遵循自愿、公平、等价有偿、诚实信用的原则。

3.《中华人民共和国反不正当竞争法》（1993 年制定）❶

第二条　经营者在市场交易中，应当遵循自愿、平等、公平、诚实信用的原则，遵守公认的商业道德。

本法所称的不正当竞争，是指经营者违反本法规定，损害其他经营者的合法权益，扰乱社会经济秩序的行为。

本法所称的经营者，是指从事商品经营或者营利性服务（以下所称商品包括服务）的法人、其他经济组织和个人。

4.《中华人民共和国行政诉讼法》（1989 年制定）

第五十四条第（一）项（略）❷

【案例分析】

本案中，原告苏州罗普斯金公司以自己所有的商标"羅普斯金 LPSK"为驰名商标为由对顺兴陶瓷建材厂所申请核准的"罗普斯金 LPSJ 及图"商标提出异议。

---

❶ 《反不正当竞争法》1993 年 9 月 2 日由第八届全国人民代表大会常务委员会第三次会议通过，并于 2017 年 11 月 4 日第十二届全国人民代表大会常务委员会第三十次会议修订，现行《反不正当竞争法》是 2017 年修订版本。考虑到本案例发生时间，故这里引用的是 1993 年制定版本，特此注明。

❷ 参见本书案例 33 "'全耐火纤维复合防火隔热卷帘'实用新型专利无效行政纠纷案""本案引用法条"部分。

我们先简单了解一下商标的注册流程（参见图 35 – 3）。❶

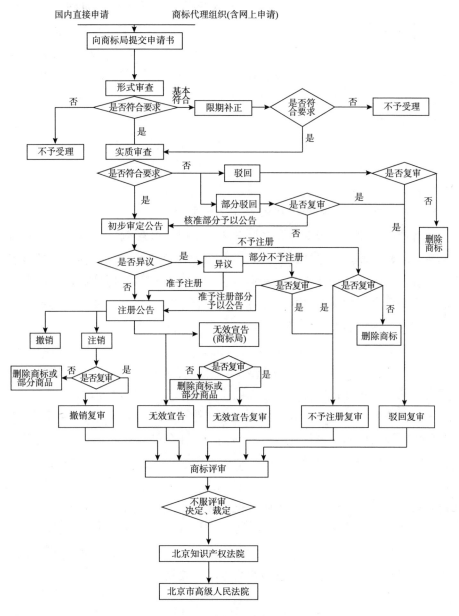

图 35 – 3　商标注册流程简图

　　简单来说，申请人向商标局提交申请材料，分别通过形式审查和实质审查后，进入初步审定公告流程。在这个阶段，公众可以对商标提出异议，提出异议所引发的法律后果有三种情形，分别为不予注册、部分不予注册和准予注册。如果异议人对异议结果不满意，可以向商标复审部门提出复审。如果对商标复审部门的复审结果不满意的，可以向北京知识产权法院提起诉讼。在北京知识产权法院成立之前，行政诉讼是由北京市第一中级人民法院管辖。

　　接下来，我们来看本案所提及的"驰名商标"。所谓驰名商标是指在中国为相关公众所熟知的商标。相关公众包括与使用商标所标示的某类商品或者服务有关的消费者、生产前述商品或者提供服务的其他经营者以及经销渠道中所涉及的销售者和相关人员等。❶

　　有关驰名商标，公众存在些许误区。比如，有影响力、被相关公众所熟知就是驰名商标。当然，驰名商标是相关公众所熟知，且具有市场影响力或者号召力的，但反过来讲则不尽然。而且，驰名商标是需要通过认定的，详细可参见《驰名商标认定和保护规定》（2014 年）的相关规定。

　　再比如，驰名商标一经认定，终生有效。这个也不尽然。驰名商标的认定是对商标驰名度的一个认可，而商标的驰名度本身是一个动态的过程，如果商标所有权人在市场竞争中知名度有所变化，那么商标的驰名程度也会跟着有所变化。

　　根据我国《商标法》第十四条规定，驰名商标的判断标准有：（1）相关公众对该商标的知晓程度；（2）该商标使用的持续时间；（3）该商标的任何宣传工作的持续时间、程度和地理范围；（4）该商标作为驰名商标受保护的记录；（5）该商标驰名的其他因素。而在本案中，原告苏州罗普斯金公司为证明其商标的驰名程度，仅仅提供了其与合作伙伴所签订的各种协议与合同，并不足以证明其驰名程度，毕竟对于一个企业而言，与合作伙伴签订合作协议是正常的经济活动。自然，原告用其商标的公众熟识程度来证明被异议商标存在不正当竞争也就不成立了。

---

❶ 《驰名商标认定和保护规定》第二条。

案例36
"瓷砖（条形石）"外观设计专利权
无效行政纠纷案

一审原告（二审被上诉人）：吴某某
一审被告（二审上诉人）：国家知识产权局专利复审委员会
涉案专利：瓷砖（条形石）（专利号：ZL00342286.0）
案由：外观设计专利权无效行政纠纷

【案件摘要】

1. 第一阶段

2000年10月30日，吴某某向国家知识产权局专利局就其设计的瓷砖图案（参见图36-1）申请外观设计专利，并于2001年6月20日获得授权及公告，专利号为ZL00342286.0。

（a）主视图   （b）立体图

图36-1　吴某某外观设计专利"瓷砖（条形石）"（专利号：00342286.0）

2006年1月10日、2006年4月17日、2006年8月14日，晋江市欧迪斯陶瓷有限公司（以下简称"欧迪斯公司"）先后三次向国家知识产权局专利复审委员会（以下简称"专利复审委员会"）提出宣告该专利权无效的请求。其理由是该专利不符合《专利法》第二十三条的规定。

2006年4月29日，福建晋江宝达陶瓷有限公司（以下简称"宝达公司"）向专利复审委员会提出宣告该专利权无效的请求。其理由是：该专利与在先设计的外观差别仅在于所示瓷砖单元图案有三排和四排不同，但二者采用的分割单元方式及手法是相同的，该专利在产品表面有凹凸不平的流水纹，其属本专业上的惯常设计，该凹凸不平的流水纹也在所提交的另一篇外观设计专利文献中被完全公开，因此，该专利与在先设计相近似，不符合《专利法》第二十三条的规定。同时，宝达公司提供了对比专利"地板砖"（专利号为 ZL97313393.7，参见图 36-2）。

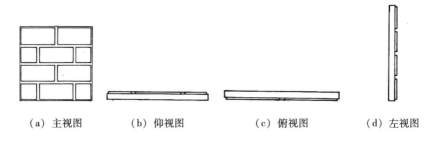

| （a）主视图 | （b）仰视图 | （c）俯视图 | （d）左视图 |

图 36-2 对比专利

对此，涉案专利权人吴某某认为，涉案专利与在先设计形状和图案的排列方式完全不同，其属于不相近似的外观设计。

经审查，专利复审委员会认为在先设计为"地板砖"的外观设计，而涉案专利使用外观设计的产品为"瓷砖"，从二者用途考虑，瓷砖和地板砖一般均用于墙面、地面等建筑表面作饰面使用，瓷砖亦可作为地板砖使用，即二者具有相同的用途，属相同种类的产品。将涉案专利与在先设计相比较，二者均为矩形薄片设计，正面有纵向、横向仿砌缝凹槽，均有长方形交错拼贴单元，其交错单元的排列方式相同。

2006 年 11 月 14 日，专利复审委员会作出第 8792 号无效宣告请求审查决定，宣告涉案专利权全部无效。吴某某不服该决定，在法定期限内向一审法院提起诉讼。

2. 第二阶段

北京市第一中级人民法院认为，涉案专利与在先设计相比在形状、交错拼贴单元的排列方式和排数、瓷砖表面的纹理等方面存在不同。该专利与在先设计不属于相近似的外观设计。

北京市第一中级人民法院依据《行政诉讼法》第五十四条第（二）项的规定，判决撤销专利复审委员会作出的第 8792 号无效宣告请求审查决定，并由专利复审委员会针对欧迪斯公司和宝达公司就涉案专利提出的无效宣告请求重新作出决定。

专利复审委员会不服一审判决，向北京市高级人民法院提起上诉。理由为：涉案专利与在先设计所示单片瓷砖整体视觉效果明显相近似；在将涉案专利与在先设计瓷砖镶贴于墙面等建筑表面的使用状态下，其整体视觉效果更加相近似。

3. 第三阶段

2007 年 12 月 27 日，北京市高级人民法院受理本案，并组成合议庭，于 2008 年 1 月 17 日公开开庭进行了审理。

本案的焦点在于涉案专利与对比专利"地板砖"（专利号为 ZL97313393.7）在设计上是否存在相同或相似。

经审理，北京市高级人民法院认为，在本案中，涉案专利与在先设计均为薄片设计的地板砖，正面均有纵向、横向仿砌缝凹槽；均有长方形交错拼贴单元，其交错单元的排列方式相同。涉案专利与在先设计相比较，二者不同之处主要在于：整体形状上分别为长方形和近似正方形；交错拼贴单元上涉案专利均为长方形，在先设计还包括方形单元；涉案专利交错拼贴单元排列为三排设计，而在先设计交错拼贴单元排列为四排设计；在先设计无涉案专利所示竖向条纹；二者的仿砌缝凹槽截面形状分别为近似圆弧槽和矩形槽。

地板砖类产品形状通常为方砖或者条形砖，因此，一般消费者对正方形砖和长方形砖不会产生混淆和误认。涉案专利与在先设计从形状上比较，在先设计为近似正方形，涉案专利为长方形，二者形状不相近似。涉案专利与在先设计相比减少了一排交错拼贴单元的设计，但是，该差异导致二者的整体形状及交错拼贴单元的排数明显不同，一般消费者所感受到的涉案专利与在先设计的视觉效果不相同也不相近似。将涉案专利与在先设计在使用状态下，即连续铺贴在建筑物表面时进行比较，由于涉案专利与在先设计存在的上述不同，故涉案专利铺贴的视觉效果，与在先设计铺贴的视觉效果，从一般消费者的角度，二者存在显著的差异。所以，涉案专利与在先设计相比不相同也不相近似。

2008 年 3 月 6 日，北京市高级人民法院作出行（2008）高行终字第 27 号行政判决：驳回上诉，维持原判。该判决为终审判决。

【本案引用法条】

1.《中华人民共和国专利法》（2000 年修正）

第九条 两个以上的申请人分别就同样的发明创造申请专利的，专利权授予最先申请的人。

第二十三条 授予专利权的外观设计，应当同申请日以前在国内外出版物上公开发表过或者国内公开使用过的外观设计不相同和不相近似，并不得与他人在先取得的合法权利相冲突。

2.《中华人民共和国行政诉讼法》（1989 年制定）

第六十一条第一款第（一）项 在涉及行政许可、登记、征收、征用和行政机关对民事争议所作的裁决的行政诉讼中，当事人申请一并解决相关民事争议的，人民法院可以一并审理。

【案例分析】

不同于前面三个行政诉讼的案例，本案被告在一审之后还向北京高级人民法院提出了上诉。行政诉讼的上诉审程序，又称为行政诉讼的二审程序，是指一审法院在作出裁判后，诉讼当事人不服，可以自判决书送达之日起 15 日内向上一级人民法院提请重新进行审理并作出判决的程序。一方当事人提起上诉的，该当事人为上诉人，未提起上诉的一方为被上诉人。本案中，上诉人为一审被告专利复审委员会，被上诉人是一审原告吴某某。

由于我国法院和行政机关的职权有所不同，因为在行政诉讼过程中，如果法院最终判决撤销专利复审委员会的决定，也并不表示能直接代替专利复审委员会作出审查决定。❶ 而为了防止"马拉松式"的专利无效诉讼的进行，《专利审查指南 2010》也规定了"因主要证据不足或者法律适用错误导致审查决定被撤销的，不得以相同的理由和证据作出与原决定相同的决定"。

---

❶ 复审请求或者无效宣告请求审查决定被人民法院的生效判决撤销后，专利复审委员会应当重新作出审查决定。国家知识产权局. 专利审查指南 2010［M］. 北京：知识产权出版社，2010：365.

案例 37
"一种作为超白抛光瓷砖原料的球土及其生产方法"发明专利权无效行政纠纷案

一审原告（上诉人）：惠州隆光陶瓷原料有限公司
一审被告（被上诉人）：国家知识产权局专利复审委员会
涉案专利：一种作为超白抛光瓷砖原料的球土及其生产方法（专利号：ZL200410027086.3）
案由：发明专利权无效行政纠纷

【案件摘要】

1. 第一阶段

2004 年 4 月 28 日，新会嘉窑陶瓷原料有限公司就其技术方案"一种作为超白抛光瓷砖原料的球土及其生产方法"向国家知识产权局专利局提出发明专利申请，并于 2006 年 1 月 15 日获得授权公告，专利号为 200410027086.3。该专利所公开的权利要求如下：

1. 一种作为超白抛光瓷砖原料的球土，该球土包含有如下原料：高岭土、二次黏土、水、稀释剂及絮凝剂；以球土的总重量计，其中：高岭土含量为 14% ~ 63%；二次黏土含量为 7% ~ 56%；稀释剂的含量为 0.01% ~ 2%，絮凝剂的含量为 0.01% ~ 1%，水为 22% ~ 32%。

2. 根据权利要求 1 所述的一种作为超白抛光瓷砖原料的球土，其特征在于所述稀释剂为水玻璃、三聚磷酸钠或六偏磷酸钠。

3. 根据权利要求 1 所述的一种作为超白抛光瓷砖原料的球土，其特征在于所述絮凝剂为氯化镁、氯化钙或硝酸。

4. 权利要求 1 所述的一种作为超白抛光瓷砖原料的球土生产

方法，其包括如下步骤：

（1）将高岭土原料按比例加入稀释剂和水在 $1^\#$ 化浆池化成浆料，浆料输送到 $1^\#$ 除沙池除去石英沙，再输送到 $1^\#$ 振动筛除去杂质，然后输送到 $1^\#$ 中池，加入絮凝剂，使其絮凝沉降，沉降后的浆料输送到 $1^\#$ 成品池而得到纯高岭土浆；

（2）将二次黏土原料按比例加入稀释剂和水在 $2^\#$ 化浆池化成浆料，浆料输送到 $2^\#$ 除沙池除去石英沙，再输送到 $2^\#$ 振动筛除去杂质，然后输送到 $2^\#$ 中池，加入絮凝剂，使其絮凝沉降，沉降后的浆料输送到 $2^\#$ 成品池而得到纯二次黏土浆；

（3）按比例将纯高岭土浆和纯二次黏土浆输送至 $3^\#$ 成品池，均匀混合，混合后的物料经压滤脱去部分水后得到球土产品。

2006 年 10 月 23 日，惠州隆光陶瓷原料有限公司（以下简称"陶瓷公司"）向国家知识产权局专利复审委员会（以下简称"专利复审委员会"）提出无效宣告请求。隆光公司认为涉案专利所记载方法与其《质量管理体系认证证书》《隆光陶瓷原料有限公司质量管理手册》和《配方作业指导书》所载配比内容与其公司销售产品制作方法存在相似，并提供了相关证据（参见表 37-1）。

表 37-1 本案原告隆光公司所提证据列表

序号	证据内容
1	中国建材工业出版社 1998 年 8 月第 1 版、1998 年 8 月第 1 次印刷的《现代建筑卫生陶瓷工程师手册》版权信息页、第 89 页、第 90 页，其中提到"陶瓷原料实现了用数种单一的标准化原料配制成适合生产诸种终端产品的标准化、商品化、系列化坯料的工业化生产"
2	《质量管理体系认证证书》、盖有"惠州隆光陶瓷原料有限公司"红章的《隆光陶瓷原料有限公司质量管理手册》及其附件，以及《配方作业指导书》，上加盖有"管制文件"章，载有产品名称为 SD-3 和 SD-2 的配方比例和工艺控制参数等
3	中国建材工业出版社 1999 年 5 月第 1 版、1999 年 5 月第 1 次印刷的《现代陶瓷工业技术装备》版权信息页、第 15 页、第 16 页，其中公开了水簸法精选黏土、高岭土工艺过程，即将原矿料经喂料机进入化浆机化浆，笼筛去除有机杂质的树皮木根等，回转式圆筒除去黏土中的颗粒石英砂，不锈钢振动筛和括板槽去除细砂、云母等杂质，沉降浆池或溢流器用于浓缩泥浆，其中加入聚凝剂的泥浆通过压滤或喷雾干燥器进行回收，获得精选后的产品
4	三水市博德精工建材有限公司、南海市冠星王陶瓷有限公司、南海区华陶瓷业有限公司与惠州隆光陶瓷原料有限公司签订的产品销售相关证据

隆光公司认为，涉案专利权利要求1~3所述的高岭土、二次黏土、稀释剂、絮凝剂和水之间的比例存在技术启示，因而缺乏创造性。但隆光公司未能提供相关证据进行举证。

专利复审委员会经审理认为，隆光公司所提供的《质量管理体系认证证书》《隆光陶瓷原料有限公司质量管理手册》《配方作业指导书》为其内部文件，且属于保密范围，隆光公司未能就涉案专利权人能否获得该资料进行举证。此外，由于高岭土和二次黏土均为自然界的混合物，其主要成分基本相同，均为二氧化硅、三氧化二铝等，在不知道具体生产配方的情况下，通过反向测定只能分析出分子级的如二氧化硅、三氧化二铝等成分的含量，而不可能分析出这些有效成分的来源，从而分析出高岭土和二次黏土的比例，因而不能得出在先销售的产品的配比。隆光公司也未能提供证据证明本领域技术人员根据公开销售的产品获得技术启示。

2007年7月24日，专利复审委员会作出第10302号无效宣告请求审查决定，维持涉案专利全部有效。

隆光公司在决定作出法定期限内向北京市第一人民法院提起诉讼。

2. 第二阶段

北京市第一人民法院认为，本案焦点在于涉案专利是否具备新颖性和创造性，具体表现在：（1）是否受到隆光公司的《配方作业指导书》所记载原料配比方法的技术启示；（2）隆光公司已经销售的产品中的配比方法与涉案专利是否存在相似；（3）现有技术是否破坏了涉案专利权利要求4的新颖性。

北京市第一中级人民法院认为，关于焦点（1），首先，《配方作业指导书》上加盖"管制文件"章，表明该文件属于要求保密的范围，而且对于此类文件加以保密也符合商业惯例；隆光公司未能提供证据证明涉案专利权人有途径获取该资料。其次，隆光公司没有证据证明本领域技术人员根据公开销售的贵司产品就可以获得涉案专利权利要求1~3所述的高岭土、二次黏土、稀释剂、絮凝剂和水之间的比例的技术启示。而关于焦点（2），首先，在没有其他证据予以佐证的情况下，难以认定隆光陶瓷原料有限公司所销售产品的配比与涉案专利权利要求书中所记载内容相似。关于焦点（3），根据涉案专利权利要求4，其所限定的生产方法包括三个步骤：将高岭土和二次黏土分别精选之后还进行步骤3，即将高岭土和二次黏土配比混合，然后压滤脱水得到球土产品。上述三步骤中均限定了应当按照权利要求 1 所限定的关于高岭土、二次黏土、水、稀释剂和絮凝剂的比例进行操作。因此在判断现有技术是否破坏涉案专利权利要求 4 的新颖性和创造性时，应当考虑现有技术是否公开了上述步骤及各个步骤中限定的各组分的比例。

综上，北京市第一中级人民法院认为，专利复审委员会作出的第 10302 号决定审查程序合法，认定事实清楚，适用法律正确。该院依照《行政诉讼法》第五十四条第（一）项之规定，判决维持国家知识产权局专利复审委员会作出的第 10302 号无效宣告请求审查决定。

3. 第三阶段

隆光公司不服北京市第一中级人民法院所作出的（2007）一中行初字第 1589 号行政判决，向北京市高级人民法院提出上诉。北京市高级人民法院于 2008 年 2 月 13 日受理后，依法组成合议庭，于 2008 年 3 月 18 日公开开庭进行了审理。

经审理，北京市高级人民法院认为，《配方作业指导书》是隆光公司内部发行的文件，不构成出版物公开。通常企业的生产活动属于企业内部的行为，企业外部的人员一般并不能随意了解到企业内部的生产活动情况。在没有证据证明的情况下，该制造行为并不必然地导致相关的技术被公开。因此，该公司的抗辩并不能构成现有技术抗辩。

上诉人隆光公司主张，通过反向技术能够测定其销售产品的配比，从而证明该产品的配方早于专利申请日之前被公开，但其并没有证据证实该主张。北京市高级人民法院认为，在没有其他证据予以佐证的情况下，不能认定其销售产品配比与涉案专利方法配比相同或相似。

另外，上诉人不能证明其《配方作业指导书》所记载的技术方案与涉案专利权利要求 1~3 所记载的技术方案相同，也没有证据证明本领域普通技术人员根据公开销售的产品就可以获得如涉案专利权利要求 1~3 中所述的高岭土、二次黏土、稀释剂、絮凝剂和水之间的比例的技术启示。

关于涉案专利权利要求 4 的新颖性与创造性的判断，北京市高级人民法院认为，权利要求 4 应视为是各个步骤所构成的一个整体的工艺步骤，其保护范围应该是整体的工艺步骤，不应将权利要求 4 的各个步骤分割开来并分别评价各个步骤的新颖性和创造性。在确定其保护范围时，应考虑被引用的权利要求的特征。权利要求 4 中的三处"按比例"应该理解为包括权利要求 1 中关于高岭土、二次黏土、水、稀释剂及絮凝剂的比例的特征，上诉人没有证据证明这些比例特征是本领域技术人员显而易见能够想到的。因此，涉案专利权利要求 4 具备新颖性和创造性。

据此，北京市高级人民法院认定：原审判决认定事实清楚，适用法律正确，程序并无不当，应予维持。上诉人隆光公司的上诉请求和理由没有事实和法律依据，不予支持。2008 年 4 月 1 日，北京市高级人民法院作出（2008）高行终字第 54 号行政终审判决，判决驳回上诉，维持原判。

【本案引用法条】

《中华人民共和国行政诉讼法》（1989 年制定）

第五十四条　人民法院经过审理，根据不同情况，分别作出以下判决：

（一）具体行政行为证据确凿，适用法律、法规正确，符合法定程序的，判决维持。

……

第六十一条　人民法院审理上诉案件，按照下列情形，分别处理：

（一）原判决认定事实清楚，适用法律、法规正确的，判决驳回上诉；维持原判；

……

【案例分析】

本案中，上诉人隆光公司认为新会嘉窑陶瓷原料有限公司在其技术研发过程中存在反向工程，因而其专利不具备新颖性和创造性。

反向工程，是指通过技术手段对从公开渠道取得的产品进行拆卸、测绘、分析等而获得该产品的有关技术信息。具体来说，反向工程包括软件反编译、芯片电路提取、机械参数获取、材料分析、微生物及化学品分析等。本案中上诉人隆光公司提出新会嘉窑陶瓷原料有限公司是通过反向工程测定其销售产品的配比研发出的专利技术，从而认为该产品的配方早于专利申请日之前被公开，但其并没有证据证实该主张。

在实践中，并不是所有的反向工程都是不合法的。最高人民法院2007年1月12日发布的《关于审理不正当竞争民事案件应用法律若干问题的解释》中规定："通过自行开发研制或者反向工程等方式获得的商业秘密，不认定为反不正当竞争法……规定的侵犯商业秘密行为。"相对于软件行业包括集成电路领域而言，在陶瓷领域，反向工程的应用并不广泛。